律行天下

刘万福 著

中国民主法制出版社
全国百佳图书出版单位

图书在版编目(CIP)数据

律行天下/刘万福著．—北京：中国民主法制出版社，2023.5

ISBN 978-7-5162-3055-8

Ⅰ.①律…　Ⅱ.①刘…　Ⅲ.①社会主义法治—建设—中国—文集　Ⅳ.①D920.0-53

中国国家版本馆CIP数据核字(2023)第005042号

图书出品人：刘海涛
责任编辑：逯卫光

书名/律行天下
作者/刘万福　著

出版·发行/中国民主法制出版社
地址/北京市丰台区右安门外玉林里7号(100069)
电话/(010)63055259(总编室)　63058068　63057714(营销中心)
传真/(010)63055259
http：// www.npcpub.com
E-mail：mzfz@npcpub.com
经销/新华书店
开本/16开　787毫米×960毫米
印张/19　**字数**/293千字
版本/2023年6月第1版　2023年6月第1次印刷
印刷/三河市宏图印务有限公司

书号/ISBN 978-7-5162-3055-8
定价/68.00元

甲　子　吟

古今忆往事，易入笑谈中；
万福山村娃，甲子沐春秋；
少年思梦想，数载勤奋工；
纸上已不浅，躬行现真功；
仁义博心善，知行合一浓；
念世资源限，环保低碳翁；
时念来路苦，简以养德泓；
医律教军政，终极入国宗；
天人共同体，顺其自然重；
法治贵公正，无量度人运；
良善创世平，人间现衷情；
夕阳呈境美，馨爱后生铭。

序　言

君子律师，一路风光

我在律师界很多年了，离开律师协会也有很多年了，结识的律师朋友自然不少。刘万福律师，是我结识二十多年的老友，我俩一直心心相惜，时常遥相呼应。临近甲子，万福与我聊起，想对以往的职业经历与演讲思考做个梳理，我当即表示赞同，并建议就在我们中国民主法制出版社出版。

几个月后，一部《律行天下》书稿摆在了我的面前，万福律师又邀请我为其书作序。此前，我俩曾经同登琅琊山，共赏醉翁亭。万福是安徽滁州人，我是江西吉安人。无巧不成书，醉翁亭在滁州，而在滁州留下千古美文《醉翁亭记》、名列"唐宋八大家"的庐陵欧阳修，正是吉安人。我与万福，既年纪相仿、出身相似，又性格相近、爱好相当，这样，按照欧阳修在《醉翁亭记》中的说法，我俩真可谓"醉能同其乐，醒能述以文者"。

缘分如此，并受携手谐步琅琊山醉翁亭之启发，我遂不知天高地厚，想着以四言古体的形式，表达我读万福新作的感悟。说干就干，于是就有了这样一篇既回顾中国律师百年风云，又褒扬万福律师智仁勇善的四言"雅颂"：

茫茫九派，屹立东方。悠悠万事，法治为上。百年风云，说来话长。
律师百年，有阴有阳。清末修法，律师上场。北洋入法，民国立章。
共和新生，律师入纲。人民律师，闪亮登场。反右扩大，律师遭殃。
"文革"浩劫，律师消亡。法治理想，陷入迷茫。

三中全会，改革开放。律师制度，喜迎春光。人大立法，条例出场。
律所成立，顾问担纲。律协诞生，行业开窗。国办律所，体制有恙。
合作律所，改制正忙。伟人南巡，指引方向。重大改革，政出中央。
九二律所，自此起航。律师中国，步入中场。

律协改革，趁势而上。律协会刊，新人上岗。如我幸运，重任肩扛。采访编辑，东奔西忙。发行发稿，南来北往。中国律师，改换模样。钟山之行，喜气洋洋。刘姓结缘，万福吉祥。玄武湖边，留下念想。今日出书，邀我捧场。拜读之余，联翩浮想。

万福律师，非同寻常。始于贫苦，向阳生长。考出农门，学医道场。自学法律，律师中榜。辞去公职，从法梦想。寻访名师，努力向上。崭露辩功，事业启航。勇护弱者，服务至上。厚积薄发，十佳上榜。个人律所，创造时尚。创业创新，经典时光。

建所伊始，所训挂墙。正心明法，凝聚力量。乐义立人，品牌传扬。学精业务，专业打桩。坚守诚信，文化荣光。办案出色，四处褒奖。典型案例，成就影响。提携后辈，古道热肠。解惑客户，授业课堂。公益环保，名传四方。知行合一，刻在心上。

万福甲子，职业回望。精雕细琢，新作亮相。大道至简，书名眼亮。一字一句，所思所想。经典案例，道说短长。字里行间，意味深长。人生之路，初心不忘。职业之路，不负众望。民主法治，时代亮光。智仁勇善，行业共享。压箱之作，可读可藏。

本书看点，主题响亮。个人作品，行业守望。作者追求，不同凡响。以法为业，修炼专长。以德为本，至高无上。以质取胜，岂能言商。以诚取信，绝不轻狂。万福箴言，汇聚纸上。高度自律，利人心安。严守法律，职业形象。顺应天律，万福呈祥。

百年律师，历史珍藏。不同年代，各有所长。律师品德，同样主张。当下时代，更有希望。我党领导，纲举目张。司法行政，指导成长。律师协会，引领向上。律所组织，从不离场。律师个人，注重形象。君子律师，一路风光。律行天下，天下安康。

这样的四言、八段、七百余字的古体“雅颂”，在我所写的诸多序文中，还属首次尝试，虽然我颇斟酌语意，但是对于“白话”行文，仍然感到忐忑不安。好在万福律师积极支持、甚是肯定，南京大学胡阿祥教授还赞为别具一格、气势不凡，我也就厚着脸皮上场，不惧弄斧必到班门了。犹如丑媳妇毕竟要见公婆，还请各位读者不吝批评，多多包涵！

回到万福新作，在我看来，《律行天下》的内容与旨趣，都是值得大书特书、大讲特讲的。因为万福律师个人的职业回望，其实具有相当普遍的代表意义，值得法律人参考与思考，尤其值得律师同行研读与研究；因为万福律师的这部力作，提出了一个非常重要的命题，那就是法律人的应有形象。在万福律师看来，无论是法官、检察官还是律师，法律人都应该具备一种高度自律、严守法律、顺应天律的职业形象，这也与我19年前作为时任《中国律师》总编辑提出的“君子律师”概念，心有灵犀，“英雄所见略同”……

于是，我的这篇小序，就题名为《君子律师，一路风光》；我也想借着这次献序的机会，寄望旧雨新知的律师同行们，让我们一起努力，真正成为高度自律、严守法律、顺应天律的君子律师，律行天下，一路风光！

刘桂明

2023年3月21日春分时节

前　言

书名《律行天下》有三层含义：一则人生若想活得精彩纷呈，需要不断修行智、仁、勇，“明道德以固本，重修养以安魂，知廉耻以净心，去贪欲以守节”，以达自律；二则“法者，天下之准绳也”，法律乃社会公正重器，除暴安良，世人对法律应存敬畏之心，依法律行；三则“祸兮，福之所倚；福兮，祸之所伏”，人类生存发展应当顺应自然天律。高度自律、严守法律、顺应天律，此“三律”是我学习、工作、生活中多年来的感悟心得，故以此为脊作为本书的编写。

我在人生60年里，前18年在农村。度过饥寒交迫的儿童期，打记事起便参加力所能及的包括打猪草、放牛、砍柴、木工拉锯等劳动，小学到初中辛勤苦读，考取国家包分配的卫生学校。进入城市卫校学习3年，分配到家乡地级卫生防疫站从事环境卫生工作8年半，自学法律考取律师后调入当地市直属律师事务所工作8年半，37岁时转入江苏省省会城市工作至今22年。从20世纪80年代初开始专业学习、工作至今的经历发生在中国改革开放期间，我以医者仁心、法者正心、师者爱心的理念，坚守“律师不是商人”的信条，唯有“江上之清风，与山间之明月”，不断学习人文科学知识，铭记出身贫苦之源，勤俭奋斗，敬畏天理国法，亲力亲为认真做好委托人的维权案件，积极参与社会公益，始终走在人生正轨上，努力践行中国作家路遥在《平凡的世界》里说的：“你应该在短暂的岁月里，真正活得不负众爱。”

在我甲子年到来之际，好朋友建议应该将我自己前半生总结成书，可能为他人提供有益的指引，我也有临退休前写出经历感受的想法。回顾我这60年，我通过医生、律师、教授、军人、民主人士这5个身份的具体经历，以及医学、法学、社会学、心理学、国学、管理学和教育学这7个专业的综合应用，坚守良知，践行知行合一，基本实现了“用较低的生活成本，过上品质较高的幸福生活”。毕竟用心去做对社会有益的事，而得到的真正幸福来之不易，值得叙述，因此就有了本书的撰写。

全书选取了我撰写的关于个人律师事务所建设、律师关注社会法治建设及律师参与社会服务等方面的部分文章,根据“专业性”、“社会性”和“影响性”而选择,具体内容有删减;选取的32件典型案例均是我亲手办理,数量占我办理的1600多起案件的比例不足百分之二,可谓是浓缩的精华。案例中所涉及的“地名”、“人名”及“司法单位”均为化名或代号,相关案情也作了必要的隐秘处理,阅读者不必探究真人真事,避免侵犯他人隐私。限于篇幅等原因还有相关典型意义的案件若干件,不能在本书呈现;社会各界报道关于我的相关文章也是限于篇幅原因仅选取有代表性的文稿数篇。若读者有兴趣可通过网上搜索“刘万福律师”,便可获取到更多“案件”的信息与内容及其他关于我的文章;我的“个人经历”部分也是选取有重要和典型意义事件,按学习、工作和生活3条主脉络记述;“感悟”部分则是几十年的生活、工作期间到本书截稿时为止所悟出的道理与理念,我所理解的“深刻感悟”应该在未来的时间里更丰富,我愿通过“微信”等自媒体向社会不断展现。本书主要内容分为5个部分:

一、路,是关于我60年的学习、工作、生活及公益等简单经历;

二、思,是我眼中的世界,引用我的部分文章和讲座资料,以表达自己的知;

三、案,是从我律师执业办理的1600余起案件中,精选民事、刑事、行政及非诉案例32件(以纪念考取律师资格至今32年),有促进法治进步的意义、有重大社会影响及有精道专业技能的案例简介和分析,以展示自己的行;

四、评,是社会各媒体对我的学习、工作及社会活动的部分报道;

五、悟,是万福箴言,分别从法、理、情等方面表达自己人生感悟。

过去60年的人生中,我自幼成长至学校21岁毕业后从事了8年半医生,30年律师和10年兼职教授工作。认真践行身心保健、维护公正、科学教育、环保公益等社会活动,以求自立、利人、安然。我认为学习立德,工作立功,感悟立言。诚将有生以来之思、行、悟奉献给有缘人,若读者能从中获得些许启迪,我将无限宽慰。

本书是你我同道交流的一个窗口,真诚地希望大家互通有无。

刘万福于南京寒舍

2022年冬

目 录

CONTENTS

详细导图内容见第一章

- 自我学习
- 指导实习
- 大学讲学
- 社会培训
- 敬老育女

- 军旅生涯
- 参政议政
- 捐资奖学
- 普法公益
- 低碳生活

篇

- 充分准备，创造精彩人生(2004年6月受邀为家乡大学师生讲座)

篇

- 论“性健康”与民法保护——全国首例“性权利”胜诉案的思考(2004年)
- 从一起港商捐资胜诉案件中感受统战工作(2004年)
- 商品房开发商的欺诈认定及法律适用(2005年)
- 在规则与现实之间——一个法律人的执业感悟(2006年)
- 发挥科学规划在法治城市建设中的积极作用(2009年)
- 论法律职业共同体的公共关系(2010年)
- 加强法律文化建设　建设优秀个人制律师所(2012年)
- 工业化进展较快地区农业生态环境保护的法律规制(2016年)
- 透过雾霾的思考(2016年)
- 用最严格制度最严密法治保护生态环境(2018年)

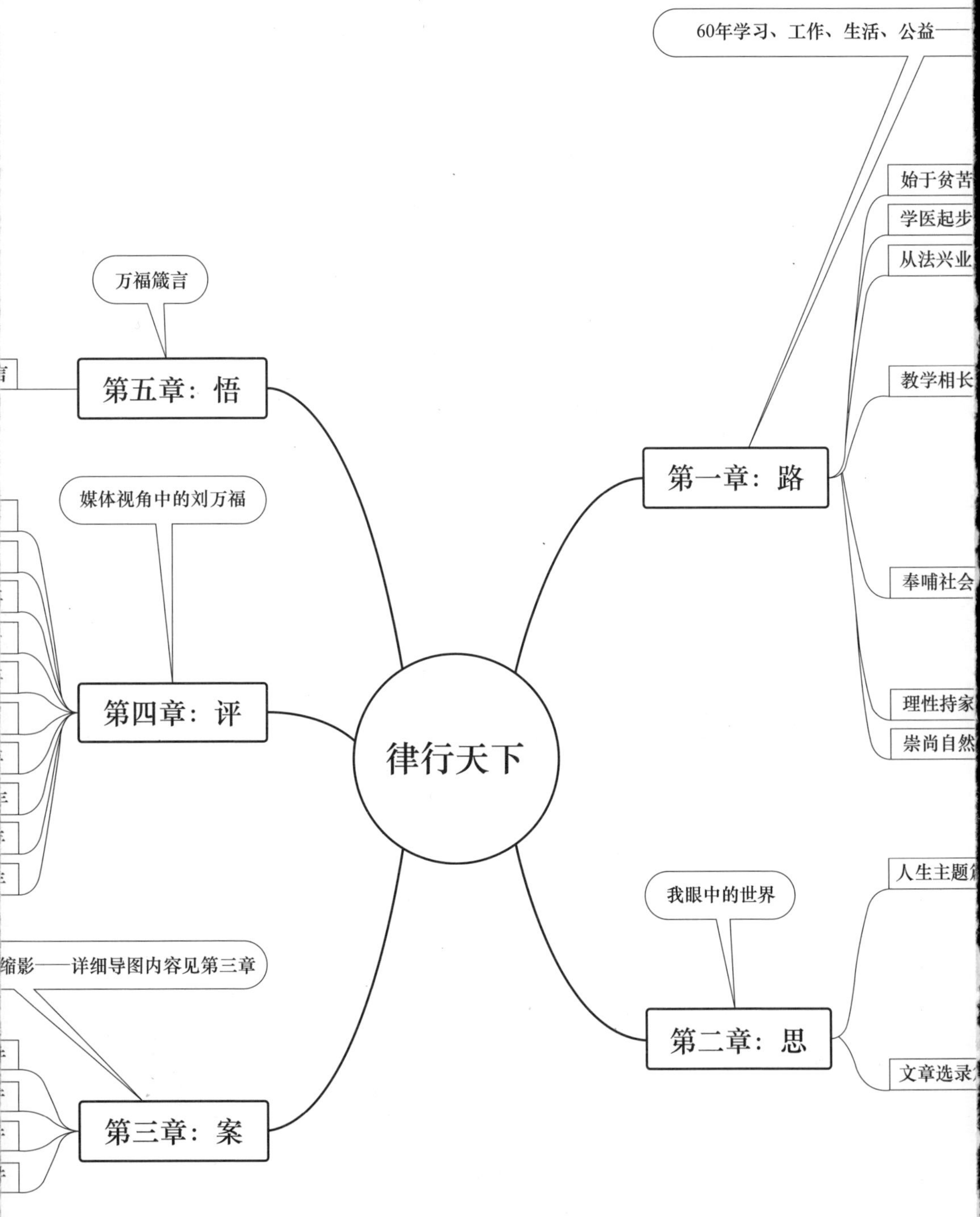

律行天下
第一章：路
60年学习、工作、生活、公益——
始于贫苦
学医起步
从法兴业
教学相长
奉哺社会
理性持家
崇尚自然
第二章：思
我眼中的世界
人生主题
文章选录
第三章：案
缩影——详细导图内容见第三章
第四章：评
媒体视角中的刘万福
第五章：悟
万福箴言

120句人生箴

三句精华

1.走适合自己的路，绝不与他人比惨

2.以感恩的心做好人，以负责的行为做对事

3.道法自然，简约幸福

《中国律师》2004年 善于“叫板”的法律信仰者——解读刘万福律师的执业感悟

江苏教育频道《法治社会》2006年 坚定的法律信仰者

《皖东文史》2008年 为民主与进步而执言

《华人时刊》2012年 擎起一盏法律明灯

《金陵瞭望》2012年 万物皆规律 有法天下福

《China Today》2012年 Defender of Social Justice

《周末》2013年 创意律师、低碳达人

《中国刑辩大律师》2017年 正心、明法、乐义、立人

《大国律师》2019年 以己之心正人心

《对话律师》2021年 中国优秀律师访谈录 万法归一　福报众生

32件典型案例彰显32年法律人生

民事案件 18例

刑事案件 10例

行政案件 2例

非诉案件 2例

第一章
路——60 年学习、工作、生活、公益

一、始于贫苦

原生家庭:1963 年初冬,在朱元璋出生之地——安徽省明光市下辖的一个叫平湖的山村里,我呱呱坠地。听父亲说,我爷爷是山东费县人。在他 8 岁时,爷爷是挑担卖货郎,带着全家移居江苏盱眙境内。父亲是木工,因此我从小就参与了"拉锯"这类切割木头的体力活。平时和父亲一起劳动时,就时常听他唠叨一些我似懂非懂的人情世故,父亲常挂在嘴边的那几句话对我的影响颇为深刻:一是"人过留名,雁过留声"。从字面上讲,这句话的意思已经很清楚了,但我在成年后对它的理解是在人生理念层面的,也就是说人要有存在、尊严、责任、使命和荣誉感,努力避免虚度光阴,人生应有所作为。二是"装龙像龙,装虎像虎"。我把对这句话的理解和职业生涯联系一起:无论人们做什么,就一定要恪尽职守,尊重自己的职业选择,严守"职业道德"。三是"三早抵一个工"。这句话看似简单,但实际意义却非同小可。直到现在我依然秉持着最初对它的理解,对待每一天的生活——早起勤劳效率高,切勿虚度哀自悲。我的母亲是一位心灵手巧且非常能干的女性。听母亲说,她小时候过继给安庆潜山一徐姓人家,生活也是艰难。她身材不高,也不识字,但她一生抚育六儿一女缝补洗涮,操持家务相当辛苦。记得我小时候有一次打猪草时,在草丛中小腿突然感觉到针扎一般莫名的刺痛感,回家后发现腿部有个通红的出血点,并且已经出现了红肿现象。我妈妈见状后立马断定我应该是被当地毒蛇咬了,她当机立断地赶紧从外面野地里找回一种草药,捣烂后敷在了我的伤口上,随即红肿消失,伤口也很快好起来。

向阳生长:小时候的我因为家境贫困,经常处于食不果腹、饥寒交迫之中,所以一直营养不良,甚至还严重贫血。曾因长期营养不足多次在做学校早操或

干农活时突然晕倒。但这并不妨碍小小年纪的我爱好广泛，积极生活。我小时候对读书一直兴趣盎然，当年对小人书、连环画等书刊珍视如宝的我，每天都书不离手。当年也正是我国样板戏流行阶段，我时常组织几位小同学在上学路上排练样板戏。我做导演兼演员，很是有模有样。年幼的我还积极参与社会活动，敢于发声。在一次生产队召开的会议上，我听了大人们的发言后举手要求说话，主持会议的长辈很好奇地问："你要说什么？"我答道："我看见有位女长辈劳动不积极，我认为她这样是'自私自利'的表现，这是不对的！"那时经常开展学雷锋活动，我就想着雷锋做好事从不留名，我也要学雷锋。曾在晚饭后独自拿着锄头到田里干扒开秧包（就是把稻草包上的牛粪点火烧着，然后放农田里用土覆盖成一个个土堆，烧完扒开以增加农田肥力）的农活，事后也不声张。刚上初中时学校开启了"亦学亦农"的学习模式，我经常扛着锄头和同学们一道跟农民学锄地，在收割季节学校也会组织同学们帮助农民割麦子。上学时，我的语文成绩一直不错，是班里的语文课代表，也经常作为学生代表，自己写稿在大队召开的"群众大会"上代表学生发言。我一般是点着煤油灯在夜里写功课，父母因为油灯耗油和关心我的身体而多次催促早点睡觉，我也会坚持把作业写完才上床。记忆深刻的是：我放暑假参加生产队劳动时，把没有完成的作业带到田间地头利用工歇间隙趴在地上写，有长辈感叹道："这孩子要是考不上大学真是老天不长眼啊！"

上海探亲：1975 年春节前，上完小学四年级的我向父亲要求能跟着大哥及未过门的大嫂，一起去上海探望一位数十年没有联系的、已年近六旬的大表姐，因为多年没有联系过，父亲便安排我们可以借此机会在表姐那里过春节。那是我第一次离开出生地坐火车出远门（在这之前，我最远的是经常跟着父亲牵着家里的一头只有一只眼的老毛驴，去附近 10 公里范围的街上赶集购买家里日用品），记得当晚冒着冬雨挤进满是回上海城过年的知青男女人群的列车，我虽然只在车厢接头过道行李上靠着，但也倍感兴奋和温暖。已经退休的表姐夫妇住在上海市中山北路的一幢上下两层木房子里，我在那里的每天都会一个人外出转转看看，目睹了家乡以外的大世界，到处都很新鲜。空闲时还会自娱自乐地站在表姐家门前不远处数通过列车的车厢数，在探望期间最过瘾的要属表姐夫带着我们去上海西郊公园游玩，在那里我看到了很多以前只在书本上印着的动物，对于一个未见过世面的山里娃娃来说这一切可谓奇特斑斓。

牛娃讨理：记得暑假期间在生产队放过牛。我当时放了 3 头牛，每天只拿到 3 分半工分，而当时有一位成年长辈放了 1 头牛却拿到 8 个工分。深思不解的我找到生产队队长,问他为什么我放3头牛还拿不到成人一半的工分。生产队队长歪着头想了半天对我说:“那是因为你是小孩子啊!”刚上初三时,我被带教语文课的马老师选为“公社初中学校”的代表去县城参加“全县语文知识竞赛”。那是我平生第一次去明光县城,尽管老县城很是破旧,但对于我来说,那也是城里繁华景象。上了初三不久,我因身体和家庭贫困的原因休学了一年,在休学期间我参加了春、夏、秋、冬四季整年的农村各项生产劳动,尽管坚持了下来,但深深地感受到了农民的累与苦。当年这些刻骨铭心的经历给了我巨大的学习动力,暗下决心一定要通过国家考试走出农村!

争取学权:在休学即将结束又快到上学的时候,却因为家中的一个兄弟要结婚需要花费一笔巨款,为了减少开支增加劳动力收入,父亲就不想让我再去读书了。父亲对我说:“念书也没什么用,考大学都是村干部家孩子的事。”当时的他显然不知道80年代国家已经公开考试了,不再论“出生身份”“家庭背景”了,只要有真实的考试成绩即可走出农门。我因此找到生产队的老队长,让他与我的父亲说“我要上学”“我要考试”的想法。当年教我化学的徐文斌老师也是农村续上的远亲,他知道我的成绩很好,听我说我的父亲不想让我继续读书,觉得那太可惜了便到访我家,又与我的父亲沟通了一番。生产队队长和老师的劝告起了关键性作用,在父亲得知以我的能力如果继续学习可以参加国家考试后,便同意让我继续上学了。

考出农门:重获继续上学的机会实属不易,除了发奋努力我不知道自己还能做什么。记得有次做物理作业时,我主动用了两种方法解题,教我物理的孙秀山老师看出了我的用功和机敏,从那次后便指定让我当物理课代表。我因此更加自信,学习更加认真努力,物理、化学两门学科在中考时都考了近百分的好成绩。我在1981年7月的中考成绩达到中专学校和省重点高中分数线以上,我担心自己羸弱的身体撑不到两年后的高考,因此无条件地选择上中专学校。那时我最大的理想是当一名教师,我认为教师知识渊博,桃李天下,人生很是充实,充满成就感与自豪。所以,师范学校本应是我的首选,但以我的中考成绩可以报考比师范学校更好的学校。当时与医学相关的中专学校录取分数线比师范学校高。当年全省中专没有医疗专业招生计划,我就凭感觉认为卫生学校公共卫生专业肯定是教授关于医疗健康方面的知识,而这个专业貌似对我羸弱的身体会有帮助,便转念将公共卫生专业填报成我的第一志愿,其他四个专业都填报师范学校作为保底。最后我凭自己的成绩被第一志愿录取。至此我离开生活了18年的农村生产队，到城里就读中专学校了。由一个农民考取中专学校的奋斗经历，让我对“苦难也是财富”这句话有了切身体会。

入学插曲：在我中专卫校入学前有一段很有意思的插曲。那是在1981年的9月中旬，各个学校都已经开学了，但是期待通知书已久的我仍然没有收到任何通知书。按照常理，我知道成绩后已参加县里的体检，不管是上高中还是上中专，录取通知书都应在8月中下旬收到。因此察觉到异常的我决定不再这样继续等下去，便一个人从乡下坐火车来到县教育局查询。教育局领导很热情地接待了我，帮我查询了录取情况，查询后明确告诉我“已经被卫生学校公共卫生专业录取”的喜讯。录取通知书早已发出，至于我为什么没有收到，教育局领导继续帮我作了追查，信件没有邮寄到我家而是寄到了我所在的大队。考虑到9月1日已经开学，教育局的领导很负责任地帮我给卫生学校打电话说明了我的情况，学校立即同意并告知我尽快收拾行李去学校报到上课即可。我证实自己被中专学校录取后欣喜若狂，忘却了自己一身的疲倦，回到所在的大队找到了被错投到附近农场收发室的录取通知书。虽然通知书已找到，但在好奇心的驱使下，我询问收件人为何不把信件交给我？原来是因为收件地是“农场”而不是我所在的公社，他们农场的人属于农垦系统，与我们公社大队不是一个行政系统，收件人并不认识我也没有听说过我的名字，更想不到这个大队会有人考取中专学校，以为信件发错了，所以一直放在这里。我手捧着通知书，浑身像充了电一般，一路狂奔回家向家人报喜。一番周折后，我收拾好一个小木箱，带着简单的行囊，由在大队当会计的舅舅陪着去了火车站。我一个人乘列车辗转几个城市，于晚上9点左右抵达学校所在地的火车站。我独自一人从火车站挑着行囊走了半个多小时到达学校宿舍，从此开启3年公共卫生专业的系统学习。

二、学医起步

培育节俭：我的医生经历应该说是从1981年9月进入“安徽巢湖卫生学校”后学习公共卫生专业开始的。中等专业卫生学校的学习对我来说算是开启了全新的生活。记得当时转身份拿助学金，我由于家庭困难每月拿13.5元助学金，当年这个数额对我来说简直就是天文数字！我清楚地记得上初中时班上的一位同学从小失去父亲，母亲改嫁后由他的叔叔抚育，学校把他当作“孤儿特困户”给予帮助，每个星期都会发给他6角钱的菜金补贴，可大家依然感觉他很可怜。而我当时每周根本没有钱买菜，就靠家中仅有的咸菜度日，相较之下我的生活质量根本不及那个被称为孤儿的同学。尤其冬季脚上冻疮，脚后跟上袜子黏在冻疮上，没有水洗脚，痛苦不堪。好在天不绝人，因为我的学习成绩很好，有些同学会主动把从家中带来的好一点的菜分给我吃。自上中专后每月的13.5元助学金让我感到生活变得宽裕，冻疮也没有了，才知道当年是营养不良才有冬天的冻疮产生。但我还是使用在初中吃食堂时学到的经验，就是每天最后去食堂打菜，这样可以节约排队时间，关键是师傅会将快卖完的菜多给点，在能保证自己的生活基础上还能省下5元钱寄给家中以补贴家用。

发现热爱：中专3年学习中，我最感兴趣的专业课程是环境卫生学，老师说这个学科是“上管天，下管地，中间管大气”，如此“豪气”的环境卫生学让我对学习这个专业而感到无比自豪，所以在接下来学习的日子里出奇地认真。关于医疗方面的内、外、妇、儿科，我最感兴趣的是中医，因为年幼时看过一部名叫《春苗》的电影，向往“一根银针治百病“的神奇。从此我便认为这是一种十分实用的、高效率的医疗方法，所以学习针灸等理疗方法时特别专注和用心，因我针灸课成绩突出，教中医课的女老师对我刮目相看，专门送给我一包银针作为奖励。

文艺生活：1983年参加了学校组织的元旦读书征文活动，获得了“校学生会”和“团委”颁发的优秀奖，奖励我一本名为《读书的艺术》书籍，我爱不释手，保存至今。从多角度、多层面来讲，我承认自己是一个“教条主义者”，我认为书上说的一般是对的就会照着书做。我在学校体育一般，文艺却有点出彩。在卫生学校学习期间的一段文艺经历值得提及：那是一个“五四青年节”，学校要求各班准备节目，我和班上的一位同学不谋而合，想到了以“相声”作为表演节目，当晚青年节上唯一获得笑声与掌声最多的节目是我们的相声表演。更有默契的是，当年与我表演相声的同学后来都在各自卫生岗位工作中选择了自学法律，最终都考取律师后在当地做执业律师。我于2000年转到J省省会这个大城市做了5年执业律师时，当选省直属律师事务所近千名律师中唯一入选的“省十佳律师”，2006年创建省会第一家个人制律师事务所；那位同学后来也当了几年当地中级人民法院的副院长。可能是当年“说相声”时的自信与智慧给我们带来勇气和运气吧！我的卫校同班同学何玉先最为出色，他卫校中专毕业后在卫生防疫站工作。其间刻苦学习，先后考取中国预防医学科学院和德国乌尔姆大学，获硕士、博士学位，曾任职美国，现为中国医学科学院北京协和医院艾滋病研究中心主任等职。我们全班都以他为荣。

乡长教诲：在卫校学习期间的周末，我经常去探望住在卫校附近的一位德高望重的老者——余一成先生。他曾是我家乡当年的老革命，他青年时劳苦功高，所以在新中国成立后便担任起我们卫生学校所在地的地区级医院的院长。每次我去探望已经退休的他时，他老人家就会给我讲革命的道理。我毕业时他已经75岁，由于他对我了解甚多，老人家还专门送给我一个活页夹和钢笔做毕业纪念。老人家在活页夹的第一页写道："刘万福同学毕业纪念，必须将所学的专业理论知识贯彻到实际工作中去；再从实际工作中，以亲身所经历的一点零星的实际知识逐渐予以积累起来，从而提升为理论，这样循环反复，不但能提高其理论水平，而且能丰富工作经验，如此不断地前进，将会在专业上有所创新和发展，这样可为国家'四化建设'做出较大的贡献（乡长余一成赠言）。"我在日记中写道："这是老一辈对我们年轻人的教诲和希望，是对我们的极大关心，我将不辜负老一辈的期望，努力在实际工作中落实。"

目睹"严打"：随着改革开放形势的发展，为了营造良好的社会治安环境，在1983年，全国组织了严厉打击严重危害社会秩序的违法犯罪活动。通过"严打"为改革开放保驾护航，有力地遏制了那些穷凶极恶的违法犯罪分子，有效地改善了社会治安环境。我清楚地记得，当时社会上很多游手好闲的人到我们学校骚扰女生，殴打男生。在"严打"活动中，学校特邀请当地公安人员到学校作法制讲座，告知我们青年人要遵纪守法，知晓法律的威严，我听了由衷地对法律充满崇拜之情。

实习见闻：1983年11月，我进入家乡所在的地区卫生防疫站实习，当时主要是给被猫狗等动物咬过的成人和孩子注射狂犬疫苗。防疫站的其他科室实习项目是老师领着我们到下面县级卫生防疫站做检查指导相关工作。1984年3月，我转入医院传染科实习。初来乍到略显生疏，但随着不断适应，我基本上能对现实中的胸片说出它们所对应的临床表现。我兢兢业业的实习工作得到了病人的赞誉。有病人说："您每次都来看我们，学习数您最虚心，说话态度最和蔼，您几天不来我们真是想您呢！"听到这样的评价，我的内心里很是安慰。后转入医院内科、外科实习时，我耐心细致地给病人解答各种问题，无论是身体上还是精神上都会给他们治疗与慰藉。我认为这是从医人员应有的医德。这期间我学会了整体分析问题，参与了外科各类手术助手的活动，指导老师在我的实习小结中写道："刘同学在外科实习期间，工作认真主动，多看、多听、多问、多干，遵守制度好，短时间内观察了解并能处理外科常见病，并几次上台帮助完成阑尾切除手术,能完成指导老师所布置的任务,我们表示满意。"实习期间我还主动去针灸科学习。我认为针灸技术简单、方便、实用,学会很有价值。

1984 年 5 月医院实习照

拮据生活:1984 年 7 月我从卫生学校毕业,被分配到文学家欧阳修先生曾做过太守的滁州,进入数月前实习过的地区卫生防疫站正式工作。我们实习时老师说,防疫人员要做到:铜头、铁嘴、橡皮肚子、飞毛腿。初次接触预防医学工作,一切都是新鲜的,我立志"多做"并"做好"。记得上班第一天发放 7 月份半个月和 8 月的全月工资,共计 50 多元,这可是我人生第一次拿到这么多钱。刚工作时同学们多有来往,每每到我这里来聚会吃饭;聚会固然快乐,但每月 36.5 元的工资"掏钱聚餐"成为我很大的经济负担,毕竟每月的工资仅够一个人紧巴巴地生活。面对眼前的现实生活,我不免沮丧。但我不忘博览群书,记得当时读过美国塞缪尔·厄尔曼的散文——《青春》:青春不是年华,而是心境;青春不是桃面、丹唇、柔膝,而是深沉的意志,恢宏的想象,炙热的情感;青春是生命的深泉在涌流。我以此为生活态度,思考目标,因此建立了"乐观主义"的人生理念。

关爱兄弟:工作不久后的唯一念想就是把家里的兄弟姐妹等亲人们带到单位来看一看,让他们感受一下城市的风光,然后就是安排三个小兄弟的工作、学习等事宜。其中一个兄弟,我几经周折把他专门转到我所在的城市学校学习,平日里对他百般照顾,学习上更是尽力指导。中考前为了鼓励他,还特意为他写了一首诗:"人生多久远,青春曾几何;我辈须努力,改变命蹉跎;生涯千里路,关键仅步度;惜春勤播种,迎秋酒当歌。"中考后为了帮他查询分数还车祸遇险。

那是一个雨天,我乘坐当时公社的班车去县城教育局为他查分,在半路上的一个转弯处,我所乘坐的公交车与对面开来的一辆卡车相撞,公交车驾驶员后面的半个车厢被撞脱离。而我当时就站在车的后半部,被巨大的撞击惯性晃倒在了车的前部受了轻伤,好在没有大碍。可惜这是个不争气的弟弟,没有考上中专学校。为了帮助他找到人生目标,我又出资帮助他学习“无线电修理”,可他的举动再一次地证明了我所付出的努力付诸东流。由此我悟出一个道理:对于那些不愿为自己付出和努力的人来说,所谓的“帮助”也只是隔靴搔痒不能真正有效,在庇佑驱使下的帮助要适可而止,毕竟能够拯救和成全他们的是他们自己。

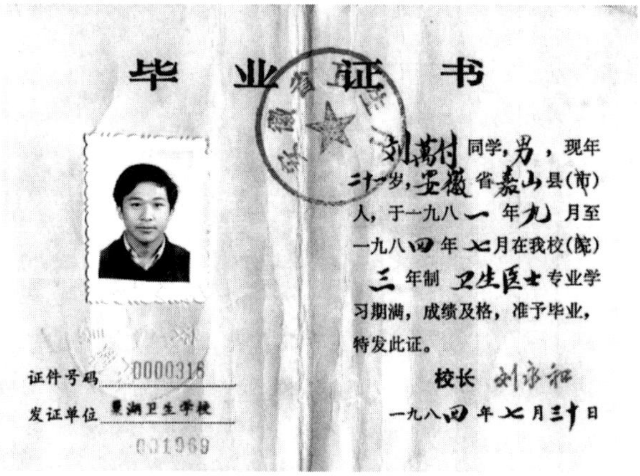

毕业证书

刘[illegible]同学,男,现年二十一岁,安徽省[illegible]山县(市)人,于一九八一年九月至一九八四年七月在我校(院)三年制卫生医士专业学习期满,成绩及格,准予毕业,特发此证。

校长 [illegible]

一九八四年七月三十日

证件号码 0000316

发证单位 巢湖卫生学校

001969

巢湖卫生学校毕业证书

母子情深:防疫站工作期间每年都有农忙假。我便回去探望当年帮助过我的大队书记高伯伯,主要是帮助父母参加农村的农忙收割劳动,有时会干到夜里2点多。假期后我被晒得黑黑的、累得瘦瘦的,然后回归到工作岗位。我心里一直惦念着母亲对我的好,她每天没完没了地劳作,令我心疼。我第一次从卫生学校学习半年放假回来,见到母亲时拥抱了她;母亲笑称我吃胖了,长高了。我工作后经常返乡看她,妈妈都会杀鸡、煮蛋、包荠菜饺子给我吃。在农村长期辛勤劳作,母亲的身体并不是太好,我便带她领着最小的妹妹来到大城市看病。心心念念想让妈妈能够感受到大城市里的风光,趁着等待医院检查报告的空当,我便带着妈妈和唯一的小妹乘火车去南京看了雄伟的南京长江大桥并合影留下珍贵的照片。带她们在玄武湖坐游船,在中山码头坐渡轮过江,这是妈妈人生第一次坐火车进大城市看到长江等风景。工作期间我因为工作忙,有时也会把穿脏的衣服和盖脏的被子带回家中让母亲帮着清洗,然后等她缝好我再带回。现在回想起来，感恩母亲的同时也感觉对不起她，毕竟母亲年龄很大，在家中各种劳作已是很辛苦了。

科学工作：在卫生防疫站工作的8年半时间里，我一直主管全市环境卫生监督检测工作。1985年我参加省卫生防疫站组织的空气中PM10的大气污染防治培训班。卫生防疫站工作期间主动积极地开展了公共场所、生活饮用水等卫生监督监测工作。其中，1986年我从省防疫站借来负离子监测仪，因在全省率先开展公共场所空气质量监督监测工作，而被省市电视台作为新闻报道。事后，我认真撰写数篇相关专业调查报告并获奖。因工作出色被站里评为优秀团员，安排去黄山旅游作为奖励。那时的预防医学没有受到国家应有的重视，自己想开展工作也受到各方面的制约，因此有了较多的空余时间。在开展实际工作的同时，我认真总结撰写了生活饮用水及公共场所卫生监督监测的相关调查报告，获得了省级环境卫生学会颁发的优秀论文奖。记得在统计调查数据时，我用当年先进的电子计算器逐个数据相加取均数。一位年长的同行在旁边看到后说："你那样计算速度太慢了，评估一下数字填上即可。"我惊愕地看着他答应道："哦！好的，我知道了。"等他走后，我继续逐一数据相加取均数，一向认真负责做事的我心里实在过不了知识分子做事马虎这道坎，做不到同行说的那样"估数填表"。由于当时国务院颁布了《公共场所卫生管理条例》，我认识到我们的工作属于行政执法性质。其间领导信任我，便把我推荐到"市爱国卫生运动委员会"帮助工作，后来我要求回到防疫站开展自己的环境卫生专业工作。

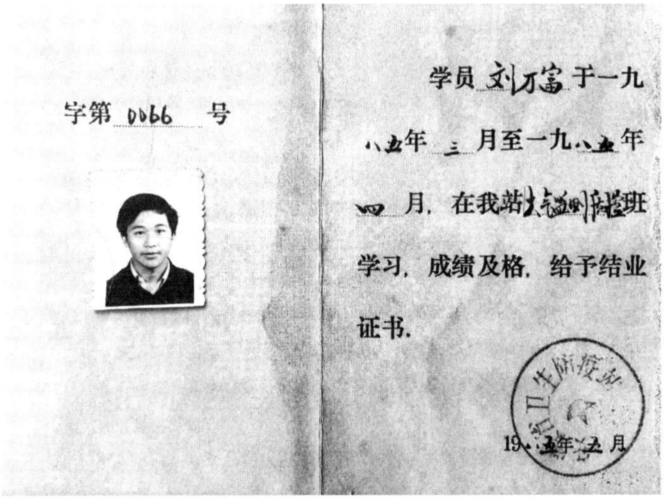

1985年5月取得大气监测质控班结业证

优秀论文证书

刘万福 同志撰写的题为：滁县地区居民生活饮用水水质及水性疾病的调查

学术论文，被安徽省预防医学会评为1987-1989年度三等

优秀论文。

特发此证

证字000214号

中华预防医学会安徽省分会

一九九〇年一月 日

专业调查报告优秀论文证书

在工作单位卫生防疫站门前留影

救命积福：作为学过医学的我，工作以来利用专业知识救过 7 位亲友的生命。分别是：其一，1988 年，我弟弟的媳妇在乡下得“产前风”，随时有生命危险，是我及时安排车辆联系好我实习的医院，从乡下快速转入城里医院抢救，救下了母子二人，如今我的侄子也生了两个儿子。现在过年，侄子也会专程带着他全家来看我。其二，1996 年，我爱人的亲妹妹同样难产，当时正值特大旱季，所在地的最好医院妇科医生以手术室“停水”为由让产妇转到其他医院去，这是

明显的“置产妇和腹中胎儿于死地”的行为。我当时是这家医院的法律顾问,便直接找到院领导进行沟通,要求及时采取措施在本院实施剖腹产手术,在院长的直接协调下最终救下母女二人。现在,这个女孩也长大成人,正在一边工作一边读研究生。其三,我自己的小妹曾患“贫血性紫癜”严重出血,我及时安排她到医院去救治,挽救危象,如今她儿子、我唯一的外甥已经上高中了。2020 年 7 月,我从美国回国因疫情在上海隔离时,在上海工作的小妹送来品种繁多的大水果包让我们感受亲情的温暖。其四,我一个兄弟的妻妹当年也是患“出血性紫癜”内脏出血,我及时发现骑着自行车把她送到医院救治脱离危险,如今也是丈夫孩子其乐融融。其五,一天晚上 10 点多,我的一位 40 年才联系上的同学突然打电话给我,向我咨询关于她身在中国的 80 岁老母亲突感“胸口不适”的症状应如何处理?我告诉她这是老人心脏出现问题的症状,要密切观察,尽快送到医院。后来家人很快将老人送医院检查救治,最后确诊为心梗。经紧急用药后病情好转,医生建议给老人安装“心脏支架”,老同学又问我是否听医生说的做支架手术?我以老人“用药后相关指标有明显改善”为依据来判断老人系急性心梗,用药效果明显,若高龄手术则麻醉等意外术后风险很大,权衡利弊后我建议对老人采取保守的中药治疗,不轻易选择“心脏支架”的方式。他们家人和老人均认可我的建议,采用中药保守治疗。老人至今健康状况良好,有效避免了高龄老人贸然安装心脏支架所带来的并发症和术后长期服用药物引发肝肾损伤等威胁生命的后患。

艰苦学法:1986 年全国开展第一个五年全民义务普法活动,在我的认知中未来的社会将会以法治为基准,法律将被全民所“知晓”和“遵守”。当我意识到这个问题后便果断把已报名的自学“中文专业”改为“法律专业”。这个过程还是值得记忆的,当时我根据自己语文较好的特长,又考虑中文就是万能专业,于是报考了全国刚刚开始的自学考试中的中文专业。报名后,根据全民义务普法活动的开展,我想改考法律专业。找到报名处修改时,当时教育局负责自考报名的张老师说:“报考专业已经报到省里不好再改了。”这种情况下,一般只能考中文专业,但是我想一旦不能报考法律,几年后再学法律就落后国家推进法治的节奏了,因此我坚持去找主管报名的张老师,说明改考法律专业的理由。经过我多次软磨硬泡,张老师被我感动了,他说:“看你这么执着,那我就跟省里说明一下,尽量如你所愿吧。”终于在安排考试前不久,我实现了由中文改考法律专业的愿望。当时的想法有三点:一是“全民义务普法”就意味着法律将会成为全社会的行为准则；二是我开展的工作也是卫生行政执法，需要法律专业知识；三是我自觉正义直率，法律公正的本质应合了我刚正不阿的性格。所谓“热爱是最好的老师”，所以就从这一年开始，我正式踏上了自学法律的征程。从医学转为法学，这是两个不同的领域。首先从“思想”上就需要一个转变的过程，王重阳论“酒、色、财、气”，知其六大危害，一是失德，二是误事，三是害友，四是败家，五是伤身，六是损寿。我以此为戒努力抵制外界的诱惑。当别人利用业余时间在打牌、钓鱼、逛街、喝酒等放松愉悦时，我选择在工作之余坐在自家的板凳上苦读，拒绝外界的诱惑，并习惯简单平淡的生活。当时的学习大有“头悬梁、锥刺股”之感。这期间的学习、工作得到了防疫站领导任志琳站长、李富国站长的鼓励和支持。自学期间，我在房间里挂上“刘省”的名字激励自己“吾日三省吾身”，努力克服自身惰性和外界诱惑，甚至为了不影响考试，还曾两次推迟婚期，最终通过 3 年炼狱般的奋战，顺利通过全省首批法律专科自学考试。有一次通过 3 门课后，当地政府机关保卫科武警参谋胡少校专门找上门来，当面请教我自学方法。他也是一位法律自考者，负责当地领导机关的安全保卫工作，也立志学好法律，我们后来成为学习上的益友。这 3 年学习是我目前为止学习生涯中最艰辛，同样也是最值得的 3 年。

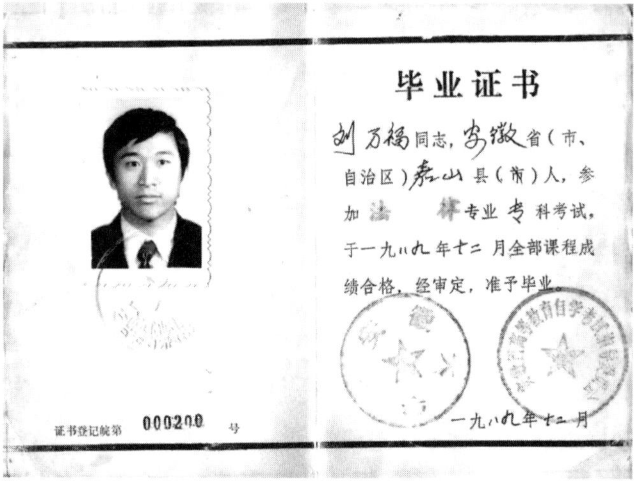
毕业证书
刘万福同志，安徽省（市、
自治区）　　县（市）人，参
加法律专业专科考试，
于一九八九年十二月全部课程成
绩合格，经审定，准予毕业。
证书登记皖第 000200 号
一九八九年十二月

自学考试法律专科毕业证书

考取律师：在数年法律知识的熏陶下，我彻底爱上了法律这个明辨是非、彰显公正的专业，于是便决定趁热打铁再战数月去参加 1990 年全国律师资格统一考试。当时我最大的理想就是当一名刚正不阿、执法如山的好律师。世上无难事，只怕有心人，即使在领导安排我带队外出检查工作时，我也故意错开班车避免群聊，一个人在出差的路上利用碎片时间在颠簸摇晃的公交车里埋头苦学，到达目的地时，已经把从时任司法局律管科何培荣科长那里借到的厚厚的考试指导资料全部翻看了一遍。即使在我女儿出生前后在医院看护妻子的日子里，我也是手捧律师考试复习资料在医院病床边看书思考。女儿出生 7 天后我走进律师资格考场。真可谓功夫不负有心人，经过焦虑的等待，我以超出录取分数线 30 多分的成绩取得中国律师资格。取得考试成绩通知书的那一刻，那种轻松、满足、幸福感无以言表，这种"内啡肽式"的快乐感受充分弥补了 4 年业余时间没有打牌、钓鱼等"多巴胺式"快乐的缺憾。

1984 年 7 月至 1992 年 12 月，在这 8 年半卫生防疫站从事环境卫生工作期间，我不仅很好地完成了环境卫生监督监测的本职工作，而且还完成了恋爱、结婚、生女的人生大事，更重要的是成功完成从医学专业向法律专业转变的过程。

中华人民共和国
律师资格证书
（91）司律证字第 21 号
根据《中华人民共和国律师暂行条例》的规定，经考核合格，特授予刘万福律师资格。
一九九[illegible]年[illegible]月[illegible]日
注：不得凭本证书从事律师职务。凡从事律师职务者，必须持司法部颁发的律师工作执照。

考取律师资格证书

改名万福：从小学到防疫站工作期间，我的名字有一个变化过程。当年上小学时，父母给我起名"刘万付"，权且理解为"万分付出"吧；直到中专毕业工作时，我觉得"万付"的名字土气，当时工资不高，经济拮据渴望富有，因此我就自行把名字改为"万富"；自学考试期间结识朋友陈剑，我们交流甚欢，在谈到名字时他说"富"字也很土气，叫"万福"更好，寓意"留住万千幸福"，有"大俗大雅"之势。我深以为然，从此万福至今。

三、从法兴业

律师启蒙：20世纪90年代初，正遇社会物价全面飞涨，我仅靠微薄的工资，日子过得紧巴巴的。想到律师自收自支但是个可以自由发挥的职业，拥有律师资格证的我就向往去律师界闯出一片天。于是我不顾亲友的劝阻，义无反顾地从卫生防疫站调往律师事务所工作。从一个医务工作者蜕变为法律工作者，在工作性质上这是两个完全不同的领域，但从工作意义上来讲却又是那么的相似，我对做好律师信心满满。当年指导我实习的老师是当地唯一的一级律师——吴墨生老先生。1993年1月，吴老退休前把我从卫生部门调入当地最大的国办律师事务所正式从事专职律师执业，开启了我的专职律师生涯。出于对吴老的感恩，我几乎每年春节都回去看望他老人家，向他汇报相关工作、学习情况，他老人家如今已90岁高龄，鹤发童颜，精神矍铄，对我的进步表示肯定，教导我要戒骄戒躁，不停努力。老人家的孙辈现在北京做律师，可谓事业后继有人，老人家值得欣慰。亚伯拉罕·林肯曾经说过："如果你想当一名优秀律师的话，请不要看重你所处的地位或和你在一起的人，应该找个地方坐下，然后细细地读，这比任何其他办法可以更快地使你成为一名真正的律师。"我记住林肯律师的话，朝着真正律师的方向努力。尽管我很快进入律师角色，但万事开头难，开展律师业务还是步履维艰。我不畏困难，夜以继日、不辞辛劳、发扬雷锋的"钉子精神"，调查研究接手的每一起案件，认真查找相关书籍细细阅读，运用书中的知识对照案件事实情节弄懂弄通。不断提高办案技能后，不停地奔波寻找潜在需要服务的"法律顾问单位"。因为热情投入，曾多次在烈日下骑自行车调查时累得快要窒息，热得快要晕倒。

崭露辩功：那时社会治安环境不佳，我办理的刑事案件较多，这极快地提升了我的办案能力。由于之前我有近10年的卫生监督工作经验和相应的社会人脉，关键是有农民出身的吃苦精神，加上正直、正义的性情，因此可以理性对待所办的每一起案件，迅速找到案件的落脚点和突破点。我清楚地记得1993年我初当律师时，就代理了一起有"21个被告人"的流氓犯罪案件。我当时是作为"第21名被告人"的辩护人，因为被告人排在最后一名一般也表明其犯罪行为较轻，我根据其具体案情大胆选择作无罪辩护，我也是21个被告人中唯一作"无罪辩护"的律师。一审人民法院采纳了我的辩护意见，宣告被告人无罪，当庭释放。可见我刚做律师时的运气很顺。

法庭辩护照

刑代特长：还有当年一例"父亲为女儿讨公道"的案件，给我留下了深刻印象。家乡的一位女孩父亲前来律师事务所跪求我为他的女儿讨回公道。事情起因是他的女儿长得很漂亮，被同村的一个小流氓相中，随后苦苦追求不成便起了歹心。一天，流氓兄弟俩趁女孩在田间劳动时借故对女孩进行殴打和侮辱，造成女孩在肉体和精神上的严重伤害。女孩父亲委托我做他女儿的刑事附带民事诉讼的代理人，被告人的犯罪恶行实在令人怒气填胸，在庄严的法庭上我协助当地检察院的公诉人义正词严地揭露了被告在法庭上的荒谬谎言和无理狡辩，有效地协助检察院公诉人指控其犯罪事实清楚、犯罪情节恶劣、犯罪后果严重、犯罪影响极坏，应依法严惩并赔偿对被害人所造成的"身心严重损害后果"的各项损失。法院认真听取并采纳了我的代理意见，公正判决兄弟俩犯故意伤害罪判处数年有期徒刑，并判决两名被告人赔偿被害女孩的各项经济损失数万元，最终切实有力地为受伤害女孩讨回公道。

死刑改判：1994 年，也就是我当律师的第二年。一例关于"一伙绑架妇女、强奸、盗窃、拐卖人口"上诉二审案，我为排名第二、刚满 18 岁的年轻被告人辩护。当时该男孩因为数罪并罚被当地中级人民法院判处死刑并立即执行。被告人在看守所给我寄了一份明信片，上面写着："请把我的强奸问题核查清楚，我就是倒在刑场上也死而无憾了……"我对案卷深入研究，通过必要的调查和逻辑的推理，强有力地推翻了一审认定这个年轻人在拐卖人口犯罪过程中参与轮奸的事实。实际上是因为这个被拐卖的小女孩早先对这个男孩有好感，但没想到男孩利用女孩对他的好感和信任参与了拐卖女孩的过程,因此导致女孩由爱生恨,指控这个男孩参与了对她进行"轮奸"的子虚乌有的事实。二审依法纠正了一审对这个事实的错误认定。因此撤销一审对这个男孩的"死刑立即执行"的判决,改判男孩死刑缓期2年执行,给了男孩重生的机会。现在这个当年刚满18岁的男孩早已服刑结束,洗心革面回归社会。

顾问精到:法律顾问服务是律师的重要业务之一,也是展示律师非诉讼业务功底的平台。我作为从事过近10年预防医学工作的律师,把"圣医治未病"的理念充分运用到律师法律顾问专业服务工作中,就是为法律顾问服务对象做好"治未病"工作,充分了解法律顾问对象的全面情况,针对问题环节做好应对之策,即专业的法律风险防范。记得刚从事律师工作不久,当地国有台贸公司张瑞麟总经理就信任我,聘请我担任公司常年法律顾问,并在当地报纸上刊登公告。受聘担任当地矿山资源管理局法律顾问,帮助解决与邻省交界的冶山铁矿产权纠纷,我通过现场调查,掌握第一手资料后,认真研究相关矿产资源法律法规,为顾问单位出具了合法、合理、合情的法律意见书,为两省矿产部门解决长期困扰的产权纠纷提供了有效的法律思路,得到双方领导的肯定。当年作为家乡琅琊山风景区管理处的法律顾问,多次为琅琊山的建设工作出具相关的法律建议,为创建国家AAAAA级自然森林公园的目标奠定坚实的法律基础。在南京这个省会城市,法律顾问的舞台广大,我先后担任中国电子科技集团第28研究所、南京造币有限公司、华东矿山设计研究院及主持人孟非等央企省属及个人法律顾问,充分运用自己多学科知识和长期积累的工作经验,为顾问对象提供切实可行的前瞻性法律意见,有效避免顾问对象的很多法律风险,减少不应有的损失。因此,取得顾问对象的长期信任。

拒绝勾兑:当我步入律师之路时,我就立下了"严格按照法律公正办案"的志向。当年律师可以与承办法官一同外出调查,其间同吃同住。我对此十分地不解和抗拒,我认为如此"亲近"的关系就是对对方当事人的不公,很难保证这种状态下的法官能够作出公正的判决。在工作后不久,法院组织的一次律师座谈会上,让我们律师对法院提出相关意见和建议,我在会上大胆地提出:"中国是个有'人情味'的国家,律师和法官之间过于'亲近'的工作方式,会让法官对案件无法作出准确公正的判断。法官一旦带着'熟人情感'断案,必定会影响司法的公正性,办案期间有必要在律师和法官之间构筑'隔离带',保持距离以保证司法权力的廉洁运行。"这个提议得到了当时法院领导的肯定和赞许。我认为,律师与司法人员勾结一是违规违法乃至犯罪;二是损害法律尊严;三是破坏社会公正。实际上,绝大多数善良的委托人内心也是蔑视和不耻这种劣行的。本人数十年的办案过程中严格自律,严守律师执业纪律和职业道德,绝不与有案件利害关系的公职人员勾兑办案,功夫花在认真研究案情,积极寻找证据,准确运用法律上,以自己的职业良知为委托人的合法权益竭尽全力,取得了较好的辩护和代理效果,获得良好的职业口碑。

首次飞行:顺便说一下,我第一次坐飞机是在1994年,当时我代理一位女士的离婚案,因其丈夫在上海虹桥机场工作,我专程前去机场调查其相关案件情况。调查工作完成后我选择就地乘坐从上海飞南京的飞机返回。途中飞机在云层中穿梭,透过小小的舷窗望向外面,白云朵朵似团团棉絮漂浮在天空中,那辽阔长空仿佛可以承载世间所有的美好。路途不远,飞机在空中飞行半小时就降落了,这短暂而新奇的空中体验至今难忘。

病挫思考:由于律师工作开局顺利,加上当时分到公职律师福利房,心情好,忘乎所以地工作、生活,在1995年3月,患上阑尾炎后仍坚持去省里参加律师专业培训,导致病情延误治疗,强撑着回到当地手术治疗。术后伤口久不愈合仍坚持办案,对身体造成较大伤害。恢复期中我开始认真思考生命与工作、生活的科学协调问题。我认识到人活着应“各安天命”!我用心创作了“天地之间”主题画。画面里,在一片山丘竹林间溪水潺潺,三只国宝熊猫两大一小神态各异,两只大熊猫坐在一起安静地吃着竹叶,一只小熊猫在溪水边去抓漂在水面上的竹叶。此画寓意天地之间生命珍贵,简单、健康、快乐地生活最为重要。我请当地火烫画艺人魏先生把上述画作制成木板牌匾,同时将刘禹锡名句“山不在高,有仙则名。水不在深,有龙则灵。斯是陋室,惟吾德馨。”及“静思”二字也火烫成木板牌匾,分别挂在家中墙上和门头上,以此时时警醒自己:珍爱生命,简单生活,静心思考。

辞去公职:紧张的律师工作之余,我自1993年下半年继续参加法律本科自学考试,1998年顺利毕业并被授予法学学士学位。撰写的毕业论文《论我国对外商投资的国民待遇》一文,被《安徽律师》1998年第4期《观察思考》栏目发表。根据当时的司法改革政策,我看到公职律师发展的限制,在1998年我义无反顾地辞去公职律师身份与其他两位律师创办了当地第一家“合伙制”律师事务所,其间取得了三级律师资格。

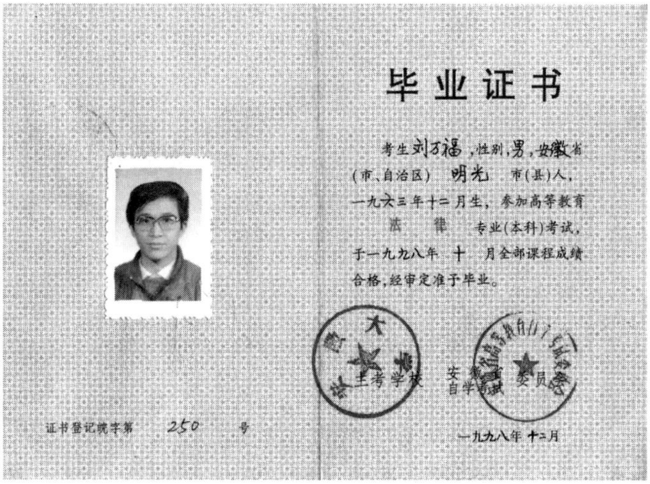

毕业证书

考生刘万福，性别男，安徽省(市、自治区) 明光 市(县)人，一九六三年十二月生，参加高等教育 法 律 专业(本科)考试，于一九九八年 十 月全部课程成绩合格，经审定准予毕业。

主考学校 安徽省高等教育自学考试委员会

证书登记號字第 250 号

一九九八年十二月

法律本科毕业证书

学士学位证书

(成人高等教育本科毕业生)

刘万福 男，年 月生。自九五年八月至九八年八月完成了法律专业四年制本科学习计划，业已毕业。经审核符合《中华人民共和国学位条例》的规定，授予 法 学学士学位。

学位评定委员会主席

一九九九年 六月 十七日

证书编号：103574991434

法律本科毕业授予法学学士学位

寻对名师：数年的律师业务让我意识到，仅局限于法学知识是很难把律师的业务发展好的。若要真正把律师做到极致就需要学习更多的综合知识。于是，我在1998年4月参加了南京大学研究生院开办的“社会工程与管理学院研究生班”学习。班上同学来自南京各系统，我是唯一的外省学生，主讲城市美学的张鸿雁教授对我影响很大。我转到南京后，还经常向张教授请教相关新知识，我也成为张教授最信任的律师。同时，参加了中国社会科学院心理学研究所开办的“心理咨询与治疗专业”函授班。2000 年 6 月我在上述专业系统学习结业、毕业后，认识到自己的能力储备已经可以更好地发展，便很快转往家乡附近的邻省省会城市的省直属律师事务所做专职律师。刚到南京时我选择跟乡亲知名律师——南京大学法学院张晓陵老师一起做律师业务。张老师早年毕业于中国人民大学法学院，是我国著名刑法学家高铭暄老师的第一批刑法学硕士研究生，曾被《中华儿女》（海外版）杂志采访报道为“金陵第一铁嘴”。他非常信任我，让我有了很多独立办案的机会，我因此在办案过程中开拓了很多创新的观点，尤其看到张老师办案时“严格依法办事”“不做僵硬死磕派”的辩护风格，更坚定了我一直坚持的“坚守法律原则”“绝不做勾兑律师”的执业理念。在张老师团队中经常讨论疑难复杂案件，师弟董云春律师与我都是有独到见地的思考型律师，董律师后来也独立建所并连续担任当地有影响的人大代表。在与张老师合作学习期间，有机会陪张老师接待他的人大同学张军院长（时任最高人民法院刑事审判第一庭庭长），陪同接待刘桂明老师（时任《中国律师》杂志总编辑），当面聆听刘老师关于“如何做好律师”的谆谆教诲。通过与张老师的合作，也让我在南京很快熟悉了当地风土人情，在扩充人脉的基础上也有效拓展了知识面，客观上扩大了我在省会大城市开展法律服务的市场，至今我的内心依然对张老师充满感恩之情。令我记忆犹新的是 2000 年 8 月，张老师交付我代理的“J 省交通厅的 J 省某高速公路北段改造工程中高级工程师被伤害维权案”。案情大致是：工程招投标过程结束后，当地工程队未中标一方对招投标总指挥部怀恨在心。某天晚上工程队的老板雇用当地一年轻人持刀对负责“招投标”工作的高级工程师行凶，致其腹部中刀，伤情十分严重。当地公安机关调查此事时竟然瞒报伤情，对上级汇报时谎称“只误伤大腿”，伤情并不严重。省交通厅的领导找到张老师，随后张老师派我去了解案情。为掌握第一手资料，我前往近 400 公里外的当地医院调取伤者的病历资料并探望病人，了解真实情况，病人的病历照片令我触目惊心。我在掌握上述具体详情后，专门写了法律意见书同时附上上述调查材料一并汇报给了 J 省公安厅，以确凿的证据揭露了当地公安机关徇私舞弊、隐瞒事实真相的情况。J 省公安厅了解实际案情后十分重视，指示当地公安机关要严格依法办案，严惩凶手。此后，当地司法机关在办理该案时只能严格依法行事，当地一审法院对“雇凶者”以及“具体实施者”顶格分别重判 10 年和 7 年有期徒刑，并共同赔偿工程师医疗费用等各项损失 10 多万元。

首次见海:我的这次“认真办案过程”和“出色表现”使得委托单位领导十分高兴,邀请我及家人办案间隙畅游出事所在地的黄海风景,当年是我人生 37 年中第一次见到真正的大海。我带妻女在海水中尽情玩耍,放眼望去那波光粼粼的黄海,似乎可以把城市的拥挤、嘈杂全都抛到九霄云外。游览《西游记》中传说的花果山、登顶玉女峰,面对如此美景我不禁想起苏东坡的“郁郁苍梧海上山,蓬莱方丈有无间”的诗句。

2001 年与来所指导的时任《中国律师》杂志总编辑刘桂明合影

(前排左为周元伯教授、右为张晓陵老师)

勇护弱者:我理解律师对委托人的责任不仅是把案子办好,还要尽力保护委托人相关的权利。记得有一次我去一个镇上法庭参加一个离婚案法庭审理活动,庭审顺利结束后,对方近百人软硬兼施要把我的委托人带走,说是回去看孩子,我立即向庭长告知,要求制止对方这个不正常行为,庭长也被对方几人围着不置可否,我不知哪来的胆量突然大喊一声:“不准强行带人!”那群人一下子都怔住了,面面相觑。我说,要遵守法律,不能对委托人的人身自由进行限制,更不能违法对委托人有人身伤害行为。对方代表出来向我和法庭庭长表态:“带他回去看孩子,看能不能缓和双方关系,绝不伤害你的委托人。”我当场询问委托人是否愿意回去看孩子,我的委托人战战兢兢地说:“只要他们不伤害我,我可以去看孩子。”我跟庭长说:“请法庭找他们的代表说明情况记录在案,确保我的委托人安全。”对方满口答应后我才放心离开。

厚积薄发:在跟张老师一起办案期间,我利用所学的医学、法律、心理学、社会学多专业综合知识先后成功代理的三起案件,都因为案例经典和社会影响大而被中央电视台等众多媒体多次采访报道。

其中,2001年代理教授夫妇状告“120”急救中心案被中央电视台《东方时空》栏目中的《时空连线》主持人柴静连线讨论案情,于2002年1月21日在央视一套、二套、四套频道播放,著名记者张国富先生采访了解我后,《人民法院报》等媒体跟踪报道影响巨大;同年代理市民状告某知名物业公司暴力打砸厨房案,引发央视《今日说法》讨论,家乡报纸以《走进央视的刘律师》为题对我给予积极肯定的报道;2002年我代理的“打工嫂夫妇状告某区环卫所性权利精神损害赔偿胜诉案”也备受关注,这是全国第一例以“侵害性健康权利”的名义要求“精神损害赔偿”获得胜诉的案件。当年,江苏省广播电台总台文化期刊总编辑曹峰峻先生以《打工大嫂,“性权利”索赔获胜第一人》的标题,在《知音》《婚育之友》杂志等多种媒体上报道此案。曹先生作为著名作家、记者、视野敏锐,其培养的儿子曹野川是旅德钢琴家,虽年轻但业内影响较大。我以此案为例撰写的《论“性健康”与民法保护——全国首例“性权利”胜诉案的思考》一文在《中国性科学》等杂志发表。后受中国性学会的邀请,前往北京人民大会堂参加中国性学会成立10周年大会,当选为“中国性学会性法学专业委员会”委员。上述三案收录在本书案例中详述。

2002年1月参与央视《时空连线》节目

2002年7月接受央视《今日说法》采访

特色专业:法律这个专业在西方一些国家本科阶段是不设立的。因为法律的本质是应用社会学,所以要在其他专业的基础上才有法律研究生专业,这样的毕业生才有经验处理好社会上复杂的问题。中国没有这样的制度设置,但从1990年开始也放开社会各专业参加律师资格考试,我也算是这个时期的幸运儿。我作为律师取得的重要成就都是我早期学习医学专业的经历带来的。我承办的全国首例“性权利”胜诉案就不属于医疗官司,但取得令人注目的成功。在这个案件之前,我就代理一个病人状告医院行腰椎间盘手术损害下体神经导致性功能丧失索赔案,在我的医学专业帮助下,医院方自知理亏主动要求和解,我的委托人考虑到院方的态度和公开后的不良影响便接受了和解赔偿方案,此案了结。在性权利案胜诉公开后,苏南一对年轻夫妇找到我为他们刚出生不久的儿子维权,案情是他们的儿子在当地妇幼保健院出生时,妇产科护士按当地习俗用过量明矾长时间敷在孩子裆部以除湿,却将孩子的两个睾丸烧伤坏死了。这是严重的医疗事故且后果严重。我运用医学专业知识指出对方的过错,诉讼对方承担巨额赔偿责任,法院确认了案件中院方过错的基本事实,先行赔偿现有损失,待孩子成长后的具体情况再行诉讼,这样的判决当时也是可以接受的。无独有偶,另一件案件也是奇葩:一位30多岁男性到当地医院对外承包的男科做包皮过长环切术,医生术后用红外线给伤口热消毒,但医生用的温度过高时间过长,导致男子外生殖器烧伤坏死。男子从电视上看到我代理的性权利胜诉案后慕名找到我为他代理维权。我代理后复制全部病历,了解全面案情后,又为委托人找到鉴定机构的生殖功能鉴定专家,专门作了男子生殖器功能损害恢复费用的权威鉴定书。后来的判决可想而知,我方的诉讼请求得到全面支持。尽管委托人没有按照约定支付我的代理费用,我也理解他的心理痛苦,没有依法追要。另有几起为女性代理整容受伤害案也是运用医学专业和法律经验的结合完成的。其中一起整容致死案的代理一波三折,最终结果令人遗憾。那是一位拥有两位漂亮女儿的50岁女性,因为担心小自己10岁的丈夫变心,而瞒着丈夫去当地一家较大的美容医院做双眼皮和双乳隆胸术,当地医院为她一次性做完手术后让她回家休息即可。这名女性回家后,一直咳嗽,但因胸部手术伤口疼痛不能有效咳痰而加重肺部感染,她找手术医生询问,医生告诉她术后咳嗽和疼痛都属正常现象,过一段时间就好了。手术女因此在家忍受痛苦的煎熬而没有去医院进行有效治疗。结果一个多月后,这位整容手术妇女去世了。她近80岁的老母亲经过多方打听找到我诉讼维权,我接受委托后,调查了医院病案,认真研究相关整容法律法规及手术规范方案,发现院方存在手术医生及麻醉师证照不规范问题,尤其是院方存在严重违反胸部整容术禁止性规定，以及手术时间过长的医疗手术操作规范等问题，因为胸部手术吸入性麻醉极易导致术者肺部感染，而这个医院为了赚钱，医生不顾病人死活，违反禁止性规定对这位女性一次性施行双眼皮手术，以及隆胸手术两项长时间手术，导致该女性肺部感染又误导手术者没有给予有效的抗感染治疗，最终导致病人死亡。我向法庭提交相关事实和法律法规及操作规范证据，并清晰明白地阐明院方上述过错后，一审法官还是以我们原告方证据不足为由，驳回老太太一家要求院方过错赔偿的诉讼请求。我代理老太太一家人上诉到中级人民法院。中级人民法院审理后认为，一审法院认定事实不清、适用法律不当，故撤销一审判决，发回重审。申冤的曙光再现时，老太太与女婿意见产生分歧，不再委托我代理。后听说在院方的威胁下撤诉了。我对此案结果痛心不已，感慨社会整容界的阴暗之事，我作为一介律师也实属无奈。

一般认为，学医出身的律师只能打好医疗纠纷官司，我确实代理患方把当地的医院几乎告了个遍，只保留当地的省中医院没有被诉，我想自己身体有问题时去自己比较信服的中医医院诊疗，若代理患方诉讼中医方，担心医方对我诊疗时有成见。我之所以仅代理患方告医方，是我了解医方对于患方处于信息严重不对等状态，总的来说，医方太强势，代理医方应诉患方自己良心上过不了这道坎。我的律师实践充分表明，医学专业律师绝不仅仅局限于打医疗官司，那样就太浪费医学专业了。我运用医学知识在交通事故损伤责任及伤残等级划分方面，在民事侵权中普通人身损害程度及医疗费用合理性方面，在行政纠纷中发生的人身损害认定方面，在刑事案件中涉嫌轻伤害和重伤害罪名，以及杀人案件中基于伤害部位判断被告人行凶时的主观心理状态等分析方面，都有相当科学的准确判断，这为公、检、法等司法机关案件承办人正确认定事实，准确运用法律提供了强有力的支持。我成功办理的数起二审无罪辩护案、揭露警察刑讯逼供案、交通事故责任重新认定案等都印证了我的上述观点。《中国律师》杂志主任记者李华鹏了解我数年来办理的典型案件后，采访我并以《善于“叫板”的法律信仰者——解读刘万福律师的执业感悟》为题，专篇报道刊登在《中国律师》2004 年第 8 期。

当选“十佳”：经过十多年专职律师执业工作以来兢兢业业的实力打拼，我于 2005 年底作为省直律师事务所唯一的代表，被当地省级司法行政机关和行业协会联合评为“省十佳律师”，也是全省唯一的以民主党派身份入选十佳律师的代表。当年评选活动我提供了充分、扎实、过硬的相关申报材料，自己感觉十佳律师评选标准就是为我而设的。我所在的当代国安律师事务所、省级民主党派机关组织及省级公共关系协会社会组织也积极为我写推荐信，肯定我的律师执业品质和人格，促使我在省直律师所数十人的申报竞争中脱颖而出顺利成功当选。我对这些肯定和支持我的单位和组织至今心存感激。当选后的2006年，省级电视台和司法厅宣传处把我作为唯一的“十佳律师”代表进行采访。专门制作专题片《坚定的法律信仰者——访江苏省“十佳律师”刘万福》介绍我的律师执业事迹，在省电视台《法治社会》栏目向全省观众进行宣传（具体内容收录于本书第四章中）。当年家乡的地方志张编辑专门把我作为书中唯一的“新闻人物”收录记载。

2005年获“江苏省十佳律师”荣誉证书

创个人所：我是1986年参加法律专业自学考试开始逐渐了解1980年制定、1982年实施的《中华人民共和国律师暂行条例》的，当时的律师定位是国家法律工作者。1990年我考取律师资格后，1993年初正式调到当地最大的国办律师事务所执业，但国资所存在行政机制，分配自由受限，律师工作创收积极性不高的弊端；随着时间的推移，1996年《中华人民共和国律师法》正式公布，律师的地位为社会法律工作者。在国办律师事务所外出现合伙制律师事务所，我于1998年正式辞去公职律师身份，创办当地第一家合伙制律师事务所。2000年转入省会城市省直属律师事务所加入合伙人后，发现合伙律师事务所合伙人存在资合人不和，决策效率低等弊病。2005年底，我受省司法厅指派前往北京参加“中华人民共和国司法部法律服务业开放与管理专题研讨会”，会上了解了欧盟等“国际社会法律服务业”

专题研讨会上与演讲嘉宾、中国政法大学律师学研究中心主任王进喜教授（左）合影

相关情况，研讨会的内容令我大开眼界，回来代表省律协撰写专题学习汇报材料。我结合十多年的“国办律师事务所”及“合伙律师事务所”的执业经历，专门前往上海个人所实地调研，根据国际、国内律师发展形势，结合司法改革政策的方向，领悟到做好律师工作的本质就是“自我修行，独立创业”。我评判自己的性格能力更适合开办个人制律师事务所。于是我凭借当选“省十佳律师”的殊荣，向省厅提出创办省会城市首家个人制律师事务所。当年省厅分管律师工作的领导方晓林副厅长对我很是信任，强力支持我大胆创办。省司法厅于 2006 年 12 月 26 日正式批准成立省会城市第一家试点个人律师事务所——“江苏刘万福律师事务所”，这也是省直 38 家律师事务所中唯一的一家个人制律师事务所。

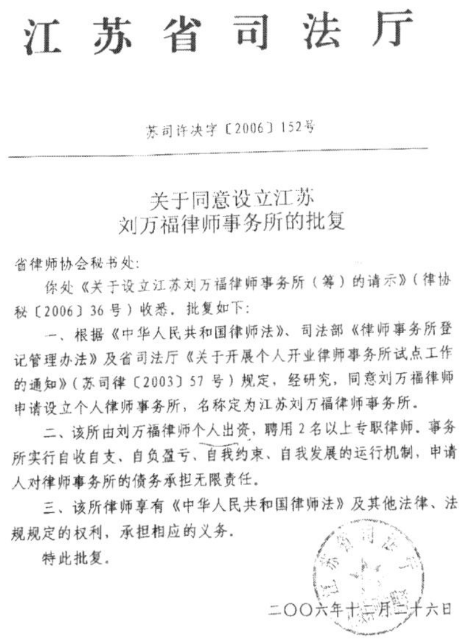

江 苏 省 司 法 厅

苏司许决字〔2006〕152号

关于同意设立江苏
刘万福律师事务所的批复

省律师协会秘书处：

你处《关于设立江苏刘万福律师事务所（筹）的请示》（律协秘〔2006〕36 号）收悉，批复如下：

一、根据《中华人民共和国律师法》、司法部《律师事务所登记管理办法》及省司法厅《关于开展个人开业律师事务所试点工作的通知》（苏司律〔2003〕57 号）规定，经研究，同意刘万福律师申请设立个人律师事务所，名称定为江苏刘万福律师事务所。

二、该所由刘万福律师个人出资，聘用 2 名以上专职律师，事务所实行自收自支、自负盈亏、自我约束、自我发展的运行机制，申请人对律师事务所的债务承担无限责任。

三、该所律师享有《中华人民共和国律师法》及其他法律、法规规定的权利，承担相应的义务。

特此批复。

二〇〇六年十二月二十六日

2006 年创办南京地区首家
个人制律师事务所批文

2007 年 1 月 8 日，在江苏省以及南京市律师业发展史上，特别是在我个人执业生涯中都是非常值得纪念的一天。经江苏省司法厅批准，南京地区第一家“个人试点”省直律师事务所于这天举行了隆重的开业典礼。“个人制律师事务所”作为一个“新生的事物”，有关各界领导和代表都给予了高度重视和支持。我的南京大学研究生老师、省社科院院长宋林飞、民进省委秘书长王鲁彬、省司法厅第一代律师管理处老处长、一级律师汪洋及现律师协会秘书长沈国新、我所在家乡的市政协副主席何席章率团的当地文化人卜平女士等，我参加的社会组织的领导、亲朋好友及案件当事人代表等 100 多人亲临了开业典礼。省社科院院长等领导出席并讲话，对我的律师事务所成立表示祝贺；对我从事律师职业以来所取得的成就表示赞赏，并对我个人律师所今后的发展提出了许多有益的建议。我作了《以感恩的心做好人，以负责的行为做对事》的开业致辞，衷心感谢自己的亲朋和众多委托人的信任，感谢省司法厅等全国 20 多个省、市、自治区政法部门和相关单位的支持和帮助，使得我承办的数百起各类案件大部分都得到了公平正义的裁判，彰显了法律的尊严和社会公正，赢得了当事人的信任。时任省检察院纪检组长申泰岳及著名主持人孟非工作之余前来祝贺，孟非在午餐欢聚时与我同台致辞感恩大家。省电视台戴朝江、虞根网等资深记者现场采访报道。

律师事务所开业致辞

我心中的律师是一个“正直良知”“扬善除恶”“保护弱者”的职业，它与公检法部门及其他相关的单位和个人一道实施着“维护公正秩序”的神圣职责，我会努力不辱使命。个人事务所的“试点”模式在南京地区以往没有成功的经验可借鉴，对此我深感责任重大，坚信有司法厅领导的正确领导、相关单位和个人的支持、朋友的帮助就没有克服不了的困难。为此，我提出律师事务所将严格以“忠于法律，忠于委托人的权益”为服务宗旨；倡导“负责公民”的价值观。负起社会责任，以“睿思、精进、致远”为执业理念和工作要求；以“树新风正气，立典型榜样，助年轻律师”为长期奋斗目标。所谓的“个人所”并不是只有一名律师单打独斗，而是一个团队合作。律师事务所要以“团队”为中心，加强现代化团队建设，学精业务、不断努力、关心政治、坚守诚信、发挥高效，在维护公正中打造品牌。当地有影响的《现代快报》《江苏商报》及家乡报纸等多家媒体，都对我的律师事务所开业喜讯作为新生事物性新闻给予肯定报道，其中《现代快报》称我是“第一个吃螃蟹的人”。我内心没有想做第一个吃螃蟹的想法，只是了解中国和世界律师界的发展状态，认识到走符合规律且适合自己的路，顺其自然地做自己想做的事而已。律师事务所成功开办后，2007 年接受司法部“律师法修改调研”人员的当面调研座谈，我客观系统地向司法部领导汇报了个人律师事务所创办以来高效担当的运营情况，为《中华人民共和国律师法》修改设立“个人制律师所”提供了有价值的探索。律师事务所的平稳运行成为司法部调研修改律师法中设立“个人律师事务所”的成功样本，我因此颇有成就感。

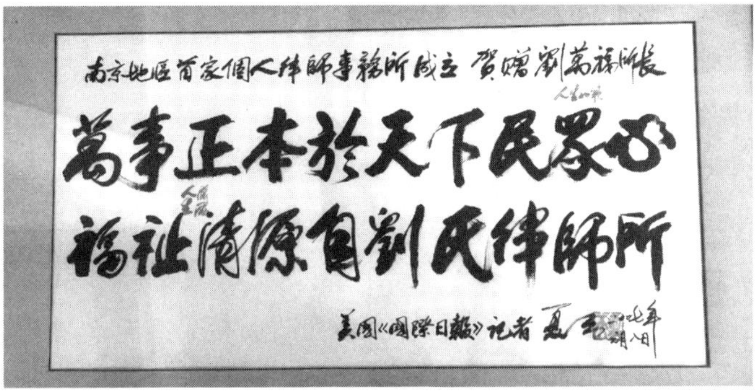

律师事务所开业贺匾

开业时的律师事务所办公室

平稳运营：律师事务所正式运营后，我按照时任省人大常委会李佩佑副主任给我们律师事务所题词的“以人为本，依法兴业”的要求，人性化科学管理，真正落实我开业致辞中的承诺，踏踏实实、兢兢业业地办理各类接手的案件。为有效“树新风正气、立典型榜样、助年轻律师”，我们律师所所有业务以承办律师为主，全所集体讨论，聘请若干行业专家成立顾问委员会，为业务工作提供权威指导支持，努力把每一起案件都办成经典案。我组织全所律师参与编写《消费维权案例选》等普法资料，向委托人、顾问单位、兄弟律师所及社会相关组织及公益活动时前来咨询的市民免费发送。这些管理举措大大提高了办案质量和效率，赢得了委托人的口碑，取得了良好的社会效果。

公益文化：2008 年 6 月，律师事务所正式创刊《与法同行》电子期刊。期刊内容包括律师新闻、案例分析、法规速递等内容，定期向兄弟律师事务所、相关单位及顾问单位和委托人等免费宣传，并展开交流。由于个案影响有限，我也积极参与组织的活动发声，利用担任律协省直分会常务理事和行政法委员会主任的身份在同行业内介绍经验，互通有无，共同提高。我们律师事务所主动与当地新闻综合广播《法治在线》栏目合作，定期在线免费解答全国听众法律问题，不定期前往各类普及法律广场向广大市民进行免费咨询及走进军营现场开办讲座，传播普及法律知识，影响广泛。其中 2008 年 11 月 7 日，我受《江苏法制报》邀请参加记者节广场法律咨询活动，配合记者节免费解答群众法律咨询。这个咨询现场照片被后来的《今日中国》(英文版)杂志采用。我根据律师事务所管理的实践体会，撰写相关律师事务所文化建设方面的专题文章与同行交流。

关注行政：我深知“依法治国”的关键就是政府“依法行政”，因此十分关注政府部门执法人员的普法问题。于是在 2007 年 12 月，我所作为唯一一家律师事务所，协办省政府法制办主办的“省首届行政执法人员法律知识大赛总决赛”，我受邀成为大赛评委。此次重大活动被省电视台全程录像，通过卫星电视向全国播放，我所在的民进组织杂志专门采访并专题报道我参与这次活动的相关情况。

同年 7 月，我应江苏省政府法制办邀请为全省行政执法人员培训班作物权法专题讲座，我从物权法的立法背景、立法过程、民生解读等多方面用生动凝练的语言，结合生活中的实例展开了细致的解读。2008 年 8 月，我作为律协省直分会行政法委员会主任，参加省政府法制办举办的“城乡规划法修改辩论会”，我代表政府方发表了富有见地的辩论意见。由此，我认识到政府规划在社会发展中的价值，于是 2009 年我撰写了题为《发挥科学规划在法治城市建设中的积极作用》的论文，参加“依法治省领导小组”举办的“2009 年法治江苏建设高层论坛”获奖并作为律师界唯一代表作大会发言，当地法制报作专题报道。

协办省政府举办的首届行政执法人员法律知识大赛总决赛并担任评委

参加 2009 年法治江苏建设高层论坛并作为律师代表在大会发言

关注卫生:由于我的医生专业,到南京后很快加入成立不久的江苏省卫生法学会这个组织。这个组织成员基本是由南京各个大医院的医务处处长和医学高校专家组成的。我看到众多的医疗纠纷中,医疗机构作为专业组织相对于患方处于明显的优势,因此我基本都是接受患方的委托,代理弱者方运用自己的医学专业知识为他们依法维权。大多数医务人员还是理解我的选择的。2008 年我作为省卫生法学会常务理事,在江苏省卫生法学会、医学伦理学会、医学哲学学会举办的 2008 年研讨会上作专题发言,阐述医学人伦相关的哲学思考。

参加省卫生法学会研讨会作大会演讲

关注刑罚:2009 年 6 月,我作为有丰富经验的实务律师受邀参加当地知名大学法学院主办的"全国量刑规范化学术研讨会",与来自中国政法大学的著名证据学专家也是我的恩师樊崇义教授,以及来自全国各地法院、检察院、法学院等刑法专家学者共同研讨。我从实践感受中谈起,再从心理分析角度对刑罚科学性、合理性进行考量,提出量刑规范标准要彰显法律公正和社会效果的平衡。与会者反响强烈,樊教授给予专业肯定。

品牌建设:2009 年 8 月,我邀请曾在"江苏卫视"做首席主播的老朋友——中国金话筒奖获得者、IBF 中国个人品牌委员会秘书长、清华大学教授徐浩然先生担任我们律师所首席品牌顾问。徐博士欣然接受，为全所工作人员作了关于品牌建设方面的精彩讲座，对我所品牌建设提出了重要建设性意见。2010 年徐博士在江苏创建“江苏省品牌学会”，他邀请我担任学会法律顾问兼理事，我欣然应允。我俩的渊源来自我在江苏卫视做法律专家点评时的相识相交，他曾在广东电视台做过法治节目记者，对维护法律公正的共同理念让我们想到一起开办“万福浩然律师事务所”，当时由于司法厅要求必须取得律师资格证才能成为创办人，个人所只能用个人的名字以示责任，因此共同办所的事搁浅。但我们的友谊越来越深厚，每年的品牌大会和理事会活动我们都会深入交流思想。在品牌学会的活动中，我学习了很多品牌建设的知识，这对于我个人学习的积累及律师事务所的品牌建设大有裨益。

参加省品牌学会论坛与徐浩然会长（左）、俞文勤副会长（右）合影

编撰书籍：2002 年，我因为学医出身的原因和成功办理全国首例“性权利”胜诉案的影响，接受江苏省教育厅委托，参与《青少年性健康教育预防艾滋病读本》中小学版和高中版的相关内容编写工作，由江苏美术出版社出版，面向全国发行。2010 年是中国律师制度恢复 30 周年。30 年来律师事业不仅经历了没有律师法的时代，也经历了律师全员参与“严打”预审的特殊时期，更经历了刑事诉讼法特别防控的准嫌疑人时代。全国律师同人在极其困难的情况下，积极参与各领域、各层次的法律服务工作，成为依法治国，建设法治国家不可或缺的重要力量。为展现律师风采，塑造律师形象，促进律师交流，推动律师事业发

展，我作为副主编参与编写《大义精诚：中国当代律师经典案例》一书献给共和国60华诞，在台海出版社出版。“大义者则大道理也。”“精诚者，真心至诚也。”通俗说就是“大义做人，精诚做事”。律师工作的大义精诚，包含仗义执言的敬业精神，精益求精的工作态度，以及扎实的理论功底和精湛的操作技巧。我参与编写的这些入选案例，全面显示出律师扎实过硬的理论功底和对案件应变自如的掌控能力，以及精湛完美的操作技巧。大义精诚既是道德观，更是方法论，是中国当代律师的崇高选择。中国刑辩泰斗田文昌大律师作为本书主编，其相关案例选入书中。我本人办理的全国首例“性权利”胜诉案，李某绑架妇女、强奸、盗窃、拐卖人口二审上诉死刑改判案，王某故意伤害二审无罪释放案均选入其中。该书被美国著名大律师艾伦·伯格评价为“展现全新职业理念的中国律师案例图书”。

2011年9月，受江苏凤凰电子音像出版社邀请担任《农村生活百科知识——常用法律知识》章节的主讲人，出版的《农村生活百科知识——常用法律知识》被国家新闻出版总署确认入选“2011年十二五国家重点出版规划400种精品项目目录”。我作为农民出身的律师为中国农村法治建设普及法律基本常识感到义不容辞，同时也欣慰自豪。

江苏凤凰电子音像出版社录制的
普法讲座光盘

服务民企：2010年初江苏省中小企业协会、江苏省民营企业发展促进会和江苏省乡镇企业家协会“三会”合署办公。省政府有关领导在江苏省中小企业协会成立大会上，明确要求“三会”以“自律、维权、服务”为宗旨，做好“改善和优化中小企业发展环境”，把“三会”建设成“企业之家”“加强协会的自身建设”等工作，我作为中国中小企业协会法律维权服务中心驻江苏联络处主任，深得江苏省中小企业协会等“三会”领导的信任，我们律师事务所之前与江苏省民营企业发展促进会多年合作，律师团队服务规范，已积累为民营企业提供法律服务的广泛经验，更赢得了“三会”领导的赞赏。在此背景下，我被聘请为"'三会'常年法律顾问"。在之后的数年合作中,我们协助"三会"宣传法律政策,维护会员企业的合法权益,促进会员企业的合法经营,帮助协会自身规范建设做了大量工作。2010 年 4 月,为贯彻落实省司法厅省律协关于开展"促转型、促升级,助稳定,助发展"的"双促双助"法律服务专项活动,我积极参与省中小企业协会组织的专项培训,被司法厅授予"2010 年度开展双促双助活动先进个人"荣誉称号。

职业共体:通过现实的律师实践,我认识到社会法治建设中法律人是生力军,法律人由公安、检察、法院、司法行政、法律学者及律师个体等职业群体组成,这个群体的关系如何摆正,直接影响法治水平和实际效果,因此我撰写了《法律职业共同体的关系》一文,参加"2010 年法治江苏建设高层论坛"讨论。现实执业中我与各级公、检、法的朋友都有正当友好的交流沟通,始终把握住理性规范操作,不勾兑案件。现任安徽省检察院高级检察官王处长及曾任家乡某区人民法院副院长、检察院副检察长、现任政协副主席的好朋友桂林先生,在了解我的执业经历后,曾当面交流时对我的执业理念很是肯定,称赞我是把律师职业做成事业的成功范例。

五周年庆:2011 年底是我们律师事务所成立五周年。为了总结经验,我们事务所专门举办了"个人制律师事务所与社会管理创新论坛暨江苏刘万福律师事务所成立五周年庆典"活动。活动邀请了中国政法大学律师学研究中心主任王进喜教授和省人大常委会李佩佑副主任等各界相关专家,以及顾问单位和委托人代表等计 100 多人参会研讨共庆盛典。庆典由时任省律协张秀炎副秘书长主持,梁武华秘书长对我及律所的五年发展,从六个方面进行了高度、全面的肯定。我在庆典发言中回顾了我们律师事务所五年来取得的成就、存在的问题及未来的展望。着重强调个人律师事务所在社会管理创新中的积极作为,尤其是提出创新中坚守传统的美好,创新中不忘初心,创新中坚持稳定。与会者对我的发言给予充分肯定。女儿作为新闻系毕业的律师,在律师事务所长期编撰的十多期《与法同行》电子刊物的基础上,专门编辑《与法同行》五周年电子特刊。我在刊尾专门撰写《学国学,议君子》一文,以此来强调律师是社会精英,应自我加强修养,像君子一样知行合一。律师肩负着维权、维法、维护公正的神圣职责,理应人人做君子,人人皆精英,协力促进中国社会的法治文明。《中国律师》、《华人时刊》及《金陵瞭望》等媒体杂志给予积极肯定的报道。

个人制律师事务所与社会管理创新论坛暨律所成立五周年庆典演讲

文化所标：为了加强律师事务所文化建设，我在律师事务所开业之初就精心设计所标，并于 2010 年取得中华人民共和国国家工商行政管理总局商标局商标注册证。所标由两个同心圆、同心圆之间有中英文所名及中间一组象形字三部分组成。外圆寓意着全所与全社会法律人及各界一道同心同德，共创法治大业；内圆寓意着全所人齐心协力、共谋发展，与外圆相呼应；黑色中文所名表达中华法治的凝重，对应的英文所名表达现代律所的国际化；中间象形字的左侧似流水的三撇，寓意着法的源远流长、上善若水，同时隐含了“刘”的谐音；右上方像似字母 A 的天平的造型，其中的天平寓意着法的公平正义，而字母 A 寓意着创办第一家省直个人所的业务服务力争 A 级水准，造型隐含了“万”字；右下方“田”字寓意着财富，表达律师所的经营性质及法律服务业也是生产力！中间象形字的整体造型包含着“刘万福”三个字，也是幸福的“福”字，寓意着法治造福本所，造福全社会。整个所标图案运用了红和黑两种颜色，红色代表我们现代法律人的热情与成功，而黑色体现的是法律的庄重和理性。

第 5866721 号

商标注册证

(共有商标)

核定服务项目(第 45 类)

注册代表人 刘万福 342301196311250235

注册代表人地址 江苏省南京市广州路 37 号江苏科技大厦 2512 室

注册有效期限 自公元 2010 年 06 月 28 日 至 2020 年 06 月

局长签发 李建昌

商标局

律师事务所所标商标注册证书

所训文化：关于所训，我把自己的想法专门请教于我的恩师——中国政法大学知名教授郭世佑先生，他是研究历史学的著名教授。在郭世佑先生给我们上课间隙，我向他汇报自己的思想和工作情况后，向他请教律师之道，他给我题了“无欲则刚”四个字，我受到深刻启迪和莫大鼓舞。郭老师建议我所训确定为“正心、明法、乐义、立人”。这个所训意在体现律师传承法律文明，维护公平正义之精神。“正心”，取自《大学》“欲修其身者先正其心”，法者乃国家精英，肩负维护社会公正重任，须具备很高的道德修养，完成这一修炼的前提是心术正，有为社会负责之心。律师为法者，当正心。“明法”，取自《庄子·外篇·知北游》中“四时有明法”。这里借指法律如四季分明，是科学、是规则，向社会人明示：法律人应精通法律，用法普法，彰显法律公正。“乐义”，取自孟子语，原意为君子好义，以义为乐。这里意为法律人敬法乐善，甘担道义，律师工作兼具义与利，以义为先，以道得利。“立人”，取自《周易》。立人之道，曰：“仁与义”。这里指法律人应顶天立地，法律人通过辛勤工作使自己成长为君子，也帮助他人成长，寓意着我们律师事务所致力培养年轻律师成长为优秀的法律人。

刘万福律师事务所所标 LOGO

在中国政法大学博士班请郭世佑导师题字“无欲则刚”

书法朋友田野赠律师事务所成立五周年所训书法

关注热点:2005年以来随着我国社会经济的快速发展,各个行业中对资金的需求不断增长,但由于银行贷款门槛过高、程序复杂,致使我国民间借贷兴盛,尤其是民间借贷中的高利贷给社会各方面造成了深刻的影响。本人从数年来亲自代理和辩护的相关诉讼案件中发现,民间借贷利率过高,导致借贷者无力偿还高额本息,而放贷者也是采取各种追债手段,最终导致借贷者家破人亡。不仅是民事纠纷不断,甚至刑事案件也频繁发生,严重破坏了经济和社会的正常秩序。为此,本人通过承办的案例专门撰写《关于民间借贷涉高利贷案件的思考》一文在《中国律师》杂志2014年第1期发表。文章从民间借贷高利贷案件的基本情况、涉高利贷案件出现的法律问题、规范民间借贷中涉高利贷纠纷的法律建议三方面进行分析,在文章结尾提出应将放高利贷行为列入刑事追究范畴。尽管我发文在业内最高级别的权威杂志上呼吁应立法严厉打击社会上放高利贷的不法分子,但没有看到现实中的改变。我作为江苏省法学会会员受邀主办"会员之家"活动时,再次提出相关活动主题。2017年11月27日,由江苏省法学会组织的上海市法学会、安徽省法学会联合主办,扬州市法学会与江苏刘万福律师事务所共同承办的"民间融资法律问题研究"专业研讨会如期举行。我作为法学会个人会员与来自"两省一市"法学会法官、检察官、教授、律师共20多位法学会会员共同研讨相关问题,在会议总结时我提出,"我国现行的民间借贷利率问题是最高人民法院在1991年解释的基础上,2015年修改的司法解释,借贷利率高达24%~36%,存在违背经济学发展科学性的问题"。我认为如此"高利率"是导致民间借贷盛行以及引发众多社会问题的根源,必须予以高度重视,呼吁高层修改相关司法解释等。亲自参加本次研讨会议的江苏省法学会朱华仁副会长当场肯定了我的观点，并且表示此问题值得关注。我向朱副会长提出把这次研讨会的观点通过中国法学会反映给国家相关立法机关，希望可以由此得到高度重视、切实解决问题。2019 年 7 月 23 日，全国扫黑办召开新闻发布会，最高人民法院、最高人民检察院、公安部、司法部联合发布《关于办理非法放贷刑事案件若干问题的意见》，2019 年 10 月 21 日实施。这个意见明确规定非法放贷根据相关条件可以以“非法经营罪”入罪。

环保交流：2014 年 5 月，我前往美国马里兰州巴尔的摩市参加女儿在马里兰大学法律硕士毕业典礼活动，与女儿的导师鲍勃教授等专家交流了环境法等相关问题。鲍勃教授是中美交流环境法的友好使者，中国环境法修改时，国家立法部门专门请他来中国提出修改意见。关于修改的环境污染处罚“日罚制”，就是采纳了鲍勃教授的建议。在美期间我们游览了黄石公园、大提顿国家公园等自然风景名胜，参观了女儿实习的美国联邦环境保护局，与女儿的实习指导老师交流美国官方对环境管理的有关情况等，对女儿的环境法学习有了直观的认识，海外的所见所闻更坚定了我长期坚持的低碳生活的理念。

赴马里兰大学参加女儿法律硕士毕业典礼与鲍勃教授合影

参与立法：2014 年作为资深公益专家律师受邀担任省人大《江苏省志愿服务条例》地方立法制定工作，我承担上述条例“法律责任”部分的具体起草修改工作。2016 年作为长期代理患者状告各大医院医疗过错损害赔偿的律师，被省人大作为医疗法律专家邀请专门参加关于《医疗纠纷预防与处理条例（草案）》的地方立法座谈会。我在会上提出如下建议：保障患者随时复制病历了解治疗方案和实施治疗情况的知情权;医疗纠纷鉴定要尊重患方选择社会鉴定机构的权利,避开医疗机构内部组成的医学会鉴定;强调医疗纠纷鉴定机构和鉴定人员接受监督,并承担相应过错的法律责任等。省人大领导对此给予肯定,基本采纳,并体现在后来的条例中。

精致品牌:由于中国律师的实际情况,做不到“真正的”专业化,因此我对律师业务中的刑事、民事、行政和非诉讼业务全面涉猎。在刑事案辩护方面,由于我具有医学专业知识,对案件中涉及“人体伤害”方面的案件,能够敏锐、理性地从医学专业角度进行多层面深度分析和专业研究,因此就有了多起“伤害案”无罪辩护成功案例,同时作为被害方“刑事附带民事代理人”,在法庭上协助公诉机关指控被告人犯罪情节恶劣,应依法严惩的成功案例也很经典。在民事和行政案代理方面,由于我有办理刑事案件的证据使用经验,因此我对证据要求不像刑事案件要求严格的民事和行政案件,办理起来时就很容易。对非诉讼案件,尤其是企事业单位的法律顾问相关业务,由于我是学公共卫生出身,强调“预防为主”,医学上属于“治未病“概念,因此我对非诉讼业务做好提前预判、提供预案,正是符合我的预防医学上的“治未病”思路。我认为律师是弱者的“监护人”和“保护伞”。执业 30 年来,办理刑事、民事、行政及非诉讼等各类案件共计 1600 多起,均认真研判案件材料、积极收集有效证据,亲自出庭辩护和代理,取得良好的办案效果,赢得了委托人的信任。办理案件成功的口碑和不断的案源也是靠委托人的口口相传。我把为委托人维护公平正义的行为看作是自己积德行善、良知修行的行为——乐而为之,乐在其中,其乐无穷。

律师事务所成立十周年制作

文化年历纪念

我的律师事务所严格按照规范运营,不仅赢得社会的口碑,行业内的权威杂志也给予充分肯定,在律师事务所成立十五周年的 2021 年被《中国律师》杂志选入“38 家中国律师品牌方阵”,荣居显著的 C 位。

《南京大学法律硕士评论》刊登律师事务所十周年纪念图文

入选《中国律师》杂志2021年中国律师品牌方阵

四、教学相长

（一）自我学习

自上中专以来我就养成了写日记的习惯，一直坚持到做律师阶段。我清楚地记得1988年春天写的一篇日记："我与卫校学弟俊山和法院夜大陈剑老师一起畅谈，这主要针对眼前形势而讨论应有的对策，这是个改革开放而多变的时代,是‘造就人’‘选择人’的时代,我们青年人该如何做呢?当然是以积极的态度迎接世事的挑战。现在的政策是‘大放’‘特放’以抓经济为工作中心。无论黑猫还是白猫,能抓到老鼠就是好猫。在现今社会无论什么人,能赚到钱就是好人,能人就是英雄。在这样的形势面前我更应保持冷静,用清醒的脑袋思考一些问题。我从事‘专业技术’工作,这是依靠国家政策和别的单位以及个人的密切配合才能进行的工作。要在这方面发展需要很多因素的协调与配合,尤其是单位领导和周围同志的支持。从现状和现实的角度看,我的‘奋斗’要得到那些思想狭隘还有虚伪自私的人的理解配合与支持是难以实现的。我有的是干劲和力气,可以靠体力活为生。但这只是简单的体力劳动,只要体能足够充分就不怕因找不到工作而挣不到钱。但这并不是我想要的,况且我的脑袋也不是很笨,不去好好地利用它实属可惜。世间万物皆在改变,可以预测一下我们今后几十年世界的变化,无疑是在向好的方向发展,但也足以使‘无一技之长’的人无处安身。由此看来,我至少需要掌握一种‘依靠自身’就能立足于社会的生活技能。扬长避短,自我感觉口才不错,更有‘凡事争个是非对错’的风格,那为何不利用此天然条件呢?法律必将成为今后社会人人需要的‘护身法宝’,我学习法律的先天条件已备,后天的‘专业知识武装’就只能在此时了。我已通过两门法律专业考试,现在‘不允许’‘不必改变’前思了。既然方向明确了,接下来就只是竭尽全力地执行。”这篇个人规划思考性的日记时时鞭策着我,在日后的自学时间里,我每天头脑中只有考试的科目书籍内容,基本上是马不停蹄地日思夜读。当年每到周末也会到乡友桑维华、李锡富夫妇家中聊学习,他们都是教育界老师,一起交流很有裨益。功夫不负有心人,终于按计划完成了自考法律专科课程,于1989年底成为当年全省首届自考法律专科毕业生。有了法律专科毕业证就能参加全国律师资格考试,我于1990年参加全国第三次也是第一次向全社会开放的律师资格考试,以高出录取分数线30多分的成绩顺利取得律师资格证书,顺理成章地加入专职律师执业队伍。

为了做好律师工作,我自律师执业起就利用律师的工作之余继续自学法律本科课程,于1998年取得安徽大学首届法律本科自学考试毕业证,被授予法学学士学位。从常规来看,律师有学士学位就足以立足法律界了,但在以律师身份办案的实践中我才真正体会到了案件的“千奇百怪”和“错综复杂”。在我看来,律师若想有效地思考和切实解决案件问题,就必须要有“社会学”“心理学”等广泛的复合知识的基础,拥有这样的根基才能更好地帮助委托人判断、思考和解决相关难题。在这种思维的引导下，我在原来医学专业的基础上，又于1998年在职参加了“南京大学研究生院的社会学”，2000年在职参加了“中国科学院的心理学”专业继续系统学习。通过两年多的周末和业余时间努力苦读，于2000年6月完成相应的学业。丰富的知识储备增添了我的自信心，也同样成为我坚实的后盾，于是我随即转入经济发展较快的著名省会大城市从事律师执业。真所谓“天高任鸟飞，海阔凭鱼跃”，在省会大城市果然是机会甚多，在短时间内就代理了“教授夫妇状告120急救中心”“车祸夫妇性权利精神损害赔偿案”“居民状告物业公司暴力砸毁楼顶厨房案”等引起中央电视台等众多媒体关注报道、具有社会影响力的案件。这些案件的成功代理不仅得益于我众多专业知识结合的成果，更得益于知识底蕴给我带来的自信、胆识和无所畏惧。

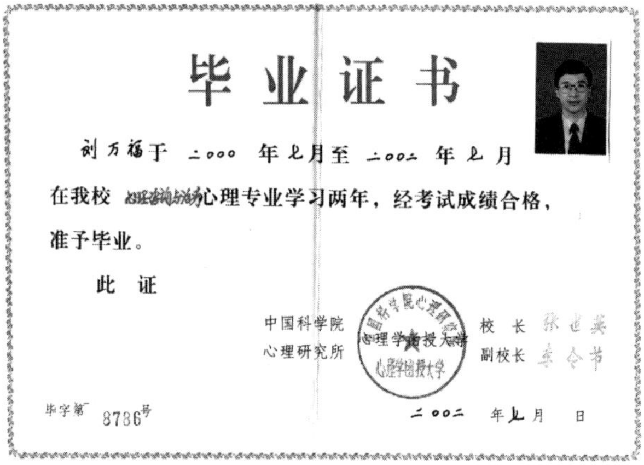
毕业证书

刘万福于 二000 年七月至 二00二 年七月

在我校 心理咨询与治疗心理专业学习两年，经考试成绩合格，

准予毕业。

此　证

中国科学院　　校　长

心理研究所　　副校长

毕字第 8786号

二00二 年七月　日

心理咨询与治疗心理专业毕业证书

2009年我参加了中国政法大学国际法学院的博士研究生班，经过中国政法大学高铭暄、樊崇义等著名教授的面授机宜，让我的法律理论得到了很大的提升。结识了全国各地一批公、检、法爱学习的学友，如安徽丁芙蓉、江苏陈度、山东任传祯、辽宁刘文舸、重庆张元炳、北京陈立群、江西范卫权、广东李爱琼、烟台张克山等。尤其学姐迟夙生大律师，她曾当选三届全国人大代表，在共同学习时，给予我很多帮助。随着社会科学的发展，国学热开始兴起，我认识到中国的国学是中国历史宗教式哲学，内容博大精深，于是我在2010年报名参加了南大哲学和宗教学系开办的首期国学班。两年的系统学习，让我充分理解了中国儒、释、道文化，对自己内心震动很大，为我以后的灵魂层面的成长提供了清晰的路径。国学学习期间班主任王波教授给予我很多交流机会，结识了南大哲学

系、宗教学系很多知名教授，如徐小跃教授、赖永海教授、胡阿祥教授等著名国学大家。我们在校学习结束后也经常联系交流，他们也对我的法律专业充分信任，有亲朋的法律问题都会咨询我，令我十分感动。

学生 刘万福 性别 男
1963年11月出生，2008年09月至2010年10月在本校 国际法学院 经济法学 专业博士生课程班学习，完成教学计划规定的全部课程，经考试成绩合格，特发此证。
（无钢印无效）
研修字（2010）第 C06077 号
校长
中国政法大学
2010年10月22日

中国政法大学经济法学博士生班结业证书

研究生课程进修班
结业证书
刘万福 同志于2010年3月至2011年3月在我校 哲学系（院）中国哲学(国学)专业研究生课程进修班学习，已修完教学计划规定的课程，成绩合格，准予结业。
南京大学
校长 陈骏
南研修字（2011）第110165号
附成绩（反面）
2011年3月31日

南京大学中国哲学(国学)专业研究生班结业证书

随着我的个人律师事务所的稳健发展和个人业务的不断成熟，我认为自己需要在“管理学”层面提高认知水平，以适应“经营性”律师所的发展需要，并且更有效率地适应企业与法律相关的“科学经营服务”的需要。因此我于2010年，报考东大高级工商管理硕士班学习系统管理知识，其间于2011年前往美国福特汉姆大学游学，到美国多家国际知名公司现场参观学习。记得在IBM公司现场学习时，一位美国工程师给我们讲解公司发展相关问题。在提问环节，我大胆向这位工程师请教他们管理环节的问题，当我报出我的律师职业身份时，那位工程师惊讶地后退半步，脱口而出“Lawyer?”可见，美国人对法律人的出现是有特别反应的，表明他们对法律的敬畏。在美国学习期间，顺带游览了美国著名的建筑和乘游轮游览哈德逊河等景点。2013 年再次前往德国下萨克森州管理学院游学，进一步开阔西方科学管理视野，顺道感受了德国、丹麦、捷克等国画一般美丽的自然风光，收获颇丰。通过多专业系统学习，能力得到不断提升，这不仅丰富了我的内心世界，也同样开拓了创新思维领域。班主任朱卫民老师指名要我写一篇对 EMBA 学习的感想。我便撰写《让成功者更成功——止于至善》的学习感想，发表在《东南大学学报》上。EMBA 的学习，让我结识了如省矿产局程知言博士、陈先俊经理、左辉行长等一批优秀的学友。

东南大学工商管理硕士学位证书

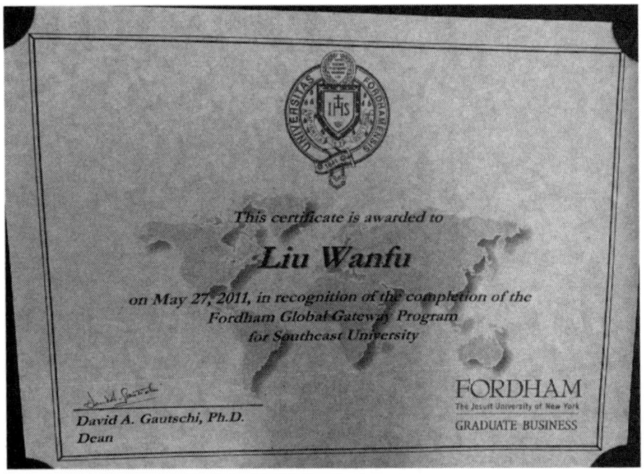

美国福特汉姆大学游学证书

美国游学期间乘游船游览哈德逊河并与美国大学生合影

DEUTSCHE MANAGEMENT AKADEMIE NIEDERSACHSEN

ZERTIFIKAT

Herr

Liu Wanfu

hat vom **29.05.2013** bis **05.06.2013** am

Management-Training
der Deutschen Management Akademie Niedersachsen
teilgenommen.

Die zentralen Themen des Programms waren:

Überblick über die wirtschaftlichen Strukturen in Deutschland
Markteintritt in die EU
Innovationsmanagement: Gründe für die nachhaltige ökonomische Stärke
von global agierenden Unternehmen, Beispiel Deutschland
Betriebserkundungen: Volkswagen AG, V-Line Europe GmbH,
Sartorius Stedim Biotech GmbH

Vorlesungen an der Georg-August-Universität Göttingen:
Strategisches und Internationales Human Resources Management

DEUTSCHE MANAGEMENT AKADEMIE NIEDERSACHSEN gGmbH CELLE

Dr. Joachim Kreuzburg
Aufsichtsratsvorsitzender

Dipl.-Ing. Dipl.-Oec Ralf Othmer
Akademiedirektor

Niedersachsen · Deutsche Messe · IHK · IHK · NORD/LB · sartorius · TUI · UVN

游学德国下萨克森州管理学院证书

2012年，省律协秘书处推荐我参加了省人力资源和社会保障厅组织的针对执业律师及律师管理人员的培训团，前往我国香港大学学习。我代表省直律师的学习总结演讲赢得与会者热烈的掌声。在我国香港大学安排的聚餐会客厅可以通过透明餐厅看到窗外蓝色的海湾，真是心旷神怡。其间了解了香港特区的司法体制及律师制度，我独自乘牵引车夜游太平山，俯瞰港湾的万家灯火。记忆最深的是汽车在高楼间高架桥上匀速穿行和依悬崖峭壁而建的十七楼的特别景观。学习归来后我专门撰写了《不一样的东方之珠》的学习感想文章，被省人事厅领队推荐发表在当地法制报刊上。

The University of Hong Kong

香港 大學

證書

CERTIFICATE OF ATTENDANCE

茲證明

劉萬福

已修畢

香港大學－江蘇省人力資源和社會保障廳

江蘇省執業律師及律師管理人員培訓團

修業期由二零一二年五月二十九日至六月四日

江蘇省人力資源和社會保障廳

二零一二年六月四日

我国香港大学修业证书

2016年，女儿继2014年马里兰大学法律硕士毕业后再次考取马里兰大学继续法律博士学习，这便给了我继续学习的动力。我于2018年报名参加马来西亚的亚洲城市大学DBA学习，当年我的EMBA导师李东教授给我的推荐信上写道："我是刘万福EMBA的指导老师，了解他的学识和能力，这样一个追求上进的多学科人才，理应接受更高阶段的教育，拥有更加辉煌的未来。因此，我非常荣幸地向贵校推荐这位学员。在与刘万福平时的沟通和交流中，我欣喜地看到多年的学习和工作经历，已经把他打造成一位具备扎实基础知识，丰富办案经验和团队管理经验的人才，并且拥有广阔的发展前景。他是一位不断升华管理理念，并乐于传授经验的优秀团队领导人。他一直在亲身实践，勇于创新，且有所成效，如教育同事调整工作态度，培养沟通意识，主动研究可行性方案，加强执行力，鼓励创新等。他有很高的道德素养和人格品质。他积极向上并且一直保持乐观的心态，他关注社会、关注生活，热爱祖国、热爱生命，他尊敬师长、友爱他人，集体团队的事他都会尽心、尽力、尽职力求完美，因此他在团队中有很强的凝聚力和感召力，为人善良正直、朴实友爱，处事理性、利索、稳重，极富人格魅力。他有很强的进取心和思想家精神，追求止于至善，有强烈的进一步深造和提高的要求，优秀的他需要更广阔的天空，更开放的学习环境，更多优秀导师的指引，而贵校 DBA 课程无疑是他最好的选择，真诚希望贵校给他一个不断提升自我、实现崇高梦想的机会。我将非常感激您对这位申请人作出录取的选择，推荐人李东，2018 年 2 月 23 日。”说来容易做起难，世界上最远的距离就是知道和做到的距离，我就是要拉近这个距离。报名成功后，我克服困难，坚持每月前往 300 公里外的上海上课地点，认真听课，虚心请教老师和同学，努力完成作业，即使在 2020 年上半年因新冠肺炎疫情逗留美国期间，也与当时正在美国纽约大都会学院学习 MBA 的女儿一起讨论相关作业。经过三年辛苦也愉快的学习，通过请教南京大学商学院徐志坚教授和在亚洲城市大学中国区教学中心主任徐艳萍教授的关心指导下，顺利完成博士学位论文答辩，在管理理论上更进一步。其间前往广州参加 2020 年亚洲城市大学广州校友联谊会活动，献上我的拿手曲《天堂》，让活动全场进入高潮。我在女儿博士毕业两年半后的 2021 年底取得了博士学位证书，实现了“父女学历对等”，利于我们两代人更好地沟通交流。

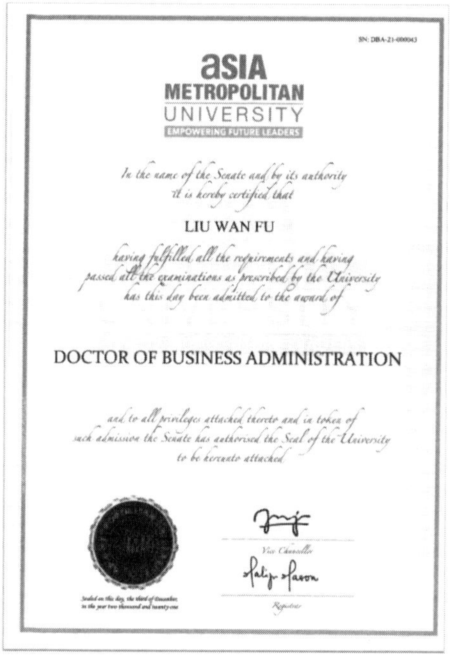

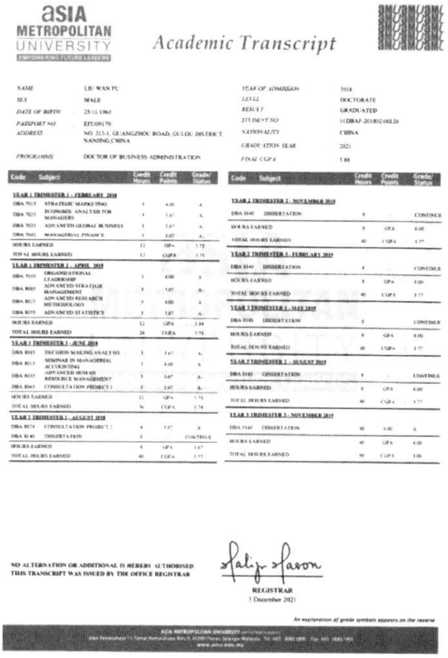

亚洲城市大学博士证书及成绩单

学习是一种习惯，2022 年初又想到了自己从小热衷并长期关注和实践的教育问题，利用《中华人民共和国家庭教育促进法》在 2022 年初实施的契机，我参加了家庭教育指导师的系统学习并以高分顺利通过考试，取得了高级家庭教育指导师证书。有人戏称我是“考证专业户”，我笑答：“多学习，好为人民服务！”

我的所有学习都是为了更好地做好律师执业工作，我始终认为律师工作是一项神圣的事业，值得我为之奋斗一辈子，包括培养下一代律师。由于我的执着，自 1993 年 1 月律师执业开始，我便一步一个脚印，按部就班地于 1994 年被评为四级律师、1998 年被评为三级律师、2005 年被评为二级律师。通过顺利晋升，于 2011 年 10 月被省司法厅和省人力资源厅联合评为“一级律师”，达到业内最高职称。

姓　名　刘万福
性　别　男
出生年月　1963.11
工作单位　江苏刘万福律师事务所
编　号　11350004

经　江苏省律师专业
高级专业技术资格评审委员会于
2011年10月26日评审，刘万福
已具备一级律师　资格。
发证机关：
二○一一年　十月廿六日

一级律师资格证书

我从小刻苦学习考上卫生学校，自学法律专科毕业考取律师。在 30 年的律师执业生涯中我坚守初心、砥砺前行，把律师职业作为“维护弱者”的事业去做。“干中学，学中干”，认真办理了刑事、民事、行政及非诉讼等各类案件 1600 多件。同时充分利用业余时间完成了 7 个专业的系统学习，顺利取得本科、硕士、博士学位证书。尤为欣慰的是，我于 2012 年起被南京农业大学聘为兼职教授，实现了我人生所追求的拥有医生、律师、教授 3 个神圣职业的愿望，使自己美梦成真。

（二）指导实习

我自 1993 年执业至 1998 年五年期满开始指导实习律师，先后指导过 20 多位年轻人成为执业律师。让我记忆较深的有两位实习生，一位是早期指导的与我同样拥有公共卫生专业背景的实习生，因为他在学医、学法方面都很认真，后来我将一件涉及医学专业的案件交给他办理。他认真研究后将案子办理得很成功，被最高人民法院收录为指导案例。如今在一家较大的律所担任管理合伙人。另一位实习生为人真诚善良，也许是受到我更多良知方面的熏陶，在律师实践中坚守法律底线，抑或是在办案中见到了世俗的苦难，随后与佛结缘，带着信仰办案灵魂层次自然更高。我还多次指导南大、东大法学院临时实习的硕士生，包括留学德国归来的实习生，其中有位来自湖南的叫付永庆的硕士生，注意及时总结给我留下深刻印象。我了解到他现在在湖南一家律所执业并已出版专业书籍。有学生说我是理想主义者，我告诉他们："人的一生就应当怀有'敬畏之心'，通过长期修炼自身德行，努力达到真实崇高的'真''善''美'境界。"

2010年5月，应省律协直属分会的邀请，我为省直律所150名实习律师培训《法律方法与职业理念》，我通过自己十多年实践经验和办案体会，为实习律师现场说法，剖析案例，将法律方法与职业理念有机融合，引导实习律师在职业之初树立正确的职业理念。培训中有实习生问我社会法律实践中，有的律师为委托人利益买通法官，这是怪律师还是怪法官？我反问这位实习生："律师和法官的上述行为在法律上属于什么性质？"实习生思考后回答："律师属于行贿，法官属于受贿，他们属于违法犯罪行为。"因此我说，两个为了私利违法犯罪者，他们相互责怪没有意义，只能怪他们自己利欲熏心，心存侥幸，亵渎法律，自作自受。

为有效地帮助我所实习生进行全面训练，2010年10月，律所专门组织全体工作人员前往专业拓展中心参加集训。训练现场，我穿上军人训练服，以军人的意志，勇敢的作风，身先士卒，带领年轻人通过一个个难关项目。经过紧张的训练，让大家通过体能和智慧的考验，有效完成教练布置的任务。从这次特殊的团队训练中，让大家更加深入领悟团队合作的价值，增强集体凝聚力，激发工作热情。

我的女儿2012年6月本科毕业后跟我实习，由于她在新闻学专业毕业前已高分取得司法资格证，我们就决定毕业后从事律师工作。2013年9月起在我们律师事务所执业后，又于2019年在美国纽约律师资格考试中取得超过分数线41分的傲人成绩。如今她以中、美两国双重律师身份执业。目前已取得新泽西州律师证和美国联邦法院驻纽约东区和南区出庭证。女儿的表现得到我很多朋友的肯定和赞扬。我心里很欣慰。

(三)大学讲学

2000 年,受邀为三江学院本科生上《知识产权法学》课程,由于我深入浅出地讲解,学生对此容易理解,所以我连续三年被学院聘请上课。

2001 年,接受南京电视大学的邀请,为在职法律系学生讲解《刑法学》课程,后担任部分学员的毕业论文指导老师。由于这些在职学员都是各单位的领导或业务骨干,学习交流建立起友谊,在他们毕业后还会保持联系。尤其是在江苏法制报社做法制记者的美女尤莉女士,学业结束后信任我,请我做她的介绍人加入民主促进会,如今已成为骨干会员。

2002 年,作为有医学背景的法律专家,受聘东南大学医学院为学生讲解《医事法律》课程。年轻的同学们对我结合案例的生动讲解十分喜爱。

2003 年,受南京医科大学邀请,为该校公共卫生硕士讲授《卫生监督》课程。由于我讲授的是最后一门课程,荣幸地在考试后受同学们邀请参加他们的毕业典礼。

2003 年,由于在三江学院课程的影响,南京政治学院委培部主任黄光维大校作为我的心理学学习班同学,十分信任地邀请我连续多年为法律系委培生数千人讲解《知识产权法学》课程。取得众多学生的信任,几位法律系学生毕业后到我们所工作,其中一位女学生在我们所工作中继续复习司法考试顺利通过,成为学院的美谈。

2004 年 6 月,应滁州学院陈桂林教授邀请为家乡当年唯一的大学师生讲座《充分准备,创造精彩人生》,此演讲稿已收入本书。同年 10 月,因成功办理中国首例“性权利精神损害赔偿案”,被江苏省社科院教授储兆瑞先生推荐,应中国性学会邀请参加首届中国“性科学”高级论坛暨中国性学会成立 10 周年庆典。在北京人民大会堂聆听中国性学会名誉理事长吴阶平院士讲话,当选为“中国性学会性法学专业委员会”委员。我撰写的《论我国性健康权的民法保护》论文也被《中国性科学》杂志收录发表,并被邀请在会上作相关法律介绍。工作之余,我为大学生上的专业课程,虽然经济效益很低,但促进我的工作思考,与同学们交流相互启发,教学相长,社会效益明显。

记忆最深的是在 2006 年 6 月 6 日下午 6 点这个特殊数字的时点,为著名的南京大学法学院法律硕士论坛(第 24 期)作《在规则与现实之间——一个法律人的执业感悟》专题讲座。我通过对自己承办和社会热议的各类案件的分析讲解，让法律硕士们准确理解“正义是法律人敢为的支撑；公平是法律人追求的目标；效率是法律人必需的技能；创新是法律人与时俱进的表现；效益是法律人不必回避的话题；智慧是法律人运筹的资本”。时任法学院副院长杨春福教授作为本次论坛主持人向学生们介绍我时说道：“我了解的刘万福律师做事认真，为人实在，大家看他长得就厚道。”杨院长对我的这次成功讲座给予高度评价。我十分感激杨院长对我的信任与厚爱。

南京大学法律硕士论坛讲座

2008 年，受邀为解放军理工大学 1000 多名委培学员讲座《大学生的修养与未来》。学院领导始终与学员一道坐在台下全程听课。讲座结束时，大校军衔的院领导上台给我敬礼后紧握住我的手说：“十分感谢您的精心准备，精彩而实在的讲解，为我们这些年轻的学员送来了精美的精神食粮。”我为自己精心准备的成果得到高级领导的肯定和赞扬而欣慰。

2012 年，我受聘担任南京农业大学人文与社会发展学院的兼职教授，其间以自身几十年丰富的人生经历、办案经验为学子们作了多场专题讲座，以此来拓展学生们的视野，帮助他们更早、更快、更全面地认识和适应社会。对专业话题，我用自己成功办理的实务案例给学生们分析讲解，也用“正心、明法、逻辑与经验”这样的理念、理论给学生们讲解。其中讲座《法律系学生该如何走好自己的人生》最受同学们的欢迎，在我讲座后期的提问环节，同学们提出各种令人意想不到的问题，我在针对性回答后，特别指出：年轻人的人生路关键是要脚踏实地地一步一个脚印地稳步走，切忌好高骛远，天马行空，急于求成。尤其是法律人的未来正道务必保持良知，打好法理学基础，找好师傅，认真研究做好每一个案件，积累经验，旁征博引，等待厚积薄发，享受成功者的喜悦与幸福。

2014 年 8 月 12 日，好朋友上海交大赵绘宇教授，率领由美国马里兰大学鲍勃教授带队的美国佛蒙特大学环境法研究生游学中国。在我们律师事务所办公室，我为数名美国环境法学生讲解中国环境法实务案例，受到师生们的欢迎。鲍勃教授表示以后有机会再来交流。

2016 年 6 月，针对中国空气污染的持续加重，我作为 2014 年通过竞争当选的省律协环境与资源保护法律业务委员会主任，接受东南大学公共卫生学院院长尹教授的邀请，为东南大学高校师生作《透过雾霾的思考》讲座。我运用自己早年从事公共卫生专业的知识和多年律师工作的经验，科学分析雾霾的成因、危害、应有的科学防控技能及社会层面的法律管控，全面系统的阐述受到听课师生的普遍好评。此讲座课程列入东南大学学生听课生的课外学分。南京大学法律硕士协会知晓后也邀请我在南大法硕论坛向同学们再次讲座，我的关于雾霾知识的系统演讲受到论坛主持人法学院王副院长的肯定评价。他评述道：“一般的讲座都是陈述事实，分析提出问题，留出思考空间，刘大律师的本次讲座特点就是在分析问题后给出令人信服的科学答案，这样的讲座效果更好。”

南京农业大学大学生讲座

2017 年，鉴于我在个人制律师事务所建设方面的成就和影响，最高人民检察院主办的《方圆》杂志社发函邀请我参加在清华大学举办的“个人律师所文化建设论坛”。我受邀后认真准备，以《个人律所——开拓进取，文化致胜》为题，在论坛上发表专题演讲，受到与会专家的肯定和好评。

2020 年 12 月 4 日是中国宪法日，我作为南京农业大学兼职教授利用奖学金颁奖仪式活动，为法律系学生作《宪法下的法律实践——规则与现实》讲座。

（四）社会培训

我作为全民义务普法的受益者，深刻认识到“徒法不足以自行”的含义。法治理念需要深入社会人心中才有意义。因此，我除了在具体法律服务实务中向当事人宣传法律知识外，还积极参加社会组织培训普法的活动。

2003 年，我受邀为家乡市政府全体科局级以上领导干部数百人作《依法治市行政工作的法律规制》讲座，市委副书记沈中林亲自到会场全程听讲，市委常委、宣传部部长汤道义主持讲座，以此表达对家乡法治建设的关爱；家乡税务局领导听课后专门邀请我为市税务局中层以上干部作《税务工作者的法律知识》讲座。

2004 年 11 月，我因拥有医学专业背景的缘故，受朋友之邀前往 2000 多公里外的黑龙江省齐齐哈尔市中医院，为当地市中医院全院 100 多位医护人员讲授《医院改制的法律规制》，受到普遍好评。讲座后，院方安排我参观了著名的湿地公园——扎龙自然保护区，参观了我国“第一位女养鹤员”的纪念馆，其为救丹顶鹤而滑入沼泽地牺牲，著名歌手甘萍专门演唱一首《一个真实的故事》这首感人动听的歌纪念她。我知道甘萍唱这首歌在全国青年歌手大赛上获一等奖。我在养鹤现场与接替女孩养鹤的弟弟合影。据说女孩的这个弟弟后来也因为在救鹤的途中，不幸遭遇交通事故掉入沼泽意外身亡。其女儿现在接替父亲继续养鹤。这一家二代三人为了守护国家珍稀动物丹顶鹤，作出巨大牺牲至今

在扎龙自然保护区与救鹤牺牲女烈士的弟弟合影

仍然坚守岗位，可敬可佩！

2005 年以来，我作为省民营企业发展促进会的常年法律顾问，除了在其会刊常年发表企业相关案例和法律知识的普及外，还不定期地为企业讲解《依法治企、依法维权、促进企业和谐发展》相关内容，有效保护民营企业的合法权益。

2009 年，受律协领导的指派前往南京监狱为近百名干警作《法律人的职责》讲座，收到良好的效果。

2010 年，我自费驱车前往 400 公里外的苏北县市为当地近千名企业家和政府官员讲解《后金融危机下企业税收法律运用方略》。我结合具体案例解读税收法规政策，指导企业在金融危机下，减少运营成本，合法增加利润的政策策略，受到当地中小企业主普遍欢迎。

2014 年，受邀为江苏省融资性担保机构高管培训班 500 多人作《担保机构运营中的法律事务和担保机构不良资产处置》讲座。

2016 年，受邀为江苏省内多家保险公司作《保险中的法律问题》讲座。

2017 年，受时任国务院总理李克强家乡——安徽省定远县公安局邀请，我精心准备，为全局 100 多名干警作《警察的荣誉与责任》讲座，深刻阐述警察的崇高和使命担当。

为安徽省定远县公安局作《警察的荣誉与责任》讲座

作为中国民主促进会的老会员，受民进省委邀请，多次为新入会的年轻人作《新会员法律常识》等讲座。

（五）敬老育女

世上有两件事不能等，一是行善，二是尽孝。我深以为然。在紧张的工作学习之余，依法尽到赡养父母的义务是毋庸置疑的。我兄弟六个一个小妹，只有我一人读书出来，因此我感恩双亲的养育之恩。我一人出资把父母在农村的五间老房子翻建一新，在父母生活不能自理时，我专门寻找了一位干净利落、勤劳实在的保姆，支付每月3000元的保姆费，请她代我照顾父母晚年生活。两位老人对这位保姆很是满意。我基本每周开车带着上大学的女儿一起回到100多公里外的父母住处看望他们，推轮椅上的母亲在院子里转转，女儿帮奶奶修剪指甲。我看到女儿不嫌弃老人还热心为老人做事，打心眼里高兴。在2011年和2013年，我分别送走了90岁和80岁高龄的父亲母亲，他们晚年安详的离世让我无愧于心。

带女儿回家乡看望母亲合影

我虽然是农民出身，在农村长大，但没有半点重男轻女的意识。我只有一个亲生女儿，现在时代不同了，谁说女子不如男，我依法爱心抚育成人的懂事女儿让我感觉良好。我培育自己的下一代十分用心。早在爱人怀孕期间就有了科学孕育，例如，我们做好婚前检查，婚后备孕期间，我本人不沾烟酒，夫妻在饮食均衡的前提下增加营养，适量运动，保持愉悦的心情，定期做孕检等。终于在10个月后迎来了一个可爱的小女孩。孩子出生7天，我为母女俩办理出院。因为我当时要赶去参加律师资格考试，应试后就要参加省里召开的专业工作会议，所以在考试回来去参加会议的路途中，专门下车回家探望了一下来到世上10天的女儿，之后便又匆匆

女儿小时候生日合影

地赶往会场参会。女儿出生后一直没有取名字，我休会期间来到长江边上的“采石矶”游览，在那里看到翠竹耸天，挺拔而不失婉约的美好景象，再想到做人尤其是法律人应有的底蕴、清新和气节，就想以“竹子”为题给女儿起名字。当年有一位著名的歌唱家唱了一首名为《月光下的凤尾竹》的曲目，我甚是喜欢，由此为灵感便给女儿起名为“月竹”。历史名人苏轼先生的“宁可食无肉，不可居无竹”，我深以为然，我在自己的居所种有几棵挺拔的竹子，时刻清新自己的心神。

因为工作较忙的原因，便把孩子托付给孩子的姥姥。对于每天都很繁忙的我们来说，有人可以照顾孩子的生活起居无疑是件好事。但我很快发现，老人只会用自己的方式带孩子，也就是所谓的“隔辈亲”，对孩子过于溺爱。为了避免孩子从小在娇生惯养的环境下长大，我与爱人沟通后便决定把孩子接回自己的身边，我们夫妻俩虽然会辛苦很多，但绝不能让孩子在成长时的性格发生偏差。孩子回到身边后，我几乎每天都陪她玩耍，会走路了就牵着她的小手到处遛弯儿。久而久之便成了常态，吃过晚饭后她就会主动牵起我的手，然后仰着小脸说：“出去遛遛！”我们父女遛弯的“打卡地”就是市里的南湖公园九曲桥，稍大点便带女儿常去乡下看长辈，在看乡下的变化中，孩子写出了《鼠屋的故事》作文，参加全国相关大赛获奖。那段美好的日子至今难忘。

带女儿游玩儿童乐园

孩子上小学后我就在南京工作，虽然那段时间我没有在她身边，但是督促与关心一刻也没有间断过，每天至少打一通电话询问她一天的学习和生活情况。学校的家长会我几乎逢场必到，还受到初中班主任杨来军老师的邀请，作为优秀学生家长上台分享我是如何配合学校教育孩子的。可能是遗传了我语文较好的基因吧，孩子的语文成绩一直很好。记得女儿刚上初一时参加学校组织的“全国青少年走向世界”的中国读书教育活动作文比赛，她根据我带她回乡下住过的经历撰写了一篇名为《鼠屋的故事》的作文。通过早期乡下土屋里老鼠多，到后来土屋翻建成楼房老鼠不见了的变化，表达中国改革开放政策给农村带来的巨大变化。该文被上述活动组委会评为全国作文二等奖，颁发了奖状和奖杯，当地的日报还将此文专门刊登发表。女儿上初中二年级时，为了让她能在更优质的环境下学习，我刻意把她转到南京一所著名的中学。仅上了一个多月的时间，我便毫不犹豫地把孩子转回原来的学校。因为在这一个月期间，我通过了解她每天的学习情况，知晓她的班主任是一位年轻的女老师，对于本职工作与班级管理都很不负责任，在这样的氛围下很难保证孩子的学习和成长。虽说没有做到“孟母三迁”，但给孩子提供一个良好的学习环境是我的职责所在。

孩子整个小学到高中期间我们交流应该说是最多的，我们的相处方式就像朋友一样。即便如此，但“是非清晰，赏罚分明”的原则依然要遵守。女儿中考时语文以138分的分数拿下全市第一名，据说这个分数至今没有被打破。她的班主任杨老师教语文，杨老师是一位真正难得的好老师，他关心学生的德、智、体全面发展不仅说在嘴上，更是落实在行动中，长年坚持带领学生每天下午跑步4000米，至今不间断。因教出“全市语文初中升高中考试第一名”的学生而闻名后被提升为学校教导主任，后又升为副校长，再后被评为“全国模范教师”，也是当地的“省十佳教师”。女儿平时有爱看电视的坏习惯，在我们多次劝说无效的情况下只能将电视线拔掉，我们以身作则都不看，这样也就自然而然地断了她“总想看电视”的念头。有一次高三模拟考试，考试后的成绩与之前的好成绩相比甚是让我吃惊，我了解到是因为孩子偷懒没有完成老师布置的作业所造成的，我便火速从南京赶回家中训导她。当时的女儿执拗得很，还跟我犟了起来，然后一溜烟儿地跑回了教室，我便跟随其后追撵到教室门口，最后因班主任的劝阻她才没有挨揍。经历此事后，她便一改以往的“懒散”，从此认真对待每一次作业，最后高考取得了较为满意的成绩，顺利进入“211”大学学习新闻专业。之所以选择新闻专业，其一是她的语文成绩好；其二是为了让她更深层次地了解社会、认识社会，将来能够更好地参与并直接有效地为社会服务。

大学二年级时，我催促她学习第二专业。我提议给她一个月时间考虑选择第二专业。一个月时间到了，女儿也没能作出任何一个专业的选择。这时我心里萌生了一个想法:在孩子还小的时候,我们的交流方式是听她给我讲述她的校园生活,以及她和同学们相处之间的问题,我一般会按照教育学的科学方式对孩子的问题给予分析,在她理解的前提下提出解决方案,同时我也会把我的很多工作见闻以故事的方式讲给孩子听;从女儿上初中开始,她就对我案件中的是非曲直有了一些兴趣,我会把自己对案件的理解在“良知”和“公正”的准则下分析给女儿听。起初,女儿吧嗒吧嗒眨眼睛的神情似乎在告诉我她似懂非懂,后来女儿能够提出一些疑问和自己的看法,女儿的见解在某些方面与角度上帮助了我思考和分析案件。联想到这里,我便知晓“法律”将会是女儿第二专业的不二之选。法律专业也是一个认识社会和有效参与社会服务的好专业。由于他们学校的法律系第二专业需要学习 2 ~3 年时间,还要交付较多的学费,我建议女儿参加当地最好的学校法律自学考试,就像当年我做的一样。这样做不仅效率高,而且费用低。女儿很配合,仅用 11 个月时间就顺利完成了整个法律本科阶段 13 门课的考试,实实在在地让我体验了一把什么是所谓的“虎父无犬女”。由此我也找到了女儿的专业天赋——法律。最后经过商讨,女儿决定趁热打铁再战几个月考取司法从业资格,毕业后做一名专职律师。在大三暑假的日子里虽然酷暑难耐、烈日当头,但是我们父女俩怀揣同一目标的气势也让酷热的夏风变得凉爽。在她备考期间,我每天都会送她去培训班,回家途中就成了我们父女之间小型“研讨会”的最佳时间。我会询问她的学习情况,然后讨论分析老师当天所讲的知识,在讨论结束时我会指导并给予她一些正确答案,就这样忙忙碌碌地度过了大三的暑假。大四刚开学不久,女儿就参加了 2011 年度中国司法资格统一考试。考试结束我问女儿感觉如何,她很自信地说:“还行吧!”这样的回答就是她自信满满的表现,因此我趁去海南开会的时机带着女儿去了海口、三亚领略南海风光,静候她司法考试的成绩。11 月份成绩公布,女儿以超出分数线 82 分的优异成绩通过了国家司法考试。成绩公布当天,我请全所同事(其中一位我带的女学生也达到分数线)一起喝酒庆祝。当年的培训班校长李其生老师邀请我作为优秀考生家长代表,前往上海参加华东区庆功会,作为考生家长代表发言。女儿还在大四新闻实习期间得到《华人时刊》记者管如莉的精心指导和帮助,写了两篇文章:《我的一点司法考试体会》和《刘万福撑起一盏法律明灯》,这两篇文章分别在《中国律师》和《华人时刊》杂志发表(文章附后)。《时尚宝贝》杂志为此专门对我进行了采访,以《万福律师的育女经——一级律师刘万福 20 年造就法律新星》为题进行报道。

作为司法考试优秀生家长代表参加表彰会

女儿毕业后即进入我的律师所实习。在所里实习期间,女儿可以说是占据了“近水楼台先得月”的优势,接触到的都是一手资源,所有的案件她都参与全过程。就像她小时候那样,我们之间的小型“研讨会”从以前的放学路上变成了办公室里、一起下班回家途中和茶余饭后。我们之间的话题也越来越多,讨论问题的层面也越来越广,我想把毕生学识和经验倾囊相授于她。当然在这过程中也有一些争议,作为律师的我来说很是欣赏她这种敢于对问题提出质疑的精神,其中也包括她对我所给出的答案的质疑。这样的讨论模式有效地提升了我们两人共同的认知与共识,将问题更深层次地分析到本质方面,把案件的真相引领在法律的正轨上。

女儿的实习律师工作照

在女儿实习期间,我带她共同代理了“外地农民工承包楼房建设索要工程款纠纷”一案。当四川籍农民工数十人把一个国内知名房地产公司房屋最艰难的地下工程做好到地面二层时,那个转手“发包”的当地人为了不支付工程款,竟然安排一帮“社会人”冲过来暴打农民工,利用施暴的行为把他们强行从工地上赶走。而农民工们奋力反抗,施暴者偷鸡不成反蚀把米,被农民工打伤住院。当地的警方不分青红皂白地把这些农民工抓了起来,指责他们实施了故意伤害行为。得知实情后,我和女儿赶到当地的检察机关找到检察长,对相关案情进行详细分析后提出法律意见书,认为应该被抓的是那一帮被打伤住院的施暴者,农民工们属于正当防卫应无条件释放。好在这个检察院的领导很开明,采纳了我们的法律意见,没有作出逮捕决定,警方只能释放了全部农民工。女儿精细认真地把农民工所干的工程量进行了详细的统计,在法律上查找相应的依据和在工程上相关的专业科学知识,带着对弱者强烈的同情心和对施暴者愤恨的鄙视,认真撰写了详尽且有理有据的起诉状和代理词。当地中级人民法院在开庭后基本采纳了我们的控诉:对方蛮横无理且无耻的行为应给予法律否定,对农民工合法权益应当依法给予保护,判决支持农民工提出详尽资料证明达 300 多万元人民币的工程款的诉讼请求。然而,对方竟然对一审判决不服提出上诉,我们父女俩继续帮助农民工参加高级人民法院二审诉讼活动,我们的二审代理意见更加详尽透彻,高级人民法院继续采纳我们的代理词观点,最终依法驳回对方无理上诉,维持原判。女儿认真并且不畏烦琐取证和收集资料过程的模样,让我感受到了她的善良和一心想为弱者讨回公道的干练决心。

实习一年后,2013 年女儿顺利领取中华人民共和国律师执业证。在我们律师所正式工作期间,展现了一名年轻律师的“刚正不阿”“认真细致”“洞察敏锐”“不畏权势,只求真相”的专业素养。在我们父女俩一起代理的刑事附带民事案件庭审中,针对被告人当庭拒不承认“强奸故意杀人”的无理辩解,在我根据女儿整理的被告人案发前蓄意准备相关工具的谋杀行为证据进行有效揭露时,女儿观察到被告人当庭“面露凶光”朝向我们被害方,并没有展露一丝“后悔自己的所作所为”或者“知错悔改”的神情,这样的神情从心理学等各方面都揭示着被告人人身危险性极大,必须指出并加以警示。我当即向法庭提出完整保存庭审录像,请法庭认定被告人犯罪性质恶劣、手段残忍,后果严重且人身危险性极大,为防止被告人日后再次危害社会,依法应适用死刑。法庭充分考量了我们的意见,在被告人狡辩抵赖没有故意杀人的情况下,充分采纳我们的刑事附带民事代理意见,依法判处被告人死刑并立即执行。此案成功后我夸赞女儿“庭前认真准备材料详细且充分,在庭上观察被告人的表现仔细准确。这些优点值得肯定”。女儿回答说:“对被告人这样凶残狡猾的罪犯,要格外胆大心细,充分揭露,这个人罪大恶极当然要依法严惩了!”女儿出色的表现让我感受到她真正学会了“法律人”应有的认真细致的工作作风,她的回答让我意识到女儿具备了“法律人”明辨是非和疾恶如仇的良好品性,这点让我十分欣慰。

由于当年雾霾严重,我建议女儿去美国深造环境法,了解世界环境状况。她听从我的意见,自行网上递交申请出国留学材料,顺利被美国马里兰大学研究生院录取,前往那里学习环境法。她的指导老师是经常来中国交流学术的美国著名环境法教授鲍勃先生。毕业回国工作一段时间后,中国环境状况改善不明显,2016 年女儿与我商量想要继续攻读博士学位,随后便参加了美国法律博士入学考试,分数达到美国前 9 名法学院的录取标准。当年马里兰大学来中国招生,愿意给女儿以“马里兰学者身份”给予巨额奖学金,女儿因此选择继续在马里兰大学就读。在女儿很小的时候我就教育她,作为女孩子一定要有安全意识,要学会自我保护。后来只要是独自外出,她都会拍下出租车和有牌照的公共交通工具的车牌号发给家里人。尤其是在坐出租车的时候,她会告知司机“牌照已经传给家里父母”的事情以作警示,而看到照片信息的父母也更加放心。在马里兰大学读博期间,就发生了一次有惊无险的小插曲。一次晚自习后回宿舍,女儿习惯性拎着一个不值钱的大包,在校园内遇到一个手持疑似枪支(事后证实是假枪)的黑人年轻男子拦路要钱,女儿看到对方手上有枪时并没有慌乱,反而是镇定自若地想起了我对她平时的教导,急中生智奋力地把包丢向远方作为诱饵来吸引对方的注意,利用对方捡包的时机立马往反方向跑,并立即拨打报警电话说明情况。事后警察根据提供的线索抓住了罪犯。女儿作为学校里的“中国学生会副主席”,把这个事件以书面报告的形式上交给了学校管理委员会,提出要加强学生校园的安全保护措施。学校看过女儿的报告后,对此事给予了高度的重视,在原有的安全系统的基础上实施并加强了学生校园的安全保护措施。2019 年 5 月,女儿顺利取得了法律博士学位。

2013 年 8 月，女儿前往马里兰大学
学习法律硕士时在浦东机场告别

参加女儿博士毕业典礼时在
法学院门前的家庭合影

女儿的不懈努力与在法律方面的天赋至今仍历历在目，我便顺水推舟提议她报考美国律师。女儿经过短暂复习于 2019 年 7 月参加纽约州律师资格考试，2019 年 10 月成绩公布，女儿以超过纽约州录取分数线 41 分的成绩顺利取得律师资格证。我作为一名有多项其他专业的律师，深切地感受到知识面越广办案效率越高，因此建议女儿继续学习其他专业知识，秉持“活到老，学到老”和“技多不压身”的理念，她报考了纽约大都市学院的 MBA 课程研读。我当然支持她继续学习，拓展知识面。

我从 1981 年上中专开始到 2021 年拿到博士学位，前后用了 40 年的

2020 年 1 月 23 日，参加女儿纽约州
律师证宣誓仪式合影

时间。女儿从2008年本科开始到2019年拿到博士学位,一共用了11年时间。女儿读博时,我和她聊天,她有时会觉得我的一些理论知识有些陈旧,为了跟上女儿的理论学识脚步,我只能不断努力地追赶,现在我们父女俩之间的沟通障碍已不存在。

五、奉哺社会

(一)军旅生涯

复杂的律师实践工作让我体会到:作为法律人仅有专业知识是不够的,还要具备坚强的意志、勇敢的精神和政法一体的意识。军人的体验是我从小的向往,《中华人民共和国预备役军官法》的颁布实施,圆了我的军人梦。1996年7月,中国第一支预备役部队召开成立大会。在朋友吴星大哥的推荐下,经过中国第一支预备役部队干部科科长姚郁上校的严格审核,我光荣加入中国人民解放军新组建的"预备役部队",成为一名"军队律师"并授"上尉"军衔。在服预备役17年期间,我不仅积极参加了"整编制集结"、训练场"法律战"讲座、"徒步三十公里行军"等规范军事训练来磨炼自己的意志,锤炼自己的刚毅坚强品格,还为部队官兵举行多场法律专业讲座,以及免费办理数起有关军方案件具体法律事务。我积极为预备役部队奉献的事迹被省级报刊以《仗剑走天涯》为题专版报道,军方相关媒体也曾多次对我积极参训的相关事迹进行了报道,2003年由江苏省文联的李家珍老师撰写的由中国文联出版社出版的《艺苑惊鸿》,以《仗剑走天涯——法律尊严捍卫者》为题,将我与《好一朵茉莉花》歌曲作者何仿一起收入书中,对我的事迹给予全面报道。由于我的出色表现,2003年某军区以我的名字为代表人,专门发文件将我与200多位预备役战友晋升少校等军衔。对于我的热情奉献,预备役部队专门写感谢信给我所在的司法部门。2013年到龄退出预备役,由中国人民解放军

退役前预备役军官照

总政治部向我颁发了“预备役军官荣誉章”。预备役的经历培养了我的军人奉献意识和服从作风，强大了男人应有的坚强、勇敢和血性。

（二）参政议政

社会上一般认为法律人只要专门从事法律事务工作即可。但我所学习的《法理学》书中表明：法律是统治阶级意志的体现。因此，我理解法律人与政治之间的联系是极其密切的，我认为法律人的作为不能仅仅局限于“个案”的法律服务，同时还应该关注政治与立法。处于这种思考，1997 年 2 月，我在时任当地统战部部长桑和明的关心支持下，加入了家乡所在省的“中国民主促进会”组织，担任家乡滁州市市级刚组建的“民进三人支部”宣传委员，积极从事基层组织的基础建设。1999 年受聘担任当地市政府的特邀行政执法监督员。随着我律师执业地点的转移，我的民进组织关系在 2001 年转入江苏省民进组织，民进江苏省委领导的民进组织工作走在全国民进的前列，民进省委领导陈凌孚、虞志敏、孙观懋、朱毅民主委、李世收主委及王鲁彬秘书长等对我信任有加，给予积极的工作支持。参与这样的组织激发并增强了我的政治协商意识，使我有更多的机会运用专业知识参政议政。我当年在家乡介绍入会的会员李世萍老师后来担任当地民进市委员会主任委员，当地市政协副主席。她与现任民进市委理论宣传部部长的李学斌老师，积极主动组织其所在支部与我担任主委的支部

会议发言

建立“友好支部”互动交流。我们民进组织会员之间的友情纯洁深厚，记得数年前我因律师工作出差到连云港市，与当地民进市委董主委（现任民进江苏省省委秘书长）联系问候，受到他的热情款待。组织的关心培养让我成为省级民进组织的骨干会员，多次参加省级民主党派骨干会员及中央社会主义学院培训活动，结识如学习班长宁夏民进企业家申经理、山西民进企业家樊总、辽宁民进艺术界胡总及知心好友贵州曾国强等为代表的一批全国民进朋友。与此同时，我积极参与组织的活动，多年来为组织做了很多相关工作。其中在 2006 年主持了《关于进一步规范审计机关行政审批工作的建议》的省级专项调研课题，投入大量精力前往省内外多家政府行政部门走访，认真撰写的调研报告被领导誉为“省政协大会高质量材料”。

2010 年作为民进江苏经济界联谊会常务理事，参加民进江苏经济界联谊会代表团赴北京与北京经济界联谊会，部分企业家交流座谈。座谈后代表团一行参观了北京华旗（爱国者）公司、新浪公司等著名企业。受到了全国人大常委会委员，民进中央副主席王佐书、朱永新等领导的接见。我在汇报时专门介绍了我参加司法厅和律协为社会企业积极开展的“双促双助”活动情况，以及我们所积极为中小企业做好法律顾问的情况。王佐书副主席给予肯定并指示：律师在服务中，要坚持诚信、公正、高效、优质原则，切实维护市场经济公正秩序，为国家法治出力。2015 年我被民进组织选派到中央社会主义学院学习。

结业证书

刘万福 同志，自 2015 年 8 月 28 日至 2015 年 9 月 1 日在本院参加

2015 年民进企业家培训班 学习期满，特发此证。

院 长

中央社会主义学院

二〇一五年九月一日

第 20153454 号

参加中央社会主义学院学习结业证

我多年的民进组织工作和法律专业特长受到民进省委领导的关注和肯定，被推选担任民进省委内部监督委员会委员，我充分利用法律专业优势研究民主党派内部监督的规制，在实践中探索经验，多次受邀列席省委常委会议。作为法律与中介专业委员会副主任，投入大量时间精力认真参与每年的专项课题调研，提出调研报告的修改完善意见。作为基层综合总支主委带领50多位会员认真学习会内规范文件，开展基层社会服务活动，组织和带头做好“双岗建功”，受到省委的多次表彰。全国民进是一家，根据各地工作、会议活动的安排，作为民进会员有机会到全国各地参会及考察，了解各地会员的精神风貌。江苏省海外联谊会根据我多年法律服务成就及女儿在海外学习的情况，聘请我担任多届省海外联谊会常务理事。江苏律师界元老——马群大律师作为“一带一路国际海外法律服务联盟”主席，与法律联盟秘书长凌建平及路群主任，对我们俩的法律业务和人品都很认可，多次安排我作为联盟常务理事参加相关活动。

参加海外联谊会与民进省委领导朱毅民主委合影

作为民进骨干会员，我投入大量精力参与组织的参政议政、社情民意和社会服务工作，获得组织连年颁发的先进个人奖项。民进老会员洪沛是南京工程学院民进支部主委，如今已年逾古稀，他在民进主委微信群公开信息上评价我：“他在法律界名声震撼！他如不弃医，一定是医德仁心的医生。如果从演，也一定是德艺双馨的演员。”我被江苏省委统战部收入由吉林出版集团2010年出版的《江苏省民主党派人物录》（民进卷）。

（三）捐资奖学

2006年，作为省“十佳律师”捐资建设贫困山区小学篮球场，并由司法厅和律协推选作为律师代表发言。同年底参加省交广网成立五周年庆典慈善活动捐款,后陆续为农村贫困学校、遭受水灾地区困难学校、“5·12”汶川大地震赈灾、当地困难小微企业及省慈善总会等捐款救急。

参加“江苏省十佳律师”捐资助学活动,作为捐资代表发言

2012年,在南京农业大学成立110周年之际,其人文与发展学院姚兆余院长信任我,推荐学院聘请我担任兼职教授,学院院长杨旺生亲自为我颁发聘书。我出于自己“农民出身”而感恩农民的情怀,特别关注“三农”方面的法治建设,因此在人文与社会发展学院法律系设立了连续10年的“刘万福奖学金”,以支持和鼓励品学兼优的年轻学子,希望他们学成后能积极投身到农业、农村、农民相关的法治建设工作中。其中,数名获奖者专门给我写了相关的获奖感言信,表达他们的感恩之心,感激之情。我特地选一篇来自东北农村的女生获奖者写的获奖感言收入本书,这位女生现已被学校保送到南京一所“985”高校法学院攻读研究生。学院三代元老副书记冯绪猛教授常年联系我为学生们作专题报告。2015年,我当选为省法学会农业与农村法治研究会副会长,捐资赞助研究会成立大会及后来的年会召开。2021年,应研究会会长付坚强教授的安排和山东省法学会土地法学研究会会长石风友教授的邀请,自担路费前往山东省参加“乡村振兴战略实施中的土地改革与法治建设研讨会”,会上发表新颖的学术和现实结合的观点,得到与会专家的普遍好评。

2022年,河海大学法学院著名环境法专家、江苏省法学会环境与资源法学研究会会长李义松教授,鉴于我数年前为法学生讲座反响良好的基础,对我的专业能力充分信任,主动推荐法学院聘请我担任其法学院的实务导师。

2022年11月，南京农业大学在120周年校庆之际，人文与社会发展学院邀请我参加“新文科背景下学科建设与人才培养研讨会”。我精心准备，结合自己小时候的农村经历和对现实“三农”基本情况的了解与理解，提出以下观点：从建立投身现代农业、农村、农民的法治文化建设的法治理念出发，立足祖国放眼世界的国际视野，借鉴国际社会农业法治的经验和国内现实的教训，切实落实基础法律、专业法律、人文法律系列教材的科学编制，从生源选择的科学设计入手，教学中安排更多深入“三农”基地实践的课程，研究剖析现实案例，从土地、宅基地、水利灌溉、农机管理、家庭畜牧管理等各方面选拔培养专业与综合人才。

“刘万福奖学金”设立仪式

“刘万福奖学金”颁奖仪式

特聘教授证书

实务导师证书

上述这些有意义的付出，让我真正感受“予人玫瑰，手有余香”的美好心境。

（四）普法公益

2002年，我因代理“教授夫妇状告120急救中心案”等案接受了中央电视台“东方时空”“社会经纬”等栏目的采访，并与央视《时空连线》主持人柴静、《今日说法》主持人撒贝宁等讨论相关法律问题，在中央电视台一套、二套、四套等频道向全国和世界播放，这是最有力度的全民普法活动。

2002年江苏电视台开办了《零距离》栏目，我受邀给《零距离》的所有记者作《记者应知的常见法律》讲座，着重讲了法治新闻人应注意的主要事项，指出除“报道内容真实性”“及时性”外，还应注意“合法性”、“规范性”以及“准确性”等。电视台给我的回报就是经常找我免费点评事件，推荐我免费代理案件。记得有一次，一位西北地区的一家人慕名来南京游览，女主人在火车站附近宾馆住宿，淋浴时水温突然升高烫人，导致女主人紧张滑倒跌在卫生间马桶上，致使马桶破碎将女主人臀部划出长达10厘米深的伤口，出血不止送医院救治。宾馆狡辩不愿承担医疗等费用，女主人家人打电话到电视台投诉，电视台《零距离》栏目记者请我免费代理受伤女士与宾馆交涉。我为了挽回外地游客对南京的不良印象，表达南京应有的文明，答应免费代理受伤女士状告宾馆赔偿案。

在我认真取证后，与宾馆当面交涉，动之以情、晓之以理，宾馆自知理亏，为避免诉讼损失和扩大不必要的影响，主动承担了受伤女士的全部损失费用。受伤女士一家给我送了锦旗表达谢意。当年主持人孟非每天会在《零距离》栏目播报社会动态，我作为《零距离》栏目的特邀嘉宾经常前往电视台从法律角度进行点评。有一次我所穿着的服装不合出镜要求，孟非就将他主持时穿的白色西服借我以应燃眉之急。点评节目结束后，孟非说："你穿着还蛮帅的，就送给你吧。"我看他是真诚相送，也就不客气了。就此与孟非成了朋友，此后便经常交流。他曾开心地参加过我的生日晚宴，在遇到关于法律上的问题时也会找我咨询。一次有位外地商人未经孟非允许，在其经营的商店里利用孟非的头像作宣传，孟非便请我代理状告此经营商侵犯其肖像权，依法维权。我将侵权者起诉到当地人民法院，要求停止侵害、赔礼道歉、赔偿精神损失费等。对方为减少对自己的影响，主动提出要和解，我通过开庭前谈判调解为孟非争取到了相应数额的赔偿，孟非对此处理结果很是满意。在我的个人律师事务所开业时，孟非在自己主持的节目结束后，专程亲临庆典现场并上台致辞！后来我所的一名实习律师报名了《非诚勿扰》节目相亲，节目组也专门到我们律师事务所现场拍摄制作节目。后来几次安排上场但又都被临时取消，我认为这种做法对小伙子自尊心有伤害，也不是正常操作方法。因此，我专门去找主持人孟非说明相关情况，孟非了解情况后找到编导，编导很快安排让小伙子下次第一个出场。限于种种原因，小伙子没有牵手成功。

我一直认为律师不仅要通过具体法律事务以案说法，向社会普法，还要为家庭经济困难的弱者提供免费法律服务。我们为更方便、更周到地服务广大公众，于 2011 年元旦开通"400"免费服务热线，全国范围内均可免费拨打我们的号码，这样可以广泛接受群众免费电话咨询。这不仅展示了我热心法治宣传公益事业的一贯作风，更是我提升服务质量的真诚之举。我对上门咨询的经济困难人员，尤其是农村打工人讨薪之事都给予免费指导。记得一位讨薪打工者咨询我后拿着我的名片去讨要工钱，说再不支付工钱就由我出面诉讼，欠薪方看到我的名片自知理亏，为避免诉讼费损失，造成更坏影响，便乖乖地付给了讨薪者薪酬。类似案例数十次发生。

为了更好地普法，我参加了省公共关系协会，当选为"法律工作委员会"副主任，积极利用这个协会的公共平台向社会各界宣传普及法律，受到普遍好评。由于工作出色，被公共关系协会授予"1994—2004 江苏公关精英奖"。后被推荐加入“中国公共关系学会”。2011 年 9 月前往北京人民大会堂参加“中国公共关系学会第五次全国会员代表大会”，当选常务理事，并在金色大厅的欢庆晚宴上高歌一曲《天堂》。这是我在 1994 年去内蒙古自治区包头市办案时喜欢上的一首腾格尔的歌，在中国政法大学博士班及 2020 年亚洲城市大学校友会年会等很多公共活动中都一展歌喉，抒发情感。

在亚洲城市大学校友会年会上高歌《天堂》一曲

2005 年 1 月 21 日，我受一位电影界朋友推荐，在电视剧《当婚姻走到尽头》拍摄中，我客串由著名演员刘佩琦、咏梅担任主演的两人离婚时调解的法官，过了一把当法官演员瘾。

2006 年，受省司法厅邀请，为全省律师辩论大赛总决赛拟定赛题，我的题目新颖独特：《谁动了我的西瓜》和《谁之过》。辩题受到领导和参赛者的普遍好评。

2006 年，江苏广播电视总台了解我是“江苏省十佳律师”后，进一步了解到在我多次现场法律点评后，观众反应良好，出于对我的信任关系，主动邀请我参与省交通厅、省公安厅联合打造的 101.1 交通台王牌栏目，常年合作开展该栏目法律专家点评，影响巨大，好评如潮。后来我受聘担任交通广播网《社会与法》栏目特邀嘉宾，长期在广播电台免费解答全国听众的生活常见法律问题，多次进社区、入广场现场咨询，取得良好的普及法律社会效果。

2007 年，作为律师界唯一代表当选为“省法学会经济法学研究会”副会长。撰写专业文章多次参加并主持该研究会专业研讨会及年会活动，与各大学专家学者交流学习。

2007 年 9 月，代表江苏届律师到安徽合肥参加“第五届华东律师论坛”，撰写的《论个人制律师事务所的律师文化》论文获优秀奖。应论坛组委会约稿，我作为安徽老乡撰写的《欢聚、分享、升华——第五届华东律师论坛即感》在《安徽律师》第五届华东律师论坛特刊上发表。

2008 年，前往东北沈阳解救一位朋友，他因经济纠纷被当地警方非法扣押，我到现场后，了解全面情况，跟基层警方相关人员动之以情，晓之以理，使对方认识到非法扣押行为的严重后果，各方和解。我的朋友安然无恙，顺利归来。我有效解救后前往当地亚布力滑雪场请一位女教练训练滑雪，以放松心情。

工作之余学滑雪

2009 年，受全国律协邀请参加“第八届中国律师论坛”，结合个人所运营几年的经验体会，精心准备大会发言材料，在“律师事务所发展战略与精细化管理论坛”作《个人制律师所的战略战术》专题演讲。

2010 年，作为省律协的宣传委员会领导，组团前往新疆、甘肃交流学习，把我所在的中国东部较发达地区的律师发展情况向西部地区同行作介绍交流，同时现场了解西部法治状况，顺道感受北疆风光及敦煌石窟等西部文化名胜风情。

参加“第八届中国律师论坛”作大会演讲

2010 年，由于我当年长期以“江苏省公共关系协会”平台普法用法，担任协会领导所在的大学的特聘教授，以协会的名义讲座等给协会带来良好的社会声誉，我被聘为江苏省品牌学会法律顾问后，被江苏省公共关系协会作为特别代表，在其编辑的《品牌江苏》当年第 6 期以《律法人生，执业有道——江苏省十佳律师刘万福的从业感悟》为题，用悟道、行道、守道、布道等主题对我进行全面报道，并作为《品牌江苏》杂志的封面人物。

《品牌江苏》杂志封面照

2010 年，我作为省电视台的特邀点评嘉宾与一位大学教授在电视台就关于“国共两党先驱孙中山先生铜像应安置何处”的问题展开公开讨论。讨论点是：孙先生铜像应该置放在南京的“鼓楼广场”还是“新街口十字路口交叉中心”位置？我认为“鼓楼广场”位置居高、醒目、中间空间大，还有一个会在相应季节布满鲜花的大花坛可以利用，鲜花既表达了对孙中山先生的尊重，放置位置又不影响交通。这位大学教授则认为应该置放在“新街口”，那里是铜像原来的位置，而且商业区人口多、人潮涌动、观赏者众。我认为，孙中山是一代伟人，放在商业区本身就不够协调。但最后政府还是决定将铜像放置在“新街口中心”，还配置了一个圆盘墩位，据说花费了千万元。后来发生的事实证明这个摆放位置对交通确有不小的影响，先后在铜像周边发生多起交通事故，其中我代理的一个当事人的交通事故就是在这个地段发生的。他是一位年轻、帅气的厨师，下班后在“新街口”的路边上行走时被高速转弯的酒驾车辆撞到，最终造成我委托人腿部截肢的严重后果。

2011 年 10 月 18 日，在中央电视台与《东方时空》《时空连线》主持人柴静及编导范铭、《律师视点》栏目编导许峰及《中国律师》杂志编辑李华鹏聚会，共同用餐研讨有关法治新闻的科学做法。

2012 年春夏之交，受省人力资源和社会保障厅安排，作为省直属律师事务所代表前往我国香港大学参加“省执业律师及律师管理人员培训团”活动。在香港特区期间与当地司法部门和律师机构交流普及内地法律文明。

2013 年春，美国驻中国大使馆的常年法律顾问雷心一先生一行在江苏访问期间，通过美国驻上海领事馆相关人员的引领，来到我们所进行个人所法律服务方面的访问交流。为了避免不必要的“外交事件”，我专门邀请“民进江苏省委”

宣传部相关干部参与全程谈话交流并且进行了录像。我通过自己办案的成功经历向美国友人介绍了中国律师在“中国法治”进程中的作用,他们听后点头称赞。

与美国驻中国大使馆常年法律顾问雷心一先生(右)等合影

2015 年,当选为“省法学会农业与农村法治研究会”副会长,我多次捐资协办农业法研究会的年会活动。

2016 年 3 月,我受邀前往上海,参加由上海交通大学凯原法学院主办,上海交通大学海洋法律与政策研究中心承办的“绿色中国公益诉讼与环境治理高峰论坛”。与最高人民检察院的部门领导,中国三大环境民事公益组织 NGO 组织,美国知名环境法学者,上海高级人民法院、江苏高级人民法院、江苏高级人民检察院业务部门领导,中国著名环境法学者、环保机关、跨国企业、律师界代表共同探讨环境公益诉讼及环境治理领域的相关问题。我以省律协环境与资源法律专业委员会主任身份向与会者作了《环境公益诉讼中环境律师的作为》演讲,得到与会者良好反响。其间与美国马里兰大学法学院专家交流业务,顺便与前来中国招生的老师确认女儿以美国前 9 名法学院博士录取的分数,按马里兰大学学者待遇再入法学院攻读法律博士学位,获得学校减半学费的奖学金鼓励。

2016 年 9 月,作为中华全国律师协会行政法专业委员会委员,积极参与委员会的研讨活动,自费前往贵州参加“全国律协行政法委员会《中华人民共和国土地管理法(草案)》修改研讨会”,我作为出身农民的律师,对农村土地有着深深的情感,也了解农村土地制度的相关情况,因此我能够在会议上对土地法的修改提出切实的真知灼见。我的发言得到与会者的一致好评。

参加全国律协行政法委员会研讨会发言

（中为全国律协副会长白敏，右为全国律协行政法委员会主任王才亮）

2017年，作为江苏律协环委会主任出席江浙沪皖“长三角环境律师”专业论坛活动，会议地点在“绿水青山就是金山银山”理念的发源地——浙江省湖州市举办。会上我倡议发起“长三角环境律师湖州宣言”：“维护环境正义，促进环境司法公正；参与生态环境立法，推动政府依法行政；开展环境普法，提升公众环境法律意识；倡导低碳生活方式，践行绿色发展理念。”

在长三角环境律师专业论坛上倡导“湖州宣言”

（右为江苏省环保厅法规处处长贺震）

2018 年 8 月底，受“苏派旗袍会”邀请，担任法律顾问陪同旗袍会 27 名会员前往欧洲参加“荷兰国际使馆文化节”活动。担任全程法律保护和苏派旗袍队表演摄像工作。顺道参观了荷兰海牙国际法庭。之后，前往比利时布鲁塞尔旗袍会交流，再游览法国凡尔赛宫及埃菲尔铁塔等著名胜地。

参观海牙国际法庭

2019 年 10 月，全国律协行政法委员会召开“律师与全面依法治国研讨会”，我认为这是律师真正关心国家大事的最好表达，因此远赴山西太原参与会议，与全国关注此话题的同行一起研讨依法治国的雄韬大略。

吴尊大使前往现场看望会员代表并合影留念

参加全国律协行政法委员会研讨会与岳琴舫副会长(右)合影

2019 年 11 月,美国驻中国大使馆司法部法律顾问杜希凯先生一行,在美国驻上海领事馆相关人员的陪同下,再次来到我们所进行访问交流。我向来宾详细介绍了我所承办的相关成功案例,以诠释中国律师在维护“弱势群体”的合法权益方面,以及在中国法治建设进程中的作用。访问后的杜先生在回复我的微信中评价道:“认识您真是太好了! 您的工作给我留下了深刻的印象。您是一个好人,一个伟大的律师。您对社区人民的服务令人印象深刻。您正在使用自己的法律技能来保护那些需要法律援助的人。您很好地说明了律师该如何帮助需要帮助的人。”我回复道:“感谢您的夸赞,我会坚持和努力做好律师应该做的事,请您多指教!”

与来所访问的美国驻中国大使馆司法部法律顾问杜希凯先生(左)合影

参观澳门特区中国法律大厦

2020 年 9 月，作为江苏旗袍会法律顾问随团前往澳门特区参加“2020 中国（澳门）苏澳旗袍文化交流盛典暨第二届华服文化高峰论坛”活动，作为颁奖嘉宾为优胜者颁奖。其间参观澳门特区中国法律大厦和澳门特色街。

2021 年，受江苏省法学会农业与农村法学研究会傅会长委派，以研究会副会长身份自费前往山东省青岛参加“土地法之光”研讨会及法律实践“五人谈”等活动。

聘书

刘万福 同志：

兹聘请您为江苏省人民检察院“益心为公”志愿者，聘期三年，自二〇二二年十一月至二〇二五年十一月。

特发此证。

江苏省人民检察院
二〇二二年十一月

江苏省人民检察院“益心为公”志愿者聘书

2022 年 11 月，江苏省人民检察院基于我在法律工作上一贯认真严谨、专业素质过硬、热爱公益事业并且积极投身参与等因素，特聘请我为“益心为公”志愿者并颁发证书。我以强烈的社会责任感，运用官方公益平台，积极为开展公益诉讼提供线索、进行评估、专业咨询、参与听证并跟踪观察等，切实有效履行公益志愿者职责。

我爱人所在大学位于家乡的琅琊山脚下。这座山名气很大，它不仅有琅琊王司马睿的历史故事，更是风景优美并列入国家首批 AAAA 级自然森林公园，关键是山中有宋朝大文学家欧阳修做的散文《醉翁亭记》让此山名闻遐迩。我在家乡做律师时曾受邀为这个风景区管理处做常年法律顾问，因此对此地很有情感。2003 年金秋 10 月，当地政府组织醉翁亭文化旅游艺术节开幕式，我应艺术节制片主任、时任市政府副秘书长陈锋先生的盛情邀请，专门从南京带领几位外国友人参加活动，外国友人对前来现场的歌唱家彭丽媛的大气演唱倍加赞赏。我在开幕式文艺演出后接受当地电视台采访，对家乡的发展变化及关注文化建设给予充分肯定评价。

我对曾学习、工作过的家乡一直有着感恩之心、关爱之情，不仅不间断地受邀参与家乡的一些活动，闲暇时会回到家乡与朋友聊一些家乡建设性话题，尤其是与当地市人大常委会主任王图强（他是我女儿本科学校的学长）以及有影响的市人大代表朋友邓泽军、庞华、桂林等有见地的知名人士思想互动，对家乡现况包括一些不和谐的问题提出自己的意见和建议。我更通过自己参与的家乡案件的代理和辩护活动，针对当地公、检、法的执法不公提出尖锐的意见，希望家乡的法治状态尽可能地改善，让家乡的人文与家乡的山水美景和谐、闻名！

（五）低碳生活

由于我第一份工作自1984年起就是从事环境卫生的监督监测，使我的身心与自然环境结下不解之缘。当年我毕业分配到卫生防疫站卫生科，科里的环境卫生工作没有专人管理，领导就安排我分管全地区的环境卫生工作。真可谓是"天遂人愿"，这是我最喜欢的工作！环境卫生工作就是对城乡生活饮用水、车站、宾馆、影剧院等各类公共场所及化妆品卫生安全等开展卫生监督监测工作。我接受这项艰巨而光荣的职责后便积极开展相关的工作。在1985年3月我参加省卫生防疫站组织的"大气监测质量控制"学习班。当时研究的相关课题是《空气中可吸入颗粒物PM10对人体的健康影响》，当时还没有PM2.5的概念。记得学习后期我的一位堂兄车祸死亡，会议组织者说："你这是特殊情况，回去帮助料理后不用再回来上课了，我们照样算你正常学习结业。"我请假回去了解情况，有家人正常处理，我实际上帮不了什么忙，我觉得学习班新知识很多，便及时赶回来继续参加学习考试，组织者对我的学习态度给予公开表扬。学习结束后，我便从省卫生防疫站借了一台当时最先进的空气负离子质量监测仪，对当地车站、旅馆等公共场所的空气卫生质量进行科学布点监测。由于这是在全省率先开展的新工作，当地电视台和省电视台都对我的工作项目进行了现场采访，并在当地和省电视台作了新闻报道，这是我人生第一次被电视台采访报道。在卫生防疫站工作期间，为了有效开展环境卫生监督监测工作，我认真查找了包括《中国环境报》在内的大量有关"环境监督监测工作"的相关资料，专门作了活页剪贴集结成厚文档。这段工作让我深刻了解了地球生态，更使我深知人类对物质资源的无休止的消耗会带来难以恢复的生态环境中大气、水及土壤等污染，严重损害人们的身心健康，甚至造成人类生存危机。我了解到1972年联合国在瑞典斯德哥尔摩召开的人类第一次“人类与环境会议”,学习当时讨论通过的《联合国人类环境会议宣言》。我从那时起意识到“地球自然资源”的有限性及消耗资源对地球气候的负面影响,结合我小时候就立下的“对知识多采,对生活少求”的理念,从此开始关注大气质量的变化状况,树立了自己坚持“低碳”“环保”“简单生活”的理念,这是我几十年一直不买房长期租住小面积住房的渊源。

我是从农村贫苦生活中走出来的,看到城市繁华的同时,也看到城市规划不科学、建设无序所带来的自然资源的巨大消耗和浪费,很是忧虑。“位卑未敢忘忧国”,我的“低碳环保生活”理念由此建立。作为资深律师,尽管不缺乏购买大屋豪车等物质的资金,但我为了节约资源便开启了“身体力行践使命,率先垂范持初心”的生活模式,以至于我在人生数十年的生活中,尤其在中国20年的房地产疯狂大潮中坚持不买房,仅租住小面积住房简朴生活。我认识到在地球资源难以满足人类众多物质欲望的情况下,节约资源的低碳生活就是行善积德的修行,根据因果律原则福报连连。记得当年,我为一家房产开发公司老总打官司时,老总主动跟我说:“我这里房子你可以随意挑两套好的,我给你优惠八五折,你不想要也可以转手他人。”我当时如果选两套转手就可以赚几十万元,但这种行为不仅违背我一贯坚持的低碳生活以减少资源消耗的理念,我还认识到,这种炒房行为客观上推高房价,甚至涉嫌非法经营,毕竟我没有房屋买卖经营执照,所以婉言谢绝老总的好意。我的出行工具也基本是乘坐公共交通和骑自行车,切实践行低碳环保健康生活理念,以减少对地球资源的消耗。不少人叹息我没有抓住近20年房屋价格狂涨的大潮,但我只愿君心知我心。曾有德国人说:“钱是你的,但资源是大家的。”我深以为然,因此信奉“科学使用资源,低碳造福人类”。

凡事一个人的力量是有限的,为了更好地推动社会环保工作,我于2014年主动报名竞选省律协首届“环境与资源法专业委员会”主任。由于我的环保认识和身体力行的行为,自然高票成功当选。我担任主任后多次组织全省委员会委员召开专业研讨会,聘请司法和政府环保专家为大家讲座,前往上海、杭州等地参加兄弟省市专题研讨会,同年参加由中国应用法学研究所主办的“环境司法审判的区域性与生态文明建设的整体性”研讨会,当时由最高人民法院环境资源庭庭长王旭光主持会议,我作为律师代表在大会上演讲《当前形势下环境律师的作为》。撰写环保法专业论文参加2014年9月全国律协在深圳国际低碳城举办的“生态文明建设法律服务论坛”。2015年,受江苏省环境保护厅邀请，作为评委参加“江苏省大学生环境保护知识大赛活动”。2016 年，我和女儿共同撰写《工业化进展较快地区农业生态保护的法律规制》的论文，参加了德国一个基金会与南京大学法学院联合组织的“中德法学论坛”并作大会发言，此文被“德国农业法”丛书收录在德国以德文发表。

长期的低碳简朴生活，让我深深体会到我国古言“俭以养德”的深刻内涵，也为我内心寻道指引方向。2018 年，针对国内日益严峻的污染形势，我在省权威刊物《群众》杂志上发表《用最严格制度最严密法治保护生态环境》专题文章。5 年律协环资委主任任期中，我撰写相关专业文章数篇并组织编写数期“环境法”专业电子期刊，向社会广泛宣传环境法保护知识，并有效地开展相关具体的环保案件代理工作，投入大量精力参与公益，切实有效地推动了社会的环保法治建设。

低碳出行骑自行车前往法院开庭

六、理性持家

我与爱人典珍女士是通过熟人介绍在 1988 年初认识的，她当时是我工作同城的唯一一所大学里的一名教职工。那时候我正在准备参加自学考试，整天一个人闷在屋子里学习既孤寂又焦虑，在这种情绪下学习的效果很不理想。当时的自学考试报名费每门课是 2 元，对于我一个农村家庭出身、仅靠工资微薄收入度日的青年来说还是有经济压力的，更何况每月还要寄给家里一些钱作为日用补贴。我的爱人是当地城里长大的，她家中人人都有工作，一家人集中吃饭，所以花费少，她在学校工资比我多点，因此能存下来一些工资。她得知我的经济拮据情况后就主动为我交了自考报名费，这样从客观上减轻了我的经济负担与压力，也从心理上给我增添了学习的信心。她很是勤劳爱整洁，每次到我这里就是为我打扫房间、洗衣服、做饭等，用行动帮我减轻生活上的负担，同时也为我争取了绰绰有余的学习时间，从而让我可以全身心地投入自学考试的学习中。爱人的默默支持让我振作精神，学习的动力也越来越足。至此我自学考试的效果越来越好，几乎每项科目都顺利通过。为了保证自学课程考试的效果，我们两次推迟举办婚礼的时间。好在当时我通过朋友关系请来了当年稀有的单位摄像师对我们婚礼庆典现场全程摄像，婚礼上我深情地表达道："江家一颗典雅的珍珠送到万福身边，值得珍惜，珍爱幸福。"摄像机留下这珍贵的美好影像。在后来的学习旅程中，无论我选择学习任何一项专业，爱人都是一如既往、无条件地支持着，对我由"医生"转行做"律师"，以及后来辞去"公职"和转到外省从事律师执业也没有任何怨言。

爱人作为女性和母亲一开始很是溺爱孩子，虽然"初为人母"属于人之常情，但在我做通她关于科学教育孩子的思想工作后，她很快就转变了自己最初的想法，并且尽量配合我"科学系统化"的教育。孩子也很争气，成为她妈妈所在大学的那一批孩子中"第一个出国留学读博士"的范例，得到了全校家属的普遍赞扬，她因此也感到非常自豪。最让我感动的是我爱人委屈自己，降低一个女性通常要求买大房子居住的现代生活享受需求，充分理解支持我的"环保理念"，配合我"践行"租住小面积住房的低碳生活，把简单的蜗居打理得干净整洁，十分温馨，称得上是一位贤内助。

我在南京租房的地方选择在单位附近的著名大学旁边。一是减少交通成本，有效落实低碳行动；二是接触学子，社会关系简单；三是有更好的学习氛围接受新生事物。

我社会交往简单，清静生活，乐享孤独。这可以让我静下心来思考很多问题，也可以让我避免人情世故从而独立公正办案。当然，必要的亲戚、同学、朋友聚会还是会积极参加的。如 2009 年我们卫校同学毕业 25 周年在黄山聚会，我带上妻子和刚考上驾照的女儿一家人前往黄山，尽管不止一次游过黄山，然而多年不见的同学相聚在世界名山，可谓快意人生，其乐融融。

同学聚会黄山行在迎客松前留影

2019年10月,我女儿考取纽约律师资格后,邀请我们作为至亲至爱参加她2020年1月23日在纽约州举行的律师资格宣誓典礼。我们夫妇于2020年1月16日从浦东机场乘坐美国航班经过加拿大蒙特利尔转机前往美国纽约市。2020年1月23日,我们在纽约州府所在地奥尔巴尼参加宣誓典礼结束后,就按计划乘火车前往波士顿过春节,那是我在2011年前往美国游学时给我留下最好印象的地方。飘着雪的波士顿是寒冷的,但我们一家仍处在兴奋之中,在那里吃了一顿十分愉快的春节年夜饭。在美期间我们探游了哈佛大学、肯尼迪政府管理学院,还邀请了朋友在波士顿学院读博的女儿一道品尝了波士顿大虾的美餐,随后游逛了一圈波士顿海边的景点,便乘火车回到女儿纽约市的住处。我女儿租住的是一个"两居室"的房子中的一间,因为同住的房友年前回国因疫情不能回来,我们一家就很宽松地住在那里。我们一家去七楼房顶平台跳健身操;与对面楼顶停留的鸽子群对话。我们每周也会去中国人开的商店购物,购买一些生活必需品。我闲暇时间就在女儿住处看书学习、网络办公,与窗台的鸽子逗趣儿。也时常乘坐公交车去看纽约港、去女儿当时参加律师资格考试地点——会议中心等地重游。女儿在纽约一所学院一边学习MBA课程,一边找了一家律师事务所工作。当我们签证还有20天的时候,从网上按官方低价购买的经德国法兰克福转机的回国机票顺利成行。令我兴奋的是在法兰克福机场候机的时间里,接到了分别40年的初中同学的电话,自此了解了彼此的基本现况。我们与女儿团聚期间,照看同住房友的一只名字叫阿兹的黄色品种猫,每天一起玩耍也很开心。我们回国不久,那只猫也被它的主人空运来中国了。女儿为此专门写了一篇随笔,画面感很强,可见这个特殊的日子里,我们跟这只美国猫已经建立了相当的感情。下面就是我女儿写的与猫分离时的随笔:

阿兹就要上飞机啦。不靠谱的宠物公司不知什么时候会到。现在可能是我跟阿兹相处的最后几十分钟。这个傻猫并不知道自己要上飞机的事,还在我的沙发上睡着大觉。午后的阳光此时直射这只傻猫,嫌晒,用自己的左前爪遮挡自己的猫脸,一如既往地酣睡。相处10个月,回顾我的前半生,阿兹是跟我相处时间最久的宠物了。我记得在我10多岁的时候有一只从乡下抱来的小黑狗,起名贝贝。跟贝贝相处时间也不过2个多月,一个暑假的时间就被我妈强行分离,送到乡下去了。去了乡下没几个月,贝贝就被疑似狗贩子的人毒死了。当时听到很气愤,却并没有太伤心,因为得知消息已与贝贝分离3个月有余,加上本身相处时间短,并没有太多情绪。

阿兹是与我在世纪疫情里朝夕相处了10个月的猫。记得刚来时,因为怕阿兹抓咬我,对它并不好,不时大声吼它,恐吓它离我远点。阿兹当然感知到我对它的距离,平时不会来招惹我,大多数时候只藏在主人的衣柜里。不知何时开始,阿兹开始大摇大摆逛起我公寓的各个角落,并且时不时要到走廊里溜达一下,会跑到门口,抬头望我,示意我为它开门。有时故意逗它,你不开口我凭什么为你开门?它才会张开它的尊口,朝我“喵”两下,示意我开门。通常阿兹在我家走廊上溜达到旁边两家闻他们摆在门口的鞋,这只傻猫闻别人的鞋津津有味,却从不闻我的脚。然后转回头,如果我家房门依然敞开着,它就会往楼上巡视,要是上得高了我看不到它了,叫它两声,它有时会探出个小头来看我一眼,有时干脆不理我。我这时就要关上门去楼上找它,它听到关门声,立马噌噌两下跑回门口,抬头示意我为它开门。同样的,若是我没有动作,甚至有时找钥匙动作慢了,它都会朝我“喵喵”叫,应该是在催促我快些把门打开,我要回家。

阿兹就是这么个渴望看外面世界,又永远舍不得离家的毛孩子。不愧是7月19日出生的巨蟹男孩。阿兹希望你一路平安,健康地活得久些,这样我回国后还有机会可以再看看你。希望你别把我忘了。

2020年10月23日下午3:47

竹子记

回国途中在德国法兰克福机场奇遇

2022年中秋节那天的经历让我欣慰异常。这天也是9月10日，是中国的教师节，传统佳节和现代尊师文明节日重合在一天注定是个好日子，我在重要的日子里都会找点仪式感。当时我回滁州过节，一大早我便去全国知名的AAAA级国家森林公园琅琊山风景区呼吸森林竹园中的新鲜空气；站在人工瀑布前感受流水直下飞溅带来的负离子清新；去醉翁亭感受一千年前大文学家欧阳修的“醉翁之意不在酒，在乎山水之间也”的美文胜意；爬完最高山顶南天门环顾满目青山后下山时听到直升机的轰鸣声，赶到山门口发现一架轻型直升机在一块空地上载游客空中鸟瞰琅琊山风景。我心头为之一振，便跟飞行组约定午饭后我来乘坐第一班次起飞。我心里想这种近市区又在森林公园上空营业性反复飞行，既有噪声扰民之患又有可能发生意外事故引发森林火灾的风险，相关管理部门不可能批准长时间营运飞行，要抓紧体验。午饭后飞机顺利起飞，由琅琊山东面向北沿西涧水库向西爬升至北面山顶的蓄能电站水库上空，再向南飞行直达南天门上空，沿着琅琊寺、深秀湖、醉翁亭线路向山下回飞，盘旋鸟瞰城南水库风景后平稳降落停机坪。我全程拍摄的满目青山绿水、美景如画视频，下机后发给我的好朋友分享，他们都感叹不已。我有点自鸣得意的同时，感觉我在一些机缘巧合下的难得待遇，也许就是我的极简生活理念和行动带来的福报吧。

有朋友问我：“你一直做维护正义之事，应该合法挣到不少钱了，不买房子,又低消费,那钱干吗用呢?”我坦然地回答他:“君子爱财,个人合法财富的多少,只是证明个人的能力和价值,如何花钱表达的是一个人的品质、品位。”因此,我对自己财富的处理方式除了简单的家庭日常生活、保健、自己和孩子学习费用,以及亲朋好友必要的人情交往开支外,就是做点捐赠,设立奖学金等行善积德之事。

七、崇尚自然

国学寻经:随着年龄增长,我认识到人生是为“灵魂滋长”而设计的一场考验。2010 年我接近知天命的年岁时参加南京大学哲学系、宗教系联合组织的首期国学班学习,经过两年系统的国学知识研讨,有效地支持了我对“人性”与“灵魂”的深入思考。我对中国传统文化的务实简朴、清静无为实以为然,感受老子《道德经》的博大精深,逐渐领悟到底蕴深厚的信仰是净化心灵的良方。

养生道显:根据多年践行的深刻体验,“老庄哲学”的思想深入我心,我几十年的生活、学习、工作经历,客观上彰显了我的“内心”“外行”都在践行着“大道至简,道法自然”的理念。在“俭以养德”等观点的不断熏陶下,简单、纯朴的生活让我的身心处于宽松祥和的状态,吃得香甜,睡得安稳,内心坦荡,面貌祥和年轻,践行医道养生。

知行合一:2015 年参加南京一场国学班的茅山游学活动,我认识了中国国学知名人士杨世华先生,在茅山知道堂亲耳聆听了师友杨世华先生的文化教诲;于茅山顶峰参观“九霄万福宫”结识师友简先生,顶宫“万福”“道德”字词让我感慨良多,此番浏览我收获颇丰,中国传统的经典文化为我长久以来行为处事上的低调至简提供了理论上的支撑。此后,我的人生追求从“物质”“知识”层面深入趋向“灵魂”层面。

随着对中国传统文化的深入了解,我秉持知行合一的态度,将理论与实际相结合,关注经济发展与自然保护和谐平衡的社会问题,在人生进程中不断探索道德的真正内涵。2018 年 7 月,我以江苏省律师协会环境与资源业务委员会主任、一级律师的身份,撰写《用最严格制度最严密法治保护生态环境》一文,发表于中共江苏省委主办的《群众》杂志第 13 期《特别关注》栏目。同年 8 月,我和女儿一起撰写生态保护教育方面的相关文章,参加在茅山举办的首届国际生态论坛，并作论坛会议演讲，与来自国外的十多位国际学者共同探讨博大精深的环保文化实践话题。

师友所赠“道法自然”书法墨宝

在茅山万福顶宫道德坊前留影

心中有道，随处修行。2019 年 12 月 4 日，我前往云南省墨江哈尼族自治县法院开庭，顺道游览昆明滇池边上的龙王庙道观。2022 年 9 月去江西省新余市办案，顺道游览了仰天观等。

办案间隙游览云南昆明滇池边上龙王庙道观

2021 年底是我们律师事务所成立十五周年的时光，受疫情的影响，不宜举办聚会庆典活动，远在广州的同行好友陈剑大律师特题“中华万福”墨宝以示祝贺。

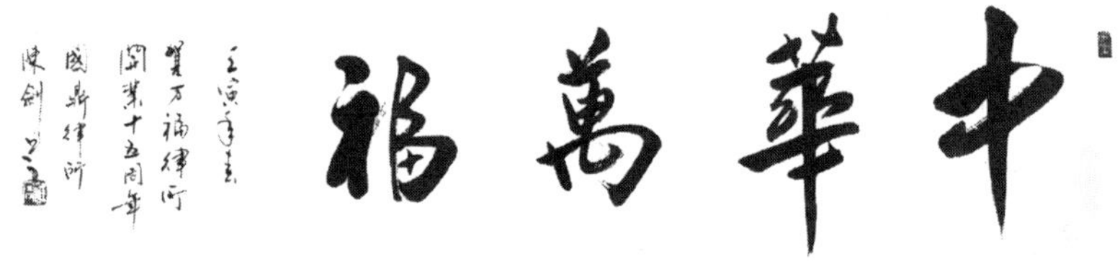

好友陈剑大律师墨宝贺律师事务所成立十五周年

以医显道，从医入道，道正法彰。我未来人生会在中国国学经典的熏陶指引下更加深刻修行，信守严谨自律，敬畏法律，顺应天律。

第二章

思——我眼中的世界

一、人生主题篇

充分准备，创造精彩人生

（2004 年 6 月受邀为家乡大学师生讲座）

非常高兴与同学们交流。

作为律师，我本想讲一些在社会上发生的事情。但想到作为学生的你们在步入社会前，首先要做的准备应该是了解真实的社会，而不是怀揣着“象牙塔”式的视角去看待社会。我又想这样可能消极，会使你们认为我们的社会是多么可怕。所以我的演讲会从保护你们的维度出发，这也是我做律师职业的一个特点。我曾在南京大学研究生院就读社会学系，所以对社会的认识是有一定深度的，应该给予你们积极的引导，因此我演讲的题目是《充分准备，创造精彩人生》。

中国蓄势待发的精英就是你们这群大学生。2004 年高校的毛入学率是 19%，全国有大学毕业文化程度的人占总人口的比重约为 5.38%。我国才刚刚迈入教育的大众化时代，大学教育的扩招必然会导致生源的良莠不齐，所以我认为你们应该成为人才中的精英，在座的每一位都有必要为自己规划一个精彩的人生，并极力把它缔造出来。这里我想从五个方面诠释一下应该如何准备。你们在听的过程中有什么疑问可以在后面的时间互动交流。

如何准备，准备什么呢？

第一，理想准备。所谓精彩人生，首先是要有理想。因为人活着从生理角度来说其实和其他生物是一样的，都是从出生到死亡的一个过程。但是人生如果要精彩，首先要有理想！如果没有理想，每天也只不过是庸庸碌碌地活着。在理想这方面，我想表达与强调的是：如果没有理想为模板，就勾画不出成功的轮廓。举个例子,可能有些同学对这个故事已经有所耳闻。英国有位退休老师,他在整理一些尘封的幼儿园辅导员的资料时,不经意间看到了小朋友们当年在幼儿园时写的有关理想的小纸条。纸条中有的写着想当海军大臣,有的写着想当英国首相,有的写着希望自己能够背诵出英国25个城市的名称,因为其他小朋友只能背出7个。其中有一个叫戴维的盲人小朋友,他的纸条上写着的理想是当上英国的内阁大臣。那个时候还没有一个盲人做过内阁大臣。老师觉得小朋友当年的理想都很有趣,那这么多年过去了,结果会是怎样的呢?这位老师退休之后就想到把这些东西送还到纸条主人的手中。因此他索性在报上刊登了一个通知,要当年的小朋友把现在的地址寄过来,他便把写有当年理想的小纸条邮寄给了他们。结果31个小孩中有30个领走了当年的纸条。他们中有各行各业的人,他们想看看自己幼儿时到底有什么理想,这是一件蛮有趣的事情。当时唯独这个叫戴维的盲人小朋友没有来信。后来这位老师收到了英国教育大臣的来信,信中说:那个叫戴维的盲童就是我。我之所以不想要回小纸条,主要是因为纸条里描绘的理想已经深深地印在我的脑海里,一时一刻也不曾忘记;也正是因为我每时每刻在心里铭记着儿时的理想,朝着理想的方向努力地奔进,才成就了今天的事业。我想通过我的这封信告诉我的30位同学和所有有理想的人:只有牢牢记住年轻时的理想,并且努力地去接近它,你才能成功。这是一个很经典、很真实的例子,我想利用这个例子告诉同学们,理想和成功之间存在着非常重要的关系。没有理想就相当于盲目射箭,理想就是箭靶子,拉弓射箭时如果连箭靶子都找不到,那么每天拉弓又有什么意义?也就更谈不上所谓的成功了。因为本来就不知道什么是成功,也没有想过成功,那你如何能成功呢?所以它的哲理表现为:人生不能没有理想,有理想是最美丽的事情。年轻的学生有了理想,才会为之而努力,只有坚定的追求才会有它实现的价值。所以人生应该拥有最本质的理念,是要有理想。

另外有一个例子是告诉同学们关于理想方面的准备——有一个确定的目标。当你们有理想的时候,不仅仅只是用脑袋去空想,你们还要有中长期明确的目标。

哈佛大学是世界著名学府之一,许多总统和世界级的管理学家都出自那里。在一项关于目标对人的影响的跟踪调查中发现:27%的人没有目标;60%的人目标模糊,就像是“雾里看花”;10%的人有明确但短暂的目标,不会想到5年以后,10年以后会怎么样。同学们可能想毕业之后马上找工作,或者立马结婚,这些都是比较短期且明确的目标。3% 的人有长远的目标,相较而言这个比例很低,但这却是事实。在座同学的比例值怎么样,我不知道。但上述人群随后 25 年的跟踪调查结果表明,他们的生活境遇与目标密切相关。尤其是那 3% 的人,25 年来几乎不曾改变过自己的人生目标;25 年后,他们几乎都成了社会各界的顶尖人士。当你有一个长远目标并为之努力且不放弃的时候,你的成功概率必然会高。他们当中也有人是没有任何基础,白手起家的。这个例子同样给我们展示了"理想是石头,敲出星星之火,点燃成功之灯"的底层逻辑。一个成功的人应该具备长期的理想,离开了理想是很难成功的。3% 的人深刻且多维度地理解了理想与成功的底层逻辑,将自己精彩人生牢牢攥在手中。这是哈佛大学的调查。在我们今天的社会里,在现实生活中,有理想的人的比例应该是高过这个比例的。

第二,品德的准备。人生的成功还需要具备品德的准备,我认为这是重中之重。关于理想有的人明确,有的人迷惘,但最终要成功,还取决于他的品德。品德的准备见仁见智,说法各异。我的见解就是追求"真""善""美",这是我认为人生成功应该具备的良好品质。如果按这样一个目标进行,他的成功会容易很多,成功的概率会更大。这里我想引用几个故事具体讲一下所谓的"真""善""美"应该是什么样子。这是一个具有玄幻色彩的故事:上帝看见世间生活粗衣粝食,食不果腹,他决定派两位使者到世间去接济穷人。经过筛选,他选中了两位使者,完成任务的目的其实是一个考验的过程。使者们接到任务后,就开始盘算起应该如何有效地接济穷人的方法了。第一位使者想着世人都有怜悯之心,那么"乞讨"应该可以达到目的,所以他把自己装扮得如同乞丐一般:衣衫破烂、衣不蔽体、蓬头垢面,然后到富人家里去要钱,随后把要来的钱分给了穷人们,他最终完成了任务。另一位使者的做法却截然不同,他穿得整齐得体,来到富人家说:"我是奉上帝旨意,来要求你们的捐助以接济穷人,以使他们过上更好的生活。"他的要求也得到了富人的支持,同样也完成了任务。随后两位使者回到上帝那里汇报,上帝说:"一个人最要紧的品德是他能够坦然真诚地面对他所要经历的事情。你们虽然都成功了,但第一位使者利用伪装欺骗了富人;而后一位使者用真诚取得了富人的信任,所以你们其中只有一位可以获得奖励,而我的抉择是把奖励给予后者。"这个故事讲述了一个很重要的道理:真诚的价值更珍贵。

社会上天天讲诚信——"诚信是金,诚信为本",诚信的母体就是真诚。真诚是无价的，面对面地交流，人与人之间的互动与交往，事情的交换与走向都要真真切切，都要以诚相待。这是你们在座的年轻人以后要特别注意的，这关系到整个社会的诚信和国家的未来。同学们也可能听过这则故事：美国的诚信程度是高于其他国家的，它拥有这样一个诚信体系：在商场买衣服一个星期之内因为质量问题可以免费换退。对这样一项规定，中国有留学生认为美国人很傻，认为这样他每周都可以穿新衣服，到时候脏了也不用洗，换就行了。尽管商场有承诺无条件退货，但前提是基于给消费者便利，也同样相信消费者不会滥用退货优待。作为消费者应该考虑自己的行为，如果确实是商家的问题可以调换；如果认为这可以让你免费换洗衣服就错了。有中国留学生每周去换，很快商场发现了这个问题。商家在发现问题之后便规定：这项免费调换的规定对中国留学生则要求说明合理理由才有效。这则故事我想不仅对留学生本身产生不利的影响，对于所有中国人的声誉都是一种损害。这种行为本质原因就是不真诚，是一种小聪明，奸猾钻空的表现，这是最忌讳的！在西方国家一个商人如果有不良记录是很难贷到款的，因为所有人都能看到这个记录，有此记录后是没有任何人愿意与他合作的。真诚的魅力与价值都是无可厚非的，因此追求“真”是人们立足社会的本质特点，我们每个人要想成功都应具备这样的品质。

善，我个人理解是一种善良。我国《三字经》开篇就提到“人之初，性本善。性相近，习相远”。有些国家认为人性本恶。我认为不要去研究性本善本恶的问题，而是应该讨论现代人应该怎样做或成功人士应该怎样做。要讨论和思考这个话题，首先应该建立在善良的基础上。什么是善良？心境的善意，行为的善举。心学大师王阳明说过“知善知恶是良知”。善的具体表现为对家人、对长辈的尊敬，对晚辈的关爱，对周围人的爱心。这是与“恶”相对应的概念。很难想象一个恶人能有多大作为。当一个人被认为是“恶”“居心叵测”“心无善念”的时候，人人都会防着和远离他，也不愿与他合作，那么他还有多少成功的机会可言呢？我觉得“恶”是成功的大敌；与之相反，善良会感动很多人，“爱出者爱返，福往者福来”“予人玫瑰，手有余香”，善良会增加一个人成功的概率。

“美”的概念其实包括内在美和外在美，人们说“美”就是一种和谐。现在大部分年轻人对“美”的理解多少都有偏差，都在“奋不顾身”极力追求外在美，眼中也只能关注外在美，最典型的例子就是减肥和整容。有人喝减肥茶喝到拉肚子甚至营养不良，极端的还有死亡案例。整容也是一样，有多少人为了变美而毁容，甚至是死在手术台上。我曾经办理过几起整容美体人身损害赔偿案，造成的伤害令人揪心不已。作为我个人而言,理解“美”,首先要弄清楚它的概念。相貌的“美”是一种美,顾名思义这种“美”是外在美,而“内心的美”才是我想强调的,它必须与“真”“善”以及社会价值结合起来,从而通过自己的行为举止表现出来。“美”的要求很高,在座的每个人都要去挖掘它。真正的美需要去发现。生活中并不缺少美,但缺少发现美的眼睛,发现了就要懂得欣赏它。但这些都是客观存在的,更多的是要去创造美,这需要一个过程。首先是要从仪表上改变,其次就是把内心的美表达出来,要有爱心,要创造美好去感染周围人,感动社会。我们知道中央电视台每年都会有“感动中国人物”评选,其实他们都是通过行为把内在的美表现出来,转化为对社会的一种贡献,让社会感动。这里补充一个小点:作为学生的你们还可以丰富扩充学识,达到“腹有诗书气自华”的“气质美”的高端境界。品德的准备我就想讲这几项。

接下来我想讲如何培养品德方面的事项,具体要注意以下两点:

首先要注重素质修养。人的品德的好坏就是素质修养的好坏。有一批毕业生 20 多个人,来到一个部级单位应聘。部长秘书给他们倒水后,只有其中一个小伙子对秘书说:“谢谢,大热天您辛苦了!”这句话在炎炎夏日带给了秘书一丝宽慰的凉意。不过其中也有人不拘小节地念叨着:“太热了,有没有绿茶?”之后部长来到大家面前打了招呼,大家似乎都没有回应的意向,还是那个说过谢谢的小伙子带头鼓掌欢迎部长。部长很客气,而同学们却没有反应,对他来说是一种不尊重。接近尾声的时候部长说:“欢迎大家的到来,请秘书给大家发个纪念手册吧。”这期间秘书双手把手册交给每位同学,同学们很随便地拿了过去。当递发到那位小伙子时,只见他双手接过纪念册并说了声谢谢。这一系列的举动引起了部长的注意,随后部长走到那位同学身边询问了他的名字。不出所料,后来只有那个小伙子接到了就业表。此案例表明,这些同学在素质修养方面不够优秀得体,唯有那位同学或出于本能或经过训练,懂得如何尊重他人。我们知道英国是个有绅士精神的国度。什么是绅士?懂礼貌有修养,待人谦和就是绅士。什么是人的文明?懂得尊重,律己敬人举止礼貌的一种状态就是文明。应当说,注重素质修养是每一个人从幼儿到青年时代必修的一课。我们现在的社会越来越随意,随意不能说全是坏事。中国有句古话:人熟礼不熟,起码的礼节礼貌必须要遵守。你们走向社会这是必需的,会有专门的课程教你们怎么做,叫作社交礼仪。

其次是豁达的问题。人要学会豁达,这是人生重要品德之一。其核心是要乐观地看待自己的得失与对错。有个故事很有意思:一位老人买了一双鞋,在列车上欣赏时,由于车速很快,车窗没有关,一只鞋子被风刮了出去。这种情况下,一般人肯定会懊恼,但老人却迅速地把另一只也扔了出去。他的理由是:反正我留下其中一只也没什么价值,索性就把另一只扔下去,捡到的人会得到一双。这种行为表现了一种豁达,也体现了人生得失观。他失去的是一双鞋子,得到的是一种奉献和满足。一个小意外使他失去一只鞋,但他的行为却使两只鞋都有了价值。这个故事让我们思量很多:我们要把自己的心境放宽,不要总拘泥于小事;在体现自己价值的同时,也让别人体会到你能为他们做些有意义的事情。

第三,自律的准备。拥有自信的人,往往行为习惯都较为自律。我准备从自信、习惯、行动和坚持这几个方面展开话题。

人要学会自信。自信很容易理解,“自己相信自己”“我是最棒的”“我做什么都能成功”“我能做好一切”,这就是自信。举个例子:美国有位 30 多岁的小伙子,事业上一事无成,个子还很矮。有一天他的朋友给他推荐了一篇文章,是讲关于拿破仑私生子的故事,这个私生子个子也非常矮,能讲一口流利的“法式英语”。这位美国小伙子看后感觉特别像他自己,然后他把自己当作拿破仑的孙子。之后他总是这样想:我爷爷虽然也一样矮,但什么都能干成。在这种自我暗示的状态下,他努力工作,经过 3 年奋斗,他成为公司总裁。实际上,他和拿破仑没有任何关系,他就是靠着这种自信成功的,这就是自信的力量。可能平时同学们也会接触到这样的生活哲理:战胜自己是最大的成功。我们所谓的成功也就是不断超越自己,成功没有一个法定的概念,只是今天我做的事情,明天能让我感到进步了。比如说考试,你们通过了就是成功,没通过就是失败。等你们毕业找到工作了又成功了,然后工作中取得优秀的成绩又成功了,不断地成功,不断地超越自己,直到生命的终点。还有一个例子可以帮助大家更深刻地理解自信的内涵。一位博士生拿着博士证书去找工作,每到一个单位他都会说:“您看这是我的博士证书,您给我安排个工作。”会有人质问他:“你是博士,你会做什么? 博士当总经理也不过分,可没这个岗位。”屡屡碰壁后,他便换了个方式,不再以证书示人,只是说他是学过计算机的人。后来去到一家公司当最基础的程序输入员。他在工作中很快发现计算机的程序错误并指了出来,老板表扬了他。这时他表明他是学士,老板就把他提到相应的岗位。他表现很出色,在老板赞扬他的时候,他又表明自己是硕士,老板想那更应该用他了。在硕士岗位他的表现非常出众,这时他拿出博士证书,老板一看原来是这么一个有能力的人啊!这个故事说明自信在于你自己怎样定位自己,而不在别人怎么看,不要因为别人的看法和舆论低估或高看自己的能力,要从基础做起,只要自己有能力和自信,就一定有一片属于自己的天空在等着你翱翔。

习惯的问题,习惯的本质就是自律。习惯决定人生,为什么这么说?哲学上有这样一句话:播种一个行为,收获一个习惯;播种一个习惯,收获一个性格;播种一个性格,收获一种人生。这就是所谓的行为决定习惯,习惯决定性格,性格决定命运。美国著名作家布芬写了《自然史的变迁》,在写此书之前他有一个坏习惯:爱睡懒觉。懒到什么程度?他可以在床上躺一天,他自知自己的习惯不好,于是决定改变。他对仆人说:“如果你叫醒我,我会给你奖励。”后来仆人叫他的时候他还是没起来,仆人也是无可奈何。一段时间以后,他对仆人说:“如果你不能叫醒我,我就解雇你!”仆人一看他动真格的了,心想既然有奖励,那我何乐而不为呢?第二天仆人叫他,他还是没起来,仆人就把一盆冷水泼到他身上,他立马就爬了起来。几经尝试后,他终于能够自己按时起床。他每天工作十几个小时,最后通过40年完成了《自然史的变迁》这部巨著。这则故事让我们了解到:由懒散习惯到自律对改变人生的意义和影响是多么的重大!播下懒惰的种子收获的肯定是干瘪的果子,播下勤奋的种子收获的肯定是饱满的果实,所以每个人都应养成良好的习惯且自律,这是一种重要的品质。据我了解,当代大学生的自律习惯普遍薄弱,通常都习惯性睡懒觉、懒散、追求享受、不能坚持做好一件事等。至于如何改变,你们可以找适合自己的方法,找一个志同道合的人一起互动,然后互相监督,直到达到目的为止。

关于行动和坚持的问题,我认为它们是“相辅相成,相得益彰”的。理想、愿望、梦想最终的实现要靠行动和坚持。想要实现它们首先要行动起来,一味地空想是什么也收获不到的。我们都知道,美国历史上有位很著名的总统——林肯。他结束南北战争,发布了著名的《解放黑奴宣言》。正是他的行动力与坚持才让他成功地签署了这个宣言。他成功的时候,有个记者问他:“在你之前,已经有两位总统在起草这个宣言,为什么他们最终没有签署,而你签署了呢?”林肯说:“他们知道哪些是需要的,如果他们知道那些仅仅是需要一点勇气的话,我想他们会很快签字的。”说完他就走了,记者始终不明白这句话的意思。后来林肯遇刺,在他的信件里他提到了这样一件事情:他的父亲用低廉的价格买下一片农场,那里石头多得就像一座座小山,他母亲提议把这些石头挪走。他父亲说:“如果可以挪走,我们就不可能这么低价买下这片农场了。”一天,他父亲去了集市不在家,母亲就带领着他和他的兄弟把这些石头挪走了。母亲带领孩子们“挪运石头”的行动决定了一半的结果,在挪运途中“始终坚持”决定了最后的成果。林肯在信中对他的朋友说:“有些事情做不来,只是人们认为不可能,而所谓的‘不可能’只是存在于人们的想象当中。”不做语言上的巨人,行动上的矮子,走向成功很重要的品质在于立即行动和坚持不懈,而不是空想与等待。如果你总是想:‘我的未来不是梦,来日方长。’最终你将一事无成。上述故事告诉我们,理想与现实之间的距离就是行动与坚持。我还想补充一个关于坚持的例子。我们知道电话发明者贝尔,在他之前有个叫格雷特斯的人,其次爱迪生也进行过相关的研究,其中一个叫雷丝的人最接近。美国联邦法院在日后的判决中把专利权判给了贝尔,理由是雷丝没有把螺丝转到 1/4 周。如果雷丝再坚持最后这么小的距离,他就可以把间歇电流转换成等辐电流,因此他没有成功。而贝尔的坚持得到了成果。你不能指望毕业以后不费吹灰之力立马就走上成功的道路,这样幻想是不切实际的,同样也是苛刻的。有的时候成功是要出付出一生的努力,不断地奋进,不断地碰壁,在坚持的拥簇下最终得到自己想要的成果。有的时候这就是失败与成功之间的距离,距离微乎其微。我在东南大学指导学生时,曾跟他们讲过一句著名的格言:真理和谬误就差一步。通俗地说,伟大和可笑就差一步。所以我们要努力,也可能跃过那么一点就是伟大。

第四,健康的准备。我学过医,对健康的理解是比较透彻的。我认为健康的真正含义不是只凭医学知识就能说清楚的。我是通过学医学、法学、社会学及心理学这几项学科结合起来,才真正理解健康的含义。在这几个方面与大家交流一下。世界卫生组织的健康标准是指一个人的生理、心理、行为都处于良性的状态。生理的健康标准是我们传统医学上的标准,不生病这就是健康。什么叫心理健康?我本人对此特别感兴趣,经过多年的学习与实践,尤其是 2000 年至 2002 年参加中国社会科学院的心理学研究所的心理咨询与治疗班的系统学习,毕业以后在当年 4 月考过了高级心理保健师和心理咨询师的资格证。我所理解的心理健康是指人的“身”“心”协调一致,在整个社会行为过程中始终处在一个良性、平和的协调状态;吃得香,睡得着,精力充沛,思考问题不发生偏差。可以这样说,每个人生理上也许不会生病,但心理上多少会发生偏差,这是每个人不可否认的。人们都需要在“健康”与“不健康”中自我发现、反省与调理,最终做到自我纠正,把自己调整到最佳状态。如果你不知道上述这些,那么当你身处此境遇的时候还不知道是怎么回事。现今,我们注意到在高校每年都有一定数量的大学生自杀。为什么受过高等教育的人,还会有自杀倾向呢?答案是心理不健康,心理抑郁。我想点明的是心理造成严重障碍,后果很严重。那么是不是一个障碍解除后就没有障碍了?答案是否定的。每个人在不同阶段会遇到不同的问题,这正是我要表述的心理健康。

还有一个是行为健康。行为健康的话题涉及我学过的医学、法学两个专业。它的准则是不仅要求人的生理行动健康,更要求个人的社会行为呈现一种良性守序的状态,一切很规范、很有理性;行为符合法律法规,这种行为就是健康行为。这个准则要求是相当高的,如果都能遵守,那社会上的违章违规以及违法犯罪就不会频频发生了,如果做到了就要珍视这种状态。这个概念我想了半天觉得应该放在健康的概念里面。当你有奇思妙想,搞科研创造的时候,这是好事;当你有不正确想法的时候或者邪念的时候,你就已经有不健康行为的倾向了;当你实施邪念行为的时候,你已经触犯法律法规了。在座的同学们可能很少接触到法律,我做了十几年律师,理解法律是十分严肃的,具有尊严、威严,也很神圣。那么如何做到社会行为健康呢?

我们要在心中敬畏法律,行为上学法、守法、用法。

阶级社会的最佳状态是什么?是法治社会。我国是否是法治国家呢?答案是肯定的,从1999年开始,我国宪法修正案修改为:“中华人民共和国实行依法治国,建设社会主义法治国家。”到2004年宪法把人权和保护私有财产写入宪法修正案。也就是说,我国真正的依法治国是从1999年开始的。所以在座的各位,我们一直生活在法治国家。就是所有的社会行为都应该以国家立法机关制定的法律为准则。你能做什么,不能做什么,做错了要受到什么样的处罚都有相关法律规定,这就是法治。法律给我们带来的是秩序。我要向大家传递一个理念:我们生活在一个法治社会,这个社会是有准则的。那么为什么要敬畏法律呢?虽然法律是统治阶级意志的体现,对被统治阶级具有约束力,但对统治阶级也具有约束力。法律是扬善除恶的国家利器,维护社会公平正义,当然值得我们每一个善良守规的人敬重和信仰。年轻人同时对法律要有畏惧心理,不能无视法律、肆无忌惮、无法无天地做事,这样的行为就是在刀刃上行走!因为当你触犯法律的时候,轻则对你行政处罚,重则可以限制你的人身自由,甚至可以剥夺你的生命。如果你不怕法律,那你就离违法犯罪不远了,说不定在不久的将来你就要透过监狱的窗户看外面的世界了。法律对于一些违法犯罪分子来说相当于凶猛的野兽,会咬人,更会吃人。当你欲犯罪想危害社会的时候,你要预想一下后果,自己真的愿意承受惩罚、制裁以及失去自由和生命吗?对法的畏惧之心就是治愈不良想法以及行为的最佳“良方”。对“做坏事”望而却步,这就是好事。有个词叫“惧法日日安”,就是说一个人畏惧法律便天天都安全。所谓“不做亏心事,不怕鬼敲门”就是这种生活的写照。但仅仅是畏法是消极的,我们更应该敬法,要感激法律。我们能坐在这里安静地交流就是法律的保护。如果流氓随便闯进来没人管,我们还有这样良好的环境和听课的机会吗?所以要敬重法律。对自由的诠释就是在法律允许的范围内我们可以自由地作为。你们很幸福,我是20世纪60年代生人,那时只有八个样板戏可以看。而现如今文化生活极为丰富,让我感觉到很畅快。这些都是现代化社会进步的成果,给了你们充分的自由,生活多姿多彩。当时我们穿衣服只有灰色和蓝色两种,现在是百花争艳,学生也可以染发,这些常态表明了自由的可贵。美国许多州废除了死刑,判刑判几十年、上百年。为什么判那么长时间?这是根据犯罪人罪行大小判决的。尽管人类寿命有限,但对服刑者来说是非常痛苦的,因为他失去的是自由。当一个穷人食不果腹时,和生存相比自由并没有多大的分量;但对一个有产阶级来说,当他衣食无忧的时候,他最大的生命价值体现便是自由。法律面前人人平等,只要犯罪了,它可以剥夺人的自由。这是很多人对法律印象最深刻的地方。法律能保障或剥夺我们的自由,是一把双刃剑。大家在今后的人生当中不管怎样请切记一点,作为一名受过高等教育的人,务必不能触犯法律。

我们国家的法律是全国人民代表大会及其常委会制定的,我们是社会主义国家,法律是人民意志的体现,是全体公民需要遵守的最高规则,没有它我们就没有规则,就没有标准,所以我们需要敬畏它。在敬畏法律这个基础上,年轻人更要学习法律,要有法律意识,要懂得基本常识。我是一名律师,职业要求懂得全部法律。而作为学生的你们懂法也是必要的,就好比你不是医生,但也要了解医学相关的保健养生常识一样。知道法律中民法、刑法是干什么的,作用是什么。还有结婚要了解婚姻法是怎么调整夫妻之间的关系,了解老人、妇女、儿童权益保护法保护弱势群体的权益方面的法律。掌握了这些基本法律常识之后就更应该去守法,不去触犯法律的高压线,一旦触犯法律只能说是制造了糟粕的人生。最后就要学会如何用法。法律是我们社会人的保护神,当你的人身权利和财产权利受到侵犯的时候,就要用法律的武器维护自己的合法权益。我们律师的职责就是维权,帮助弱者、社会各类人和组织讨说法。当然,我们有时候也会给犯罪嫌疑人辩护,同样也是为了维护犯罪嫌疑人的合法权利。警察对犯罪嫌疑人所犯的违法行为进行侦查,检察院依法提起公诉,法院根据证据判决被告人是否有罪,监狱收监罪犯至刑期结束都是依照法律规定进行工作的。公、检、法司等国家机关要维护公正,保护每个公民和组织的合法权益,不能制造冤假错案,我们律师参与司法活动就是从法律专家角度协助国家司法机关公正执法。在社会人群中不能因为看到坏人就认为是"十恶不赦"。比如,小偷在街上行窃的时候被热心群众抓到了,结果被所谓的正义之人士随意打骂甚至打死,那么这个小偷的权利就被侵害了。小偷本来侵犯的是他人的财产权利,结果他自身的健康权甚至生命权受到了侵害和剥夺。正确的处理方式是应该及时报警,让警方来处理。每个人的合法权益都应受到法律的保护。还有,公民最重要的权利就是要勇敢地与违法犯罪行为做斗争,要积极宣扬见义勇为的精神,因为这也正是法律中所规范的。你看到坏人正在实施违法行为时,遇到自己或他人正在被不法侵害时,你应当勇敢地站出来与其搏斗,保护自己或他人,刑法中把这一行为叫作"正当防卫"。当坏人用刀子无端地砍你的时候,你勇敢地夺过他的刀子将其反杀,见义勇为,这都是不需要负法律责任的。敬畏法律并学法、守法、用法是社会人行为健康的表达。

第五,能力的准备,要成功必须要有能力。

首先是思维方式的培养。在座的各位是通过国家统考进入学校的,但这并不表示你们具备了成功的能力,基础好这仅仅是第一步。思考能力的培养和思维锻炼的提升是能力的体现所在。

我在大学里授课的体会是,大学里学生能学到什么?除了专业知识,另外应该是思维,这才是一个好的大学应该教授的。在南大我也经常去听来自世界各地的专家不定期的学术报告,然后在给大学生讲座时灵活应用,这正是交流并传授信息与思维方式的渠道。本质特征是教会学生识别与思考。作为学生,如果只是机械式地学习,而不会独立思考,从某种意义上来讲,老师和学生都是失败的。所以提高思考判断能力是最最关键的东西。判断什么?判断是非,判断善恶,判断真理和谬误。这种能力的培养应该说意义深远,要用一生来学习。不过大学里是集中学习,同学们都可以做到。学会对社会各个方面的有效判断,提高实践能力,教你们如何思考,这是真正的大学教育。

其次是社会工作的培养,这应是技能培养。你们学的专业是比较单一的,但现在社会要求的是复合型人才，要精一样，会两样，学三样，要一专多能。只是掌握一样是很难把知识拓展开来的。硕士和博士有什么区别？就是他们的知识面宽窄程度不一样，另外，他们的提高程度也不一样。能力除了技能的学习以外，更多的是作为社会人应该有善于合作的能力。同学们之间有竞争就说是"竞争社会"，这个说法是不准确的。如果只是单纯的竞争那就是丛林生存法则——适者生存，弱肉强食，是一种残杀。我认为那是动物的生存状态。作为人类来讲，这种状态显然是不可效仿的。竞争的本质是什么？是共同提高，这是一项原则，而不是遏制、压制、打倒对方。适者生存不是理想化的竞争，理想化竞争的本质是合作。要善于合作，决不提倡凭竞争而"力争上游，损人利己"。关于这方面的谚语很多，比如："一个篱笆三个桩，一个好汉三个帮。"现如今大家都不顾一切地向经济利益看齐，对这个观点我始终是不赞同的，我认为这是一个很大的误区。我们律师也在赚钱，有人认为律师是商人，但我明确提出：律师不是商人，律师要做的事情就是要维护公平正义，在维护公正的同时按照公平原则获得合理的报酬。在办案目的上律师有选择权，但不能以经济利益为目的，更不能为了追求经济利益而弃公平正义于不顾，这显然是错误的，至少我不会去这样做，这是一个很严肃的问题。如果将来你们毕业后选择做商人，虽然商人的工作性质和目的就是赚钱，但是我还是要说一句："赚钱皆可有，违法且勿行。"这是我们讲的社会工作能力的培养。

再次是生活技能的培养。我想这个问题大家可能觉得简单了。我们每个人都会生活，基本的衣食住行，在丰裕的条件下也知道享受，我觉得这样的生活是不完整的。真正生活的另一面是要学会善待他人，也就是对待别人的态度。我们在社会上都扮演着各式各样的角色。举一个最简单的例子：在宿舍里每个人要有关爱之心，友谊是否深厚，相处得是否融洽，这样才能体现出你扮演同窗好友的角色以及对生活的理念和水平。如果说大家都排斥你，即便你吃好的、穿好的、用好的，你会真的觉得很幸福吗？会觉得生活真美好吗？"与人为善就是与己为善"，这是最基础的生活之道，话虽简单，但这其中是有一定境界的。人与动物之间的差别就是人是有社会性的。我们这群人在一起不是那么简单的，不是你想怎么生活就怎么生活的，所以人与人在相处时应该考虑这种因素。那么生活的本质你们掌握了吗？我觉得大部分你们是掌握了，但不是全部。生活的本质是什么？理性的生活。你今天花了多少钱？用在哪些地方？是用于营养了，还是用于减肥了？还是用于看电影、郊游了？这个问题是很现实的，你应该考虑这个问题，在生活质量上有个恩格尔系数，学生的恩格尔系数应该是最高的。因为你拿了钱就是为生活。如果你家庭很富裕，条件特别好，可以消费高些，社交多一些。这只是少数人能做到的，更多的钱应该用于日常应摄取的营养和学习的必需品，而不应花费在过度修饰外观和无限娱乐上。我认为现在中国的国情是不允许我们挥霍的，何况古人云“俭以养德”呢！

在生活中我们要学会微笑。微笑是一首豁达典雅的古老乐章，每一个音符流露出来的都是真诚；微笑是一缕清风，可以吹散人们心中的阴霾；微笑是一束阳光，让荫翳无处藏身；微笑是朵花，绽放一瞬间释放出幸福的感染力。微笑的威力和价值是非常大的。因为保持微笑所以生活美好，只要是发自内心的微笑。校园里的生活应该是充满微笑且热情洋溢的，在座的同学们没有理由不笑，你们无时无刻都在享受着这惬意的美丽安静的校园生活。笑对人生还表现在微笑面对自己的过错与失败。每个人在一生当中不可能总是一帆风顺的，当面对失败的时候，你要意识到失败其实是你的垫脚石，所谓“失败是成功之母”“吃一堑长一智”，这步错了下次就知道了，多次失败积累起来的果实就是进步。

能力准备的精髓就是创新。创新能力相当重要，也是现代社会最提倡的。那么创新的定义是什么？就是不断拓展、优化和改造。什么是平凡？简单的能力和普通的价值，大家的水平旗鼓相当，都以“从众心态”为主。你这样，我也这样会有好处吗？当然有好处，不会“犯错”。这个从不犯错是要加引号的，就是大家可能都错了，只是法不责众，不追究而已。因为我们大家都一样啊。这不是表明了你的高明，你的伟大，也不是表明你的先进，这是一种平凡，你只是和大家一样错了。创新是人类社会发展的本质，创新的本质特征是思维方式的超前。如果人类没有创新如何发展？关于创新的本质是什么，如何做，我这里也有例子和大家分享。在一堂有关如何创新的课上，老师提了这样一个问题：美国某个地方发现金矿，大家闻讯蜂拥而至。结果一条大河拦住了去路，怎么办呢？学生中有很多人提议游过去，也有很多人提议绕道走。老师久久没有言语，后来他严肃地反问大家，为什么不利用船搞营运呢？接送那些淘金人，这不同样可以发财致富吗？所以大家一定要注意，面对一个事情时要打开思维，利用原有的条件去优化、改造以及开拓。淘金是为了发财致富，当大家去淘金，我利用船只给他们提供过河的渠道也能发财的，对吧？到达金矿地后又有一个故事：淘金时缺乏水源，没水喝。如果想要发财，卖水也可以达到这个目标啊！问题是当大家都想到这个卖点的时候就比较麻烦了，在金矿卖水的人多于喝水的人就不可能发财了，关键是谁先想到，拥有并利用这种思维的人毕竟是少数，这就是创新。一个人要想成功，最能体现成功价值的就是创新方式，弃旧图新换一种思考和思维模式去尝试做事情。

在这里，我用自己的亲身经历来向大家诠释一下我的创新方式。我曾在2002年代理过一宗工伤赔偿案件，受害人是一位打工的中年人，因车祸外伤导致性功能丧失，虽然外表看不出来，但不知如何是好。他找的几位律师也不知从何下手，后通过朋友打听到我是一名懂医学的律师，并且善于处理疑难案件，他便委托我代理维权。接受代理后，我首先帮助他按照法律程序进行伤残鉴定，确认他的伤残等级，再利用鉴定结果计算所需要赔付的医疗、误工、伤残等费用，最终数额高达十几万元。我在办理此案的时候想到法治是在进步的，男方丧失了性功能，那么他的妻子也是受害者，因为根据中国现行的法律和道德的准则，在法律上是不允许有婚外其他性行为的，道德也会对婚外性行为进行谴责，其宗旨都是不提倡、不准许婚外情的。而作为有医学和心理学专业背景的我知道正常人的性生活不仅有生殖功能，还有健康功能和愉悦功能，丈夫性功能丧失，那作为妻子在性生活方面无疑也是受害者。我就提议她作为共同原告，和受伤的丈夫一起也向对方索要精神损害赔偿不也在情理之中吗？至于要多少钱我和她商量半天，因我国当时法律规定诉讼是要按比例收费的，当年1万元诉讼请求要缴400元诉讼费，若要求10万元赔偿，那么就要缴4000元诉讼费。要10万元也是可行的，但如果败诉也是要缴4000元的，因为全国没有成功的案例，我建议原告选择要1万元，以避免万一败诉承担诉讼费过多风险。我在办案中运用医学知识把生理上女性性需要的正常健康状态受损害和社会化的需要，以及法律、道德的约束导致她的损害全部归纳了起来，从客观的角度来评判应该受到法律的保护。类似的案件在全国也有发生，都被判败诉，理由是男方才是真正的受害者，女方无权索取赔偿。这次法院承办案件的女法官听完我的理由后说："你的代理观点很有道理，我支持！"最后的判决是夫妻双方的诉讼请求都全面得到支持。对方也对这个判决没有异议，没有上诉，判决生效。这个案子最早被《澳大利亚人报》报道出来，称中国法治人性化进步；被中国检察学会评为"2002年度十大最有影响的民事案件"之一。当年有700多万件民事案子，此案被称作最富"人性化"的判决。这个案子公开以后，司法部宣传部门专门采访我和男方受害者，做了一期《律师视点》节目在上海东方卫视播放，后香港凤凰卫视将此节目向全世界播放，它的目的是向全世界宣传中国法治的进步。我总结了一下，这个案件的成功，正是我刚才所讲的创新，只有你创新了才会有机会成功。这个案件显然非常成功。每个人都有成功的机会，都需要你创新，在边缘学科不断挖掘、开拓、优化。这和爱迪生发明电灯的过程有什么区别？而我发现、开拓的是法治中的人性化力量，事情不同但本质类似。

关于能力的准备我还想补充一点，那就是做事的方法。有很多人问："是不是只要坚持不懈就能成功呢？"答案显然是有条件的，如果你没有自己专业的能力，没有科学的方法，那么成功的概率是不高的。我们中有些人奋斗了一辈子，最终还是达不到自己的理想，当然他们是有可敬之处的，毕竟他们没有放弃奋斗。但如果我们能打破平庸的自己，能做更多的事情不是更有作为吗？所以说要考虑坚持和方法的问题。有一个例子：一个穷人在乞讨，按理说富人会赏点钱。但他现在想吃东西，想在冬天喝点汤。那时刚好过了晚饭时间，所以说这个要求是很难得到满足的。但这个穷人很聪明，他来到一位富人家门前说："您让我进去在火炉上烤干衣服就行了，因为衣服被淋湿了。"有同情心的人都会答应他的请求。他进门之后便请求厨娘给他煮点石头汤喝。厨娘疑惑地问："什么石头汤，我从没做过啊，我要看看你怎么做？"随后厨娘就让他动手自己做。穷人把石头洗干净放到锅里，然后说要加点盐，厨娘就加点盐，然后说要加点菜叶、瘦肉沫。最后你知道这个穷人喝的是什么？肉沫菜叶汤。他的用意其实是想喝口汤，而不是喝什么石头汤。石头能做什么汤？这个故事告诉我们，一个人要想把一件事做成功是需要方法的。他如果直接要求喝碗肉沫汤，你说这个要求是不是很过分？他能达到目的吗？显然达不到。

能力的准备，我就想讲这么几点。

在最后，我想和同学说的是，人们所追求的成功也好，成就也罢，其实都比较的空，都是生活的附属品，真正要追求的是大家都能体验到的幸福生活。结束演讲之前，我想和同学们谈谈关于幸福的概念。我想知道现在有谁能真正回答出什么是幸福？我只知道幸福的定义千千万，给出的答案也是千差万别。我给东南大学、南京政治学院学生讲课的时候回答了这个问题。幸福的本质是理性科学行为上的自我满足；是自我人生正能量成长；是自我通过对家人和社会表达出爱的价值。如此才是真正意义上的幸福。食欲、性欲、物欲的满足只能是一时产生多巴胺的快乐，幸福是在科学用心、用行动付出后持续产生内啡肽的感受。具体地说，所谓的幸福是包含精神和物质两个方面的。先举个例子，一个穷人和富人讨论什么是幸福，穷人说："我现在就很幸福。"而富人看穷人的状态是:住在一个破旧的茅草屋里,穿着破旧的衣服。富人说:“我的生活是数间豪宅,众多仆人,这才是幸福。”结果一场大火把富豪家烧得片瓦不留,仆人也跑了,一夜间,富人沦为乞丐。这时候,穷人端给他一碗水,对富人说:“你说现在什么是幸福?”富人回答道:“这碗水就是幸福。”这个例子说明幸福有时是相对的;幸福是一种心态、感觉,一种信仰,只有心能感悟到这个幸福。幸福就是要仔细品味珍惜你所拥有的一切,学会欣赏你每一次的成功,每一次的拥有,最终你就能从中得到欣慰。你们会思考,也有你们自己的见解,但我希望我的讲话能对你们今后的人生有所帮助。祝愿同学们都能充分准备,创造精彩人生!谢谢大家。

陈桂林院长:首先我代表同学们感谢刘律师给我们作了精彩的报告。很多问题值得我们思考。下面请同学和刘律师互动交流。

1. 问:请问刘先生,法律可以制裁一个坏人,但如果真冤枉了一个好人会怎么样呢?

答:这种案件确有发生,但要告诉你们的是这种案子是少之又少的。如果经常发生,法律就会不被人们信任。法律一项很重要的原则,即:以事实为依据,以法律为准绳。这里的法律事实,是用法律证据证明事实。什么是法律证据啊?我们国家规定:当事人陈述、证人证言、书证、物证和现场勘察笔录、影视资料、鉴定结论等。能用法律证据证明是你触犯刑事法律了,那就认定你犯罪。但后来又有新的证据证明原先证据有问题,法院判决是错的,怎么办?依法纠正,然后国家根据案件造成的损失情况给予国家赔偿。怎么赔?国家有规定,考虑身份、收入等多方面因素。

2. 问:您先学医后学法,您当时学医有什么感受,后来学法会不会觉得学医浪费?

答:我学的医学中的公共卫生专业,从事预防传染病和监督公共卫生工作,很有意义。我也喜欢,工作期间做了力所能及的生活饮用水和公共场所卫生监督监测工作,撰写数篇专业调查报告并被评为省级优秀论文。因工作走在全省前列,上过省市电视新闻。感到很有成就感,很开心。

后来学法是根据国家的发展形势和自己个人的性格特点,要成功就要走适合自己的路,1986 年全国开展第一次五年全民义务普法活动。正好我在工作中发现有些疑问没法解答,而法律却能讲清楚。于是报名参加法律自学考试,在 1986—1989 年用 3 年时间苦读。1990 年参加全国律师统考一次性通过,当机立断做了律师，因为律师能够伸张公平正义。要实现理想就要关注社会发展。我性格直率，善于辩论，今天看来这条路走得正确。俗话说：艺多不压身，现代社会要求复合型人才，我办的多起案件包括刚才介绍的性权利案都是我把不同的学科杂糅了的成果，不存在浪费的问题。

3. 问：社会发展同时，人的思想会随着年龄的变化而变化，目标也会变吗？

答：需要与时俱进。目标不可能一成不变。思想的变化是必然的，我当年中考时想当老师，我希望把我的知识和经验传授给需要的人，现在我当律师，还兼任几个大学老师，我也想做其他我能做的事，但不是只为虚名。目前看来，我还是把律师做好，这也是我热爱的事业。人是要根据社会环境变化而正确调整自己的思想、行为，努力让自己今生无悔。

再次谢谢大家！

为青年大学生演讲《充分准备，创造精彩人生》

二、文章选录篇

1. 论“性健康”与民法保护
——全国首例“性权利”精神赔偿胜诉案的思考(2004年)

性,这一带有古老而神秘的概念,正日渐从极具隐晦的房帏中走出来,成为公开话题。性,从传统依附中独立出来,作为一个新生又独立的主体性的概念,必然要求寻找某种保护。随着法律意识的深入人心,主体开始运用法律的手段来维护自己性方面的利益,因此,性带着权利的色彩逐渐走入了人们的法律视线。在现代化大潮中,我国也正经历着这段变革。在笔者承办的众多案件中,出现了这么一位现代化农村女性,毅然拿起法律的武器为自己遭受的性利益方面的侵害寻求保护,这在被封建主义文化意识禁锢了几千年的中国社会当下是很难能可贵的,表现了我国民主法律意识的深入人心和社会公众民主法制观念的转变。

案情比较简单,事实是这样的:2001年4月南京市某环境卫生管理所(下称“环卫所”)驾驶员倒车时,将正位于该车后面的张某撞倒压在车轮下。致张某左骨盆骨折、后尿道损伤。治疗终结后经法医鉴定,张某外伤致阴茎勃起功能严重障碍,笔者作为曾从事过医学的专职律师,依法帮助张某到南京市公安局、南京市中级人民法院、江苏省高级人民法院三次鉴定,两级人民法院的高级法医权威鉴定张某的伤情构成六级伤残。在该事故中,驾驶员徐某负全部责任,事后双方调解未果,张某遂以被告环卫所造成其人身损害为由诉至人民法院,请求判令被告赔偿医疗费、误工费、交通费、营养费、护理费、残疾用具费、残疾者生活补助费及残疾赔偿金等合计152700元。

作为律师,接到这个案子之后,笔者感触颇多,觉得这是一起很典型的案子。笔者接待张某时跟他作了深刻的交流,打消了其原本觉得打官司、把隐私暴露在大庭广众之下很丢人的世俗顾虑,而且鉴于该案的特殊性,笔者向张某建议,其妻子王某的“性权利”也因此遭受侵害,可以作为原告向致害方要求精神损害赔偿。张某、王某接受笔者建议,全权委托笔者代理,以共同原告身份诉至法院,诉称因被告驾驶员的侵害行为致张某无法进行正常的性生活,从而使王某陷入漫长的、不完整的夫妻生活的精神痛苦之中。考虑其已年届40岁且与张某已有孩子等实际情况,故请求判令被告赔偿精神损害抚慰金 1 万元。

在诉讼案件中,证据是诉讼极其重要的根据,其证明力的大小对案件的胜诉与否有着决定性的作用。为此,在笔者的指导和帮助下,张某向事故发生地的公安机关申请做伤残司法鉴定。经公安机关法医鉴定中心鉴定,对照《道路交通事故受伤人员伤残评定标准》分析认为,张某的阴茎勃起功能障碍,构成八级伤残。而性学理论上的八级伤残,只是指性功能受到一定的影响,并不是完全不能行房事。根据张某夫妻无法行房事的事实,笔者认为鉴定报告与伤情不符,更主要的是八级伤残不但赔偿标准不高,而且王某的"性权利"的诉讼请求就很难得到法律的支持。据此,笔者又按相关程序委托南京市中级人民法院法医鉴定中心对张某的伤情再次做司法鉴定,结果鉴定结论为六级伤残。环卫所不服申请到江苏省高级人民法院法医鉴定中心做第三次鉴定。笔者凭着性医学知识和从事八年医师的经验,向法医详细分析了受害人张某的病情,法医又经过现代科技检测手段,确认了伤者性功能确实属于六级伤残,符合受害人性功能完全丧失的事实。依照该鉴定,笔者代表原告方信心十足地参与法庭审理。审理中被告方又认为,赔偿张某的损失已经包含了对王某的赔偿,王某不是本案的当事人,不是实际受害者,应该不具有诉讼当事人资格,即使她坚持诉讼,也应另行起诉。笔者对此据理力争,对被告的抗辩反驳道:王某作为张某的合法妻子,按婚姻法规定,她享有与其丈夫即第一原告合法、完整的性生活权利,而如今这种权利因被告的过错被侵害剥夺了,成为张某性功能受损的直接受害者,作为一个健康而正值壮年的女人,她有正常的生理需求。然而她的需求不是暂时无法满足而是要忍受漫长而深远的痛苦。致害方的致害行为导致当事人的夫妻关系不能完全行使,作为夫妻关系当事人一方的王某理所当然地应当享有诉讼的权利,而王某又是有民事行为能力的自然人,所以王某应当享有诉讼主体资格。况且被告方承认王某有另行起诉的权利,也就是承认了王某诉讼主体资格,况且法律规定精神损害赔偿不能单独提起诉讼。因此,王某作为本案的共同原告是合法的,应予支持。

人民法院经过审理认定了我方提出的事实,支持了我方的观点,当庭作出一审判决:被告环卫所赔偿原告张某医疗费、误工费、鉴定费、残疾者生活补助费、残疾者赔偿金等共计 109207.20 元。被告环卫所赔偿原告王某"性权利"侵害精神损害抚慰金 1 万元,案件受理费 2484 元由被告承担。判决后,两原告及被告均没有提起上诉,该判决生效。至此,这起国内首例通过法律途径打赢的

“性权利”官司案尘埃落定。《中国妇女报》、《中国青年报》、《澳大利亚人报》、《知音》杂志、上海东方电视台、上海东方卫视、凤凰卫视等数十家国内外媒体进行采访、报道。此案被中国检察学会评为“2002 年度十大最有影响的民事案件”之一。

笔者作为这一成功案件的承办者。几经思索，认为有如下问题值得探讨和商榷。

首先，在该案中，夫妻双方的性生活作为双方应当享有的利益内容是不是应当获得法律保护？性生活是婚姻生活的一个重要部分，从某种意义上讲是维系婚姻关系的实质性的基础，在历史上如此，而在人们更加追求婚姻质量生活内容的现代社会，这一点尤其显得重要和突出。有权威数据调查表明，在现在离婚案中有 70% ~80% 的原因可以直接或间接地归咎于性生活不和谐，由此可见一斑。而合法、健康、全面的婚姻关系是我国法律所调整并加以保护的一种重要的法律关系，所以对于婚姻关系重要方面的内容即夫妻享有的性利益亦应加以保护。如果说对此性利益的内容法律可以不考虑的话，不仅有悖于逻辑推论，而且必将产生严重的后果。

其次，在本案中被告驾驶员徐某撞伤张某的致害行为，产生了侵犯张某人身权的法律关系。在该法律关系中，权利主体是张某，义务主体是被告环卫所，而侵犯客体为张某的身体健康利益，该层法律关系不发生争议。但是，该伤害行为还给原告张某的妻子王某带来不利后果，使得他们夫妻间的正常性生活不能行使，这给当事人及当事人的妻子造成了极大的伤害与痛苦，那么当事人的妻子是否可以作为共同原告提起诉讼呢？正如被告方所抗辩的那样。对此本人有几点看法：第一，王某的合法权益遭受了被告的不法侵害，具有诉讼的利益。夫妻性生活权利是配偶基于婚姻关系而取得的应有权利。在婚姻关系中配偶双方均有与对方进行性生活的权利与义务，乃婚姻自然属性所派生的权利义务内容，无论法律明文规定与否。本案中，被告的侵权行为损害了张某的健康权，具体为损害了其骨骼功能、尿道功能与性功能的健全。而张某性功能的受损使其不能继续履行配偶之间的性生活义务。一方义务的不能履行则造成了对方权利的落空，因此本案中王某基于配偶身份所享有的，与其丈夫进行性生活的正当利益因被告的行为遭到侵犯，与本案有直接的利害关系，具有诉讼的利益，是得以提起诉讼的前提条件。第二，被告的行为所侵害的客体为不同的法律所要保护的法律关系。对于张某，被告的违法行为侵害的是当事人健康权,即张某外部组织的破损和身体内部生理机能的不健全;而对于王某,被告人的行为并没有直接侵害到其具体某一项的权利,而是间接导致王某的合法权利不能行使,这应当被视为两种不同性质的权利。第三,王某享有独立的请求权。在近现代婚姻家庭法律关系中,夫妻各保有独立的人格,各有财产上的权利和行为能力,且互有权利义务,立法上表现为夫妻人格独立、地位平等。表现在此案中,王某具有独立的法律人格,享有独立于张某的损害赔偿请求权,其请求所获赔偿金额与张某请求所获赔偿金额为各自的财产,应当各自享有请求权。因此,王某享有的独立请求权与其丈夫张某的请求权不应混为一谈。

最后,很明显,本案中王某的权利并没有受到直接的侵犯,也就是说,王某的合法权利行使的不能与环卫局的侵害行为并不具有直接的因果关系,而是一种间接的因果关系,因为她是基于其与张某的夫妻关系方面受到侵害的。鉴于此,本案起诉应以何种理由,学术界存在不同的观点。有学者提出王某应主张的实体权利是身份权的一种,即完整的配偶权。作为配偶有行使完整的性生活的权利义务,而一方当事人以性生活为内容的义务履行不能,必然导致另一方当事人行使权利的落空,也就使得配偶权不能完整充分地行使。同样也有人主张,应当以性权利为由提起诉讼,因为由于侵害人的侵害行为,使得王某的性生活不能行使,对于性健康、性自由造成了精神损害,可以提起诉讼。

笔者的观点是,以健康权受到侵害为由提起诉讼妥当些。基于以下几点考虑:其一,如果以身份权提起诉讼,王某的权利确实是基于身份而获得的,但是该身份权的内容在法律上是没有规定的,美国的间接侵害婚姻关系判例,严格来说,不适用我国法律。如果向法院提出该诉讼请求,我方当事人就有可能会丧失胜诉的机会。其二,如果基于性权利起诉,笔者觉得不是很科学:一方面,性权利是指基于性器官而产生的广泛性的权利,其内容包括性器官的处分,性自由的行使等内容,性权利被侵害的方式因此体现为性器官受损、被强奸、被迫卖淫等身体、人格损害。而该案中,当事人的性器官并没有受到任何外部损害。另一方面,所谓的性权利在法律上并无明确规定,法院也无此类判例,仍然要承担诉讼上很大的风险。综上,笔者的观点,以健康权起诉,更容易得到法律的支持,相应承担的司法诉讼风险要小得多。

我国立法上对健康权的定义为:健康权是指自然人以其身体外部组织的完整和身体内部生理机能的健全,使机体生理机能正常运作和功能完善发挥,从而维持人体生命活动为内容的人格权,其以人体的生理机能上正常功能完善发挥为具体内容。世界卫生组织对健康的定义为:健康是指自然人的生理、心理、社会行为等各方面的状况达到完满的标准。王某的性器官等身体机能并未受到任何外部损害,从我国立法及国际健康定义出发,王某的健康确实受到伤害。首先,从生理上讲,虽然王某的生理如常并未发生器质性的损害;但是由于张某的被侵害,张某生理上性功能无法正常发挥,作为张某妻子的王某其性生理需求得不到满足,根本无法达到健康的标准。因此,生理上必然处于不健康的状态。其次,从心理上讲,王某因得不到性生理上的满足,导致王某的心理压抑以及各方面由此而产生的心理负担,心理上必然是不健康的。最后,从社会行为来讲,王某的心理不愉快,身心处于不健康状态,不排斥也会导致王某在进行其他社会行为时不能为他人所接受,因此极易导致其社会行为的不健康。在中国目前的社会法治和道德状况下,任何自然人所能发生的性满足行为——无论是内在的还是外在的,并且能够为法律和道德所能承受的,只有一种方式,那就是夫妻之间所拥有的正当的、合法的性生活。而其他任何所能满足性需求的行为,都不会被视作合法、健康的行为。

根据《最高人民法院关于确定民事侵权精神损害赔偿责任若干问题的解释》的规定,健康权受侵害的,致害人应予赔偿精神损害抚慰金。最高人民法院要求各级人民法院在审理法无明文规定的案件时,应根据法律精神及文明社会的要求,开拓性地审判案件。审理本案的人民法院在查清案情之后,接受了笔者的代理意见,作出了有利于我们当事人的裁判,维护了当事人王某的正当权利。我们为这样富有正义和人情味的判决而高兴,这对我国法治环境的成熟及推进法治人性化的进程都是大有裨益的。

(摘自《中国性学会成立10周年首届中国性科学高级论坛论文汇编》,2004年10月)

2. 从一起港商捐资胜诉案件中感受统战工作(2004年)

我是一名律师,又是民进江苏省委经济与法律工作委员会委员,平时较多参加省委会的提案调研工作,感到提案工作很重要,但和我的本职工作联系不够密切,而这次在我代理的由我国香港名商郑兆财先生捐资的涟水县郑梁梅高级中学上诉案件中,感到作为一名民进会员,统战工作和我的本职工作靠得很近,做好了本职工作就是做好了统战工作。在这件案件受理期间,我得到了江苏省委统战部和民进江苏省委有关领导的鼓励与支持,案件终于在江苏省高级人民法院秉公办理下获得二审胜诉。本案胜诉的意义远远超过了案件本身，不仅郑兆财老先生听到这一判决后，当即再捐 1000 万元支援家乡办学，更重要的是在香港特区商界更好地树立了内地司法工作的公正形象。

郑兆财先生是香港特区巴黎毛冷百货公司董事长兼总经理、江苏省海外联谊会名誉会长、淮安市政协委员、淮安市荣誉市民、郑梁梅学校名誉校长，为涟水县兴办教育，已无偿捐资 7000 余万元。他于 1997 年至 2002 年陆续兴建了郑梁梅小学（含幼儿园）、郑梁梅中学、郑梁梅高级学校（含体育馆）等现代化系列学校，学校办学理念先进，管理科学规范，办学业绩辉煌，为涟水县乃至淮安市教育事业的迅猛发展作出了巨大的贡献，被教育厅专家誉为“苏北大地一颗教育明珠”。各级政府对该校的建设和发展都悉心关爱，国务院副总理回良玉、省委书记李源潮、省长梁保华等领导同志先后到校视察，对该校的办学业绩给予了充分肯定。

此次上诉案件是因为一起劣质工程和当地中级人民法院错判而引起的。1999 年由郑兆财先生捐助的，经当地计委批复新建郑梁梅中学多功能体育馆，涟水县第一建筑工程公司（以下简称“一建公司”）在招标中中标。双方于 2000 年 12 月 16 日签订了建设工程施工合同，约定竣工日期为 2001 年 8 月 20 日。随后一建公司于 2001 年 1 月 8 日开始打桩，至 2 月 25 日打桩结束，但经江苏省权威部门检测，一建公司所打的桩身质量不符合设计要求须补桩。双方为此发生支付桩基款争议，2001 年 9 月 27 日双方经协商重新签订工程施工补救方案和工期协议，协议中明确：因桩基存在质量问题，桩基款暂不给付，须经专家鉴定后再作决定。并规定 2001 年 11 月 10 日前必须完成主体工程，否则每延期一天罚款 5000 元。而一建公司未能按此约定时间竣工，影响了学校的教学安排，后经涟水县有关部门协调，双方于 2002 年 4 月再达成工程务必于 2002 年 6 月 25 日前交付的协议，否则每延期一天罚款 5000 元。而一建公司又未能按时竣工，郑梁梅中学直到 2002 年 9 月 9 日才在没有正式验收的情况下为庆祝教师节紧急使用。学校因一建公司桩身质量问题而改变承桩、基础、梁柱、钢筋等造成直接损失达数十万元。涟水县一建公司不但不承认自己桩基违约的责任，反而以郑梁梅中学违反合同法为由向淮安市中级人民法院起诉，要求由学校赔偿他们公司违约金等损失 120 余万元。2003 年 5 月 8 日淮安市中级人民法院完全否定了郑梁梅中学提供的证据，不但驳回郑梁梅中学要求一建公司给付因工程质量不合格造成的经济损失、逾期交工违约金及承担反诉费用的正当请求，反而全面支持涟水县一建公司的各项要求，判令郑梁梅中学赔偿涟水县一建公司工程款及逾期付款违约金、诉讼费共计 127 万多元。

一审判决结果出来后，郑老先生闻之异常气愤，他说："我自己愿意无偿捐款 7000 万元支援家乡办学，为了高质量的工程，再多的费用我也愿意支付，无怨无悔。但支付不合格的工程和不合理的返工费用一分钱都不行。"他坚信内地的司法公正，坚决要求郑梁梅中学在江苏省内找好的律师，提出上诉。此后郑梁梅中学经多方查询了解，选定了我担任郑梁梅中学上诉案二审特别授权代理人，全权处理此案。我在 2003 年 5 月 22 日接受委托后连夜阅卷，认真推敲，于第二天写出了有理有据的民事上诉状送达江苏省高级人民法院。在省高级人民法院受理期间，我又数次深入涟水县和淮安市找相关单位和个人走访取证，掌握了大量的第一手确凿证据。回南京后，又走访了多家建筑工程监理单位，最后从母校南京大学设立的南京南大工程检测有限公司、南京南大岩土工程技术有限公司处找到本案关键证据资料，连夜研读，寻找案件代理思路突破口。

在省高级人民法院受理过程中，年过八旬的郑老先生在江苏省政协香港委员郭次仪教授的陪同下，于 2003 年 7 月 20 日专程来宁听取我对案情的分析汇报。我通过大量的调查研究，把我对案情缜密的分析与推理告诉了郑老先生和郭教授，他们听后连连点头。7 月 21 日，省委统战部有关领导去南京金陵饭店看望郑老一行，他们从郭教授那里了解到此事后非常重视。当即约我到饭店了解整个案情，他们在得知我是民进会员后很高兴，希望我能依靠公正的法律程序来维护爱国人士合法权益。郑老先生也表示："若刘律师能够维护我的合法权益，我将在有生之年继续完成我捐资 1 亿元支援家乡教育事业的愿望，若在高级人民法院不能得到公正的判决，我将这一情况告之各方，并支持学校到北京申诉。"他们的一番话语，使我感到承办此案的责任和重大意义。我在经过认真的调查和充分的准备之后，已经感到对此案取胜充满信心，我更相信公正的江苏省高级人民法院会纠正一审的错误，主持公道。2003 年 7 月 22 日，江苏省高级人民法院对此案进行了公开的审理，双方律师在法庭上进行了长时间的激烈辩论，使许多模糊的概念和论据越来越清晰，事实也越来越清楚。郑老先生和郭教授严肃认真地冒着酷暑旁听了案件审理的全过程，对我在法庭上的表现非常满意。由于我对此案做了大量的准备工作，掌握了许多重要证据，在整个案件中找到了突破口，更主要的是在江苏省高级人民法院公正无私的审理下，这一上诉案件得到了完全的胜诉。2003 年 9 月 23 日，江苏省高级人民法院以

(2003)苏民终字第096号民事判决书终审判决:撤销淮安市中级人民法院的一审判决,改判涟水县建筑公司支付郑梁梅中学违约金36.5万元。此判决书一出,郑老先生激动地说:“公道终于又回来了!”当即按原计划又捐了1000万元给郑梁梅中学(郑先生后来根据学校建设继续捐资助学,总计金额高达1.7亿余元)。

作为一名民进会员,通过这一案件,我深深感到统战工作的意义重大,我们在建设社会主义现代化国家的同时,非常需要团结更多的朋友,为我们的祖国贡献力量。只有这样,我们的社会主义现代化建设事业才会欣欣向荣,蓬勃发展。

(摘自江苏省统战部主办的《挚友》杂志2004年第3期)

3. 商品房开发商的欺诈认定及法律适用
——对一起特殊的商品房合同纠纷仲裁案的法律分析(2005年)

案情回放:

外地市民施某和苏南某市商品房开发商(以下简称“开发商”)于2003年12月20日签订了《商品房买卖合同》,合同约定施某以59.7万元的价格购买开发商公开出售的一幢面积约200平方米的现房住宅,同时约定交付房屋90日内办理房产证,施某按约履行了付款手续,开发商一直没有办理该房屋的产权证。施某在合同约定取得房产证期满后半年即2004年9月20日向仲裁委申请仲裁:请求开发商立即办证并承担违约责任,开发商书面答辩称:因为施某破坏绿化所以不予办证。但开发商在2004年10月16日的仲裁庭审中,陈述所涉房屋因被法院查封无法办证。仲裁庭当即休庭,施某委托代理人查清合同所涉房产本系另一家开发公司的房产,且于2001年3月14日已被当地法院查封并持续至调查时。施某因此认为开发商存在欺诈行为,于2004年10月29日向仲裁委提起变更仲裁请求申请书,但仲裁委于2004年11月15日作出不予受理,另案提起申请的决定书。

施某按照仲裁委的要求,委托我代理另案申请仲裁:请求确认双方合同无效,要求开发商返还购房款、赔偿房产升值差价及装潢等实际支出,并增加赔偿购房款的70%。

开发商辩称:争议房产已于2001年7月由查封法院通过调解书调解给开发商,只是没有办理房产过户手续,而且自己也是在办证过程中才知晓房产被查封的事实。且提供了2001年当地土地管理局签发的划拨土地使用证、法院的调解书和第一次仲裁庭审后即2004年11月3日办到的房屋产权证书。

法律评析：

第一，本案法律关系的认定应属商品房买卖关系。

施某和开发商于2003年12月20日签订《商品房买卖合同》后，施某按约履行了付款手续，开发商交付房屋。依据《最高人民法院关于审理商品房买卖合同纠纷案件适用法律若干问题的解释》（2003年）及相关规定，“商品房的认购、订购、预订等协议具备《商品房销售管理办法》第十六条规定的商品房买卖合同的主要内容，并且出卖人已经按照约定收受购房款的，该协议应当认定为商品房买卖合同。”也就是说，只要商品房买卖过程中，双方的意思表示及合同内容符合商品房买卖的特征，就应当确定商品房买卖关系成立。据此，应当确认施某和开发商之间的法律关系是商品房买卖合同关系。

第二，本案合同效力的认定，应当依法确认无效。

在本案的商品房买卖关系中，当事双方主体合法、合同约定权利义务明确且已经实际履行房屋交付行为，但是庭审通过调查存在以下几点事实：

一是开发商卖出时房产原是另一家开发公司的，虽在2001年7月通过法院调解给本案开发商，但一直没有办理过户手续；二是合同所涉房产自买卖合同签订后至争议发生提交仲裁委时，一直被法院查封；三是开发商持有的土地使用证是划拨的国有土地使用证。

根据我国的城市房地产管理法（1994年）第37条规定“司法机关和行政机关依法裁定、决定查封或者以其他形式限制房地产权利的”和“未依法登记领取权属证书的”房产不得转让。我国土地管理法（2004年）第54条和城市房地产管理法（1994年）第23条中有关划拨土地适用范围规定都不包括房地产开发。“豪华住宅用地”“有条件的，必须采取拍卖、招标方式；没有条件，不能采取拍卖、招标方式的，可以采取双方协议的方式”。本案中房产面积达200多平方米且称为“别墅”，显然不在国土资源部发布的《划拨用地目录》之中。

由此可见，本案开发商的出卖房产行为同时违反了我国相关法律的三条强制性规定，依据合同法第52条规定，双方的商品房买卖合同应当依法确认无效。

开发商对此提出了几条辩驳理由，笔者分析如下：

一是房产已经法院调解给开发商就可以认为房产归开发商所有。笔者认为，这是不符合我国法律规定的，建设部《城市房屋权属登记管理办法》（2001年修正，现已失效）第5条规定：“房屋权属证书是权利人依法拥有房屋所有权并对房屋行使占有、使用、收益和处分权利的唯一合法凭证。”所以，本案房产是否属于开发商所有，只能够依据房产证来判断。法院的调解书和协助执行通知书不能代替房产证的效力，上述文件至多只能认为该房产存在归其所有的可能性。

二是查封是在调解前就裁定了，因此仅是针对原开发公司。笔者认为，这是对有关查封的法律含义的误解。查封是法院对案件涉及的财物进行保全的一种方式，任何人都必须遵守。任何人随意处分法院查封的财产都是对法律尊严的藐视，都应当受到法律的追究。本案所涉房产从 2001 年 3 月至施某申请仲裁时即 2004 年 9 月一直处于法院的查封状态。应该明确法院的查封行为对象是该座房产，之所以裁决书中明确原开发公司的房产，是因为房产在没有过户之前仍为其所有，而不是查封原房产公司。

三是土地使用权可以通过事后补交土地出让金而使合同效力补正。划拨土地使用权是指土地使用者通过各种方式依法无偿取得土地使用权。我国城市房地产管理法等法规都明确规定：未经市、县人民政府土地管理部门批准并办理土地使用权出让手续，交付土地使用权出让金的土地使用者，不得转让、出租、抵押土地使用权。

根据城市房地产管理法第 40 条规定，以划拨方式取得土地使用权进行商品房开发，必须符合以下三个条件：

一是应按国家有关规定报有批准权的人民政府审批，县级以上人民政府按出让土地的批准权限处理。未经批准擅自进行房地产开发的，按无效法律行为处理。二是应由土地使用权受让人办理土地使用权出让手续，与县级以上土地管理部门签订土地使用权出让合同，同时按国家有关规定缴纳或补交土地出让金，或者经批准按规定转让获利中的土地收益上缴国家，或者经批准将获利中的土地收益作其他处理，将划拨土地改为出让土地，取得《国有土地使用证》。三是补办土地使用权出让手续，须具备：(1)土地使用者为公司、企业、其他经济组织和个人；(2)领有国有土地使用证；(3)具有地上建筑物，其他附着物合法的产权证明；(4)依照签订的土地使用权出让合同，向当地市、县人民政府补交土地使用权出让金，或者以转让、出租、抵押所获收益抵交土地使用权出让金。

综上可见，本案开发商首先是违法将国有土地进行房地产开发，又没有办理相关手续而将开发的房产卖出。前后行为均明确违反法律、法规的禁止性规定,没有法律规定可以通过补办相关手续使其补正合法。显然,不可能通过补交土地出让金以使无效的合同补正。

第三,开发商的出卖行为明显构成经营者款诈行为。

针对本案,开发商的故意欺诈行为是非常明显的,分析如下:

1. 开发商公开出卖房产时明知房屋被查封的事实。从法院的查封裁定书、调解书和协助执行通知书等相关法律文书内容可以看出,2001 年 7 月的法院民事调解书表明,法院将包括施某购买的房产在内的十幢房屋一并调解给开发商的协助执行通知书中,法院也是要求房产局协助开发商将上述房产同时过户的;庭审调查资料表明,调解书要求一并过户的房产里面没有查封的房产,已经都被开发商于 2001 年 12 月过户到自己的名下,而被查封的几幢房产都没有过户。这充分表明开发商早已依据调解书和执行通知书进行过户,在办理过户手续的过程中也已经知道房产无法过户是因为被法院查封。

2. 开发商有义务向施某告知房产相关的重大事实,开发商作为商品房合同中出卖方的义务并不局限于给付房产,还包括交付房产证、土地证,告知房屋相关的纠纷情况及其他一切可能影响使用的瑕疵。本案中,合同所涉房产被法院查封即使不违法,也是直接影响购房者行使所有者权利的,开发商有告知义务。

3. 开发商自始至争议发生时一直隐瞒房屋非其所有并被查封的事实。在双方签订的《商品房买卖合同》中,开发商还对施某保证:“销售的商品房没有产权纠纷和债权债务纠纷。由于出卖人原因,造成该商品房不能办理产权登记或发生债权债务纠纷的,由出卖人承担全部责任。”直至第一次仲裁的答辩状中,开发商仍称是因为施某破坏绿化所以才没有办证。

由此可见,开发商作为房产开发商没有向施某尽到告知义务,故意隐瞒重大事实,存在明显欺诈行为。

第四,本案应适用惩罚性赔偿。

惩罚性赔偿的要求源自施某认为自己在这次房产买卖中是处于消费者的地位。依据消费者权益保护法提出双倍赔偿的请求无可厚非,笔者认为依据是相当充分的。

1. 施某和开发商符合消费者权益保护法上的“消费者”和“经营者”的特征

(1)本案开发的经营范围包括房地产的开发和经营,是合法的房地产经营者。虽然房产的先期开发是由原开发公司实施的,但法律并没有规定房产一定要从头到尾是自己开发才能以商品房买卖。(2)施某是在开发商公开设立的售楼处购买,买房后,施某为住所进行了大量的装修,符合一般消费者的要求。(3)在房屋买卖过程中,开发商公司一直都是以开发商的名义进行销售的,且一直也没有告知房屋相关真实情况。

退一步讲,开发商与施某进行的商品房买卖行为,不能因为开发商的资质,或是房产获得方式,或是房产本身是否是商品房,等等,就变成了其他性质的行为。

2. 我国消费者权益保护法及江苏省地方性法规支持双倍赔偿

江苏省人大制定的《江苏省实施〈中华人民共和国消费者权益保护法〉办法》第12条规定:“房地产经营者应当严格执行国家有关房地产开发管理的法律、法规和规章,不得有下列行为:……(六)法律、法规规定的其他禁止性行为。”

这条规定明确地表明房地产经营者的经营行为是受消费者权益保护法调整的。前文中,笔者已充分论述本案中开发商的行为是违反多项法律法规的禁止性行为,因此也是违反消费者权益保护法规定的行为,行为的后果也就应当依据消费者权益保护法的规定处理。

依据《江苏省实施〈中华人民共和国消费者权益保护法〉办法》第24条规定,经营者提供商品或者服务有下列欺诈行为之一的,应当按照消费者的要求增加赔偿其所受到的损失,增加赔偿的金额为消费者购买商品的价款或者接受服务的费用的一倍:即法律、法规认定的其他欺诈行为。通过笔者的论述已经明确,本案中开发商的行为依据《江苏省实施〈中华人民共和国消费者权益保护法〉办法》第12条等规定,应当认定构成对施某严重欺诈。

根据消费者权益保护法第49条规定,被申请人存在欺诈行为依法应当按照消费者(即本案的施某)的要求增加赔偿其所受到的损失,增加赔偿的金额为购买房产的价款的一倍。

3.《最高人民法院关于审理商品房买卖合同纠纷案件适用法律若干问题的解释》(2003年)的有关惩罚性规定也支持施某的合理合法赔偿请求

最高人民法院此解释中规定五种情形(即解释的第8条和第9条)导致商品房买卖合同被确认无效或者被撤销、解除时,适用惩罚性赔偿,买受人除可请求出卖人返还已付购房款及利息、赔偿损失外,还可以请求出卖人承担不超过已付购房款一倍的赔偿责任。

对于本案来说,最高人民法院这个解释里虽然没有直接规定开发商卖出被查封房产适用此条款,但本案开发商的行为完全符合本解释适用条件。理由为:首先,本案是属于商品房销售的欺诈,与最高人民法院司法解释两条款规定类型相同;其次,符合最高人民法院司法解释的目的和要求,即因为开发商的过错(即非法交易应该被确认无效)导致施某不能依据合同取得房产。根据民法类推原理,应当援引最高人民法院的此解释要求开发商承担不超过已付购房款一倍的赔偿责任。而且本案中,开发商是卖出被法院查封的没有划归自己名下的土地是划拨来的房产,其欺诈行为的违法性质远比最高人民法院司法解释的第 8 条和第 9 条规定要严重得多,所以援引根本违约情况下惩罚性赔偿的规定,显然符合法律精神和体现司法公正。

第五,施某要求的房产升值差价应依法依理给予支持。

合同所涉房产一年来价格在不断上涨,如果因合同被确认无效,仅要求开发商返还当初签订合同时的价款显然是不公正的。让违法者因为违法事由获利既不符合基本社会规范,也不符合法律的最基本的正义和公平的理念。继承法中规定,杀害亲属者得不到继承权就是最好的例证。其实我国合同法的总则部分对于故意违反合同约定履行时遇到价格变化如何处理已经早有规定,即第 63 条规定:“执行政府定价或者政府指导价的,在合同约定的交付期限内政府价格调整时,按照交付时的价格计价。逾期交付标的物的,遇价格上涨时,按照原价格执行;价格下降时,按照新价格执行。逾期提取标的物或者逾期付款的,遇价格上涨时,按照新价格执行;价格下降时,按照原价格执行。”

因此,对于本案来说,是因为开发商的单方过错才导致合同被确认无效,所以合同无效后,由于市场房价上涨给施某带来重置同类房屋的损失,故让开发商来承担是合理合法的。

深入思考:

第一,法律为谁而制。

法律既是国家统治的工具,也是社会交往的规范。我国的法律是人民意志的集中体现,应该更多地表现为后一性质。法律是为了追求全社会的公平和正义而制。在现实的社会生活中,因为物质和权力的拥有的量的不同,注定了有人是处于弱势地位,有人是处于强势地位。为了尽量缩小现实的不公与法律追求的公平的差距,就有必要给强势的群体课以较多的义务,使其不要因为自己拥有的强势资源而轻易去践踏弱势群体的利益。消费者相对于职业经营者而言,这种弱势是十分明显的,如果不要求经营者违法时承担更重的义务,那么消费者的权益是不能够得到充分保护的。对消费者进行倾向性立法保护是现代社会的进步之表现。明白这一实质性的法律原理对法律的理解和适用是十分必要的。

第二,类推原理的意义。

早在唐代的《唐律疏议》中就有“诸断罪而无正条,其应出罪者,则举重以明轻;其应入罪者,则举轻以明重”。简单的理解就是:一个违法性质比较重的行为不处罚,那么性质更轻的行为就自不必过问;一个违法性质比较轻的行为就要处罚,相对违法更重的就更要处罚。

这是我国历史上类推原理运用得最优秀的总结。当然在当时主要用于刑事法律的适用上,自从我国在刑法领域推行疑罪从无、禁止类推之后就销声匿迹了。但是民法上并不能如此,相反因为时代的不断发展,各种新鲜事物层出不穷,再完备的民法典也无法囊括所有的现实情形。我国的法官的职能因袭自大陆法系,因此是不能像英美法系一样造法,那么因为法律完善的滞后性就必然要求法官在民法领域要依据民法的一些基本规则,大多采用类推或解释等方法,填补法律漏洞。我国著名民法学者江平教授和王利明教授对此都有专门的肯定性论断。

但是,类推原理的适用要把握好两个基本的方面:一是相同类型的法律行为;二是符合将要适用法律的精神和原则。至于如何适用,这就要法官依据案情的实际情况,与法官正常情况下法律适用的裁量没有多少区别。

第三,法律适用的误区。

法律是具有统一性和系统性的,一国现行法律规范应该是一个和谐统一的有机联系的整体,每一个部门法即是一套法律的集合,因此,要想使法律得到正确的适用就不能割裂法律之间的联系。我们多数人都在强调法律优先适用原则,而法律适用的整体性反而被忽视,这就造成法律适用的一个误区。结合上述案例来说,只有结合运用民法通则、合同法、消费者权益保护法、土地管理法、房地产管理法、最高人民法院司法解释、江苏省地方法规、法学论著甚至法学原理,才能完美地解决现实的法律问题。

——摘自《中国律师》2005 年第 3 期

(文章中涉及的相关法律法规随着时间变迁已有新的变化,就本案来说,根据2020 年新修正的《最高人民法院关于审理商品房买卖合同纠纷案件适用法律若干问题的解释》第 1 条、第 5 条,本案涉及的法律关系仍应认定为商品房买卖关系。

根据2019年修正的《中华人民共和国城市房地产管理法》第24条、第38条以及《中华人民共和国土地管理法》第54条，可以认定本案中的房地产开发商所买卖的案涉房屋违反了强制性法律法规，从而属于2020年颁布的《中华人民共和国民法典》中第153条、第155条的情形，即本案的商品房买卖合同属于无效合同。）

4. 在规则与现实之间
——一个法律人的执业感悟（2006年）

一、以案观法理、人情、现状

（一）与法理精神一致

"足球伤人"案：原告和被告系同学，某日与其他数名同学在学校操场上踢足球。原告作为守门员，被告射门时足球经过原告的手挡之后，打在原告左眼，造成伤害。医院诊断为，左外伤性视网膜脱离，经行左网膜复位术，网膜复位，黄斑区前膜增殖。事后鉴定为十级伤残。原告以其和所在学校为共同被告起诉，请求人身损害赔偿。

法院认为，足球运动员具有群体性、对抗性及人身危险性，出现人身伤害事件属于正常现象，应在意料之中。参与者无一例外地处于潜在的危险之中。既是危险的潜在制造者，又是危险的潜在承担者。足球运动中出现的正当危险后果是被允许的，参与者有可能成为危险后果的实际承担者，而正当危险的制造者不应为此付出代价。被告的行为没有违反运动规则，不存在过失，因此不属于侵权行为。此外，学校对原告的伤害发生没有过错。故驳回原告的诉讼请求。

笔者认为，本案判决正确。首先，学校对于损害的发生没有过错，显而易见，不应承担责任。其次，原被告之间，他们对于损害的发生都没有过错。

问题是应否适用民法通则第132条规定的公平责任原则，由双方当事人分担损失，即被告对原告的损失给予一定的赔偿？法官已经明确，体育运动本身就具有群体性、对抗性和人身危险性，造成某些伤害本来就在参加运动的人预料之中的。只要不是运动员故意或者违反运动规则的行为，都不应当适用公平责任原则分担损害。这个案件不适用公平责任原则的判决看似不公平，但其实质是最为公平的。

（二）与法理精神不一致

"爷爷探望权"案：被告艾某夫妇的儿子与原告恋爱结婚，婚后生下一名男孩。1999年9月，孩子的父母协议离婚，孩子由母亲抚养，并改随母姓。艾某夫妇天天惦记孙子，于是经常到孩子妈妈的住处看望孩子，每次都带去许多零食、衣服和玩具。

2001 年，孩子的妈妈再婚后，找到艾某夫妇，请求他们今后未经她同意不要擅自探望。艾某夫妇想不通，不让看偏要看，于是原告一纸诉状把艾某告上了法庭，请求法院禁止爷爷奶奶对孙子的探望。

法院认为，被告作为祖父母，如果原告没有异议，在适当的场合，有节制地探望自己的孙子是人之常情，但两人在孩子的直接监护人已经对他们的行为有异议的情况下坚持探望，侵犯了原告的监护权，违反了婚姻法只有离婚后不直接抚养子女的父或母才有探望子女权利的规定，因而判决被告今后未经孩子母亲的许可，不得擅自探望孙子。

笔者认为，婚姻法只规定了父或母的探望权，那么是不是其他近亲属就不具有探望权了呢？在债权法、人格权法、身份权法中，法律规定的权利是权利，法律没有规定的权利，只要符合民法的基本原则，合乎情理，符合人性，符合民事习惯的，都是人的权利，都可以寻求法律的保护。就像这个案件，说法律没有规定祖父母、外祖父母对孙子女、外孙子女的探望权，就认为祖父母、外祖父母没有对孙子女、外孙子女的探望权，不符合人性和情理，违背民事习惯。法官只看到了现有的法律条文，而没有看到法律的精神。只看到了法律的表象，没有看到法律的实质。

（三）与道德伦理冲突

1.“财产遗赠情人”案：蒋某与丈夫黄某于 1963 年结婚，婚后感情不和分居。1996 年，黄某认识了张某，并与张某同居。2001 年 4 月 22 日，黄某患肝癌去世。在办丧事时，张某当众拿出黄某生前的遗嘱，称她与黄某是朋友，黄某对其财产作出了明确的处理，其中一部分由蒋某继承，另一部分总值约 6 万元的遗产遗赠给她，此遗嘱经公证机关于 4 月 20 日公证。遗嘱生效后，蒋某控制了全部遗产。张某认为，蒋某的行为侵害了她的合法权益，按继承法等有关法律规定，她有权获得黄某遗赠的财产。张某请求法庭判令蒋某给付她的财产 6 万元。

法院认为，遗赠人黄某临终前于 2001 年 4 月 18 日立下书面遗嘱，将其部分财产赠与原告，并经公证机关公证。该遗嘱虽是遗赠人黄某的真实意思表示，且形式上合法，但在实质赠与财产的内容上存在违法之处：黄某在认识原告之后，长期与其非法同居，其行为违反了婚姻法的有关规定，而黄某在此条件下立遗赠遗嘱，是一种违反公共秩序、违反法律的行为。蒋某一直忠于夫妻感情，黄某的行为侵犯了蒋某的合法权益。故该院依法作出驳回原告获得遗赠财产6万元诉讼请求的决定。

笔者认为,本案黄某立遗赠遗嘱将自己的一部分遗产遗赠给与自己同居的人,这完全是对自己所有财产的处理,完全是依照法律进行的民事行为,丝毫不具有对公共秩序的破坏,也丝毫不违反法律——这就是黄某遗赠行为的性质。

至于在这个行为的起因上,是不是有违道德的问题,这确实是真实的。但是,在法律调整的范围之内,法律具有绝对的权威,不能因为一个行为不符合道德规范而无效。法院维护的应当是法律,而不是道德。法院的判决维护的是道德,但却损害了国家法治的尊严。

2."公公娶儿媳"案:丁老汉的二儿子丁某1994年经人介绍,与女青年占某结婚。次年生下一男孩。后因感情破裂,小两口于2000年离婚,经人民法院判决,读小学二年级的男孩随母生活。丁老汉的老伴2004年5月病逝,儿媳占某也是孤身一人,2004年上半年,两人在该市民政部门登记领取了结婚证。丁老汉三个儿女认为丁老汉做出了有悖伦理的事情,便决定分割家庭财产(主要为房产),将老汉排除在外。丁老汉将子女告上法庭,要求法院判给他应有的房产。其儿女们私下表示,不知该如何面对父亲的"新婚妻子",二儿子丁某情感上更是无法接受,读小学的孩子也无法适应亲人称谓的转变。

婚姻登记处的高同志说,只要当事人手续齐全,他们没有理由不发证。当时两人户口簿、身份证等手续齐全,虽然年龄悬殊,但老汉有丧偶手续,少妇有离婚证明,符合结婚条件,应当发证。而且,作为该市最大的婚姻登记点,来办证的人很多,当时也不了解他们的婚姻还有如此复杂的"背景";退一步说,即便了解他们的"复杂"关系,根据婚姻法更加人性化的规定,只要双方自愿,条件符合,就可以领取结婚证。

笔者认为,丁老汉、占某的婚姻关系既不合法,更不合理。婚姻是否合法不能仅限于从婚姻法条文上去判断,还要看到国家规定婚姻法的根本目的是维持家庭中的伦理道德,维系和谐的家庭关系。民法的一些基本原理同样适用于婚姻法:比如"公序良俗""公共利益"。我国民法通则第6条、第7条规定:民事活动必须遵守法律,法律没有规定的,应当遵守国家政策;民事活动应当尊重社会公德,不得损害社会公共利益,扰乱社会经济秩序。"公序良俗"和"公共利益",既是民法通则中的具体法律条文,又是法律原理,在判断一个行为合法与否时,必须把二者一并考虑。

（四）错审乱判殃民案

1.“佘祥林”案：1994 年 1 月 20 日，佘祥林妻张在玉因精神错乱走失，其娘家亲属怀疑可能是被其丈夫杀害，向公安机关报案。3 个月后，在一水塘里发现一具高度腐败、面目无法识别的女尸，张在玉之兄张在生只说“很像他的妹妹”，公安机关便将佘祥林逮捕。经“突击审讯”，佘祥林承认了“杀妻”罪行。1994 年 10 月 13 日，荆州地区中级人民法院一审判处佘祥林死刑，佘祥林上诉至湖北省高级人民法院。省高级人民法院以事实不清、证据不足为由将此案发回重审。经市、县两级政法委多次协调，决定将此案改变管辖，由京山县人民法院于 1998 年 6 月 5 日以故意杀人罪判处佘祥林 15 年，剥夺政治权利 5 年。佘祥林仍不服提出上诉，荆门市中级人民法院于 1998 年 9 月 22 日作出终审裁定，驳回上诉维持原判。佘祥林遂被投入沙洋监狱劳改。

2005 年 3 月 27 日，失踪 11 年的张在玉阴差阳错回到家中。“死妻复活”证实佘祥林“杀妻”确属冤案，随即被媒体曝光，原办案机关陷入极大被动。2005 年 4 月 13 日，湖北省京山县人民法院重审此案，宣告佘祥林无罪。

笔者认为，从媒体报道该案办案过程来看，之所以铸成这起冤案，主要有四个原因：其一，有罪推定的思维方式；其二，“怕漏不怕错”的指导思想；其三，刑讯逼供与指供诱供；其四，由政法委协调定案。

2.“武汉中级人民法院腐败”案：在武汉市第十一届人大第二次会议上，检察机关报告，自 2003 年以来通过法律程序相继对武汉市中级人民法院原副院长柯昌信、胡昌尤等 13 名涉嫌受贿犯罪的法官立案侦查和刑事拘留。其中，涉嫌犯罪的有副院长 2 名、副庭长 3 名、处级审判员 5 名。现已初步查明，这 13 名法官收受诉讼当事人或代理人各项贿赂总金额约 390 多万元。

笔者认为，其一，窝案、串案犯罪特征突出，共同犯罪或相互牵连犯罪的多。无论案件由谁主审，只要参与案件审理、评议、把关，从审判员、庭长到分管副院长，都有利益均沾。其二，办案中的内外勾结特征明显。许多法官受贿与滥用职权都与当事人、代理律师及公证、拍卖、估价、鉴定等中介组织内外串通勾结。

二、规则与现实的概念及关系

（一）规则

《现代汉语词典》中将规则解释为“规定出来供大家遵守的制度或章程”。法律意义上将规则定义为“规则是国家机关、人民团体、企事业单位为了进行管理或开展某项公务活动而制定的、要求有关人员共同遵守的规范性公文”。规则适用于对一定范围内的某一具体管理工作进行程序规范和行为规范。与伦理、道德或是情感相比,规则更具有规范性,法律是效力最高的成文规则。

(二)现实

《现代汉语词典》中将现实解释为“客观存在的事物”。法律意义上的现实即为社会中存在的各种现象,包括符合规则的、违反规则的和游离于规则之间的客观现象。

前文截取的6个案件,都是大家非常熟悉的真实案例,之所以成为关注的焦点,就是因为其突出地体现了社会中出现的各种现实问题。

(三)规则与现实的冲突

现实是活生生的,法律规则总是不可避免地与现实中的人和社会的道德、感情、人情、观念等其他规范产生冲突。

(四)规则与现实的关系

规则源于现实生活,是对现实生活的提炼和总结,并通过对现实中人们的行为的规范来反作用于现实。现实又是不断地发生变化的,我国的规则不可避免地具有滞后性。总之,规则与现实相辅相成,互为变化完善的因果。

三、规则与现实的和谐之路

(一)法治,法律人之治

从传统的角度讲,法治是一种理性的办事原则;法治是一种民主的法制模式;法治是一种正义的法律精神;法治是一种理想的社会秩序;法治是一种制度化的治国方略。

从法治运行过程来看,法治依存的办事原则、法制模式、法律精神、社会秩序或治国方略都是依照具体的人去执行、监督和纠正。因此,法治需要法律人去治。只有达到了法律人之治才可能成就法治。

(二)走向法治的关键

问题的关键在于,从事法律工作的执业者并没有真正成为法律人,没有建立起对法律的坚定信仰和对公正的唯一追求。判断案件本着法律关系的眼光,不是在于法律的精神和公正的信念,而是在于现实的眼前利益,受制于当事人或是其他对案件有重要影响作用的人的行为。而解决问题的关键在于,只有通过法律人对法律的正确适用和执行才能达到真正的法治。

笔者认为,在宏观层面,要在诸如加强立法,大力普法,引导人民用法律手段来解决问题,执法者依法办事等方面多加关注,建立法治大环境;更要对微观层面，诸如法律人思维、素质与信仰的培养和塑造，加大投入，给予更多关注。

（三）对法律人的理解

对法律人的理解可以分为广义和狭义两种。广义解释为以研究、学习、创设、执行、适用法律规则为主要工作内容的社会成员，要求有独立的人格和极强的法律意识，现实中具体为法学教育者、法科学生、立法者、政府公务员、法官、检察官、律师等。狭义解释为以法律实施为职业，以实现法律正义为职业宗旨的人群。

美国法学家庞德认为，所谓“法律人”是指“一群人从事一种由学问修养的艺术，共同发挥替公众服务的精神，虽然附带地以它谋生，但仍不失其替公众服务的宗旨”。梁治平则认为，所谓“法律的职业共同体”，须有共同的传统理念，共同的思想方法，共同的语汇，甚至共同的看待世界的眼光。

笔者认为，所谓“法律人”实际上不应是指一种实体性的建构和物化的具体的人，而是一种精神或者理念上的共同体，即共同对法律的信仰和对公正的追求。法律人的本质特征是始终把握住法律最终追求“公平、正义、责任和良知”的价值。

四、法律人的作为——个人办案体会

笔者认为，法律人在现有的环境下应当有所作为，我们应该通过改变可以改变的方式和环境，让规则在现实中尽可能地得到表达，并以此推动法治前行。

1. 正义是法律人敢为的支撑

面对违反规则的现实，规则能否起效？例如，2000 年，山东某公安局，三名警察刑讯逼供，致黄某某死亡，但死者家属在当地找不到敢于接受委托的律师（我受委托后十上案发地区，运用医学、法律、心理学等多学科专业知识和多年的办案经验与胆识，成功将三名刑讯逼供的警察送进刑事法庭，被害人家属获得巨额国家赔偿款）。

2. 公平是法律人追求的目标

“状告物业公司”案：2001 年底，南京市张女士在自家阳台搭建了一间 8 平方米大的厨房，张女士居住小区的物业管理公司，隶属当地某知名大公司。该物业管理公司先后两次派数人采取翻墙入室的方式，将张女士厨房及房内物品全部毁坏。张女士及时报警，然而该公司态度蛮横，不愿意民警调解，扬言就是业主告它，也不能把它怎么样（我代理张女士认真收集证据，科学鉴定损失，使得一审、二审人民法院支持我方委托人的诉讼请求，公平得以实现）。

3. 效率是法律人必需的技能

“李菊香辣馆”案：位于南京常府街的“李菊香辣馆”，当初是李菊与朋友共同投资28万元所开的饭店，但开张之后，李菊发现饭店装潢有缺陷，又拿出10万元重新装潢。因此，李菊表示余下的1.3万元装潢费用究竟该付多少，要重新考虑。但是，收不到钱的装潢工人以饭店欠他们装潢费为由，先后砸店4次。南京某电视台个别栏目对此事件进行报道时未充分了解情况，片面听取工人的一面之词，作了不符合事实真相的报道，误导广大消费者。笔者认为，规则是手段，解决现实问题是目的（我代理李女士委托后，通过接受电视台的采访报道，澄清事实，挽回不良影响）。

4. 创新是法律人与时俱进的表现

全国首例“性权利”精神赔偿胜诉案：2001年4月27日，南京某单位的机动车在倒车时将张某撞倒，使其左骨盆骨折，尿道断裂，治疗后无法进行正常的夫妻生活。张某在数次寻医问药无果后，想到了用法律维护自己的合法权益。笔者了解案情后，认为张某的妻子王某是此次事件的明确受害人，于是说服其勇敢地拿起法律武器，为自己讨回公道。我们要把握法律精神，对规则创新理解。

5. 效益是法律人不需要回避的话题

经验是不断将规则与现实相结合的实践积累。例如“证券回购”案：安徽某证券公司与广东某商业银行分别于1995年4月25日、6月14日和7月10日签订三份证券回购合同，约定证券公司以1100万元的价格购买商业银行的债券，商业银行应于1995年10月13日、1995年10月25日和1996年1月19日按约定的价格回购。证券公司依约支付价款，但商业银行既没有依约交付债券，也没有依约履行回购义务，仅归还了210万元钱款。到2002年末，讨债近7年的证券公司找到我，请求帮忙追回购券款（我经过认真细致的调查，完善了追诉时效中断的证据链，使得中级人民法院、高级人民法院一致支持我方胜诉，追回本金900万元、利息700万元的巨额款项。事后委托人赞叹道：“刘律师的法律服务也是生产力啊！”）。

6. 智慧是法律人运筹的资本

“港商建筑工程上诉”案：2003年，著名港商郑兆财先生，捐资7000余万元支持家乡涟水县兴办郑梁梅高级中学。当地建筑商在施工中违反合同约定且拖延工期，却向当地中级人民法院提出增加工程款和支付违约金的不合理诉讼请求，当地中级人民法院竟判决支持了当地建筑商的全部请求。此时，应充分利用现实的客观情况，加重规则的砝码（我代理郑先生上诉后，相信上级人民法院的办案品质，认真研究案件，提供科学鉴定依据，使得高级人民法院依法纠正下级人民法院的错误判决）。

因此，从自我做起、从小事做起，畏法、敬法、用法、普法，这就是一个法律人追求公平、正义、责任和良知的作为。愿通过我们的共同努力，推动我国法治进程更快发展。

（摘自 2006 年南京大学法硕论坛第 24 期讲座稿，发表于《南京大学法律硕士评论》2016 年第 5 期）

（《中华人民共和国民法典》由中华人民共和国第十三届全国人民代表大会第三次会议于 2020 年 5 月 28 日通过，自 2021 年 1 月 1 日起施行。文章中涉及的《中华人民共和国民法通则》《中华人民共和国民法总则》《中华人民共和国侵权责任法》《中华人民共和国婚姻法》《中华人民共和国继承法》等均被《中华人民共和国民法典》废止。）

5. 发挥科学规划在法治城市建设中的积极作用（2009 年）

一、问题的提出

2007 年 10 月 28 日第十届全国人民代表大会常务委员会第三十次会议通过了《中华人民共和国城乡规划法》（以下简称《城乡规划法》），该法是把城镇体系规划、城市规划、镇规划、乡规划和村庄规划在内的全部城乡规划，统一纳入一部法律管理。《城乡规划法》颁布以后，国务院、国务院办公厅、住房和城乡建设部等国家部门制定了一系列配套的城乡规划法规及规章。《城乡规划法》的出台，在我国城乡规划领域中具有里程碑的重大意义。

《城乡规划法》作为国家层面的法律，确定了城乡规划工作的基本原则和各项运作制度的框架，同时也对一些重要的工作程序作了较为明确的规定，但对于具体的操作来说，这些制度框架及规定还偏于原则性，需要有配套的立法及适应不同地区的实施办法或细则，以便满足各地的操作性需要。

自党的十六大以来，江苏把“两个率先”作为全省新时期发展的总要求、总目标。随着《城乡规划法》的颁布，江苏省紧紧围绕“两个率先”的大局，以《城乡规划法》的立法精神为前提，根据国家立法法的规定，结合本省各地的特色制定一系列的地方性法规、规章和规范性文件，制定了《江苏省城乡规划条例（草案)》。江苏省在“两个率先”方针的指导下,也先后制定了一系列的有关城乡规划的法规。

城乡规划科学立法对于法治城市建设具有重大意义,我国城乡规划的法律法规不断完善,但不容忽视的一个问题是,法律制定之后,如何更好地实施?

法律实施,也叫法的实施,是指法在社会生活中被人们实际施行。法是一种行为规范,法在被制定出来后,付诸实施之前,只是一种书本上的法律,处在应然状态;法律的实施,就是使法律从书本上的法律变成行动中的法律,使它从抽象的行为模式变成人们的具体行为,从应然状态到实然状态。

科学规划就是贯彻和落实城乡规划法律法规的过程。现代城市学揭示着一条规律是,科学规划对城乡发展起着“纲”的作用,不仅要制定好城乡规划法律法规,而且还要制定和落实好城乡规划,这决定着城乡未来面貌。城乡法律法规制定之后,如何去贯彻实施这些法律法规,科学规划的作用变得尤为重要。

如何发挥科学规划在法治城市建设中的引领作用?下面将一一阐述。

二、科学规划的概念界定

(一)科学规划的概念界定

一座城市的美总是和它的建筑紧密地联系在一起的。正如人们所说的,“建筑是凝固的音乐,建筑是一种有别于自然的风景,建筑是一个时代的象征,建筑是历史的印迹。它见证了人类的发展,它也代表着一种精神,或刚强,或柔美”。

科学规划也总是和城乡的建筑及周围环境联系在一起的,如果说,建筑是美丽的音乐的话,那么,科学规划无疑是这美妙音乐的指挥者。科学规划造就了城乡的美,它不仅让人领略迷人的公园、美丽的建筑,还让人深刻地感受到整个环境乃至细节都是美的。它悄然地引导人积极向上,它默默地陶冶人的情操。

科学规划,即是科学、合理的城乡规划,城乡规划是一项全局性、战略性、综合性的工作,城乡的科学发展首先要有科学的规划作为蓝图。科学发展观的核心是“以人为本”,规划工作贯彻落实科学发展观,最根本的就是要确立“人本”思想,着力转变思想观念,让规划实践最大化地体现人与自然的和谐发展。科学发展观的基本要求是全面、协调、可持续,规划就是要协调各方面的关系。包括要协调空间的、地上的、地下的建筑物和人及其他相关环境的关系,还有各个部门的协调、产业的协调、交通方面的协调,交通和其他方面的协调,规划部门做的就是这个全面协调的工作。

全国各地都在广泛开展学习实践科学发展观活动,这为各地城乡规范工作创新、发展和突破带来了难得的机遇。

科学、合理的城乡规划,首先应该符合城乡规划法律法规的要求。笔者认为,根据城乡规划法律法规的有关规定,科学规划可以这样界定:即科学的、合理的城乡规划,是指在城乡规划工作中,以科学发展观、社会主义法治理念为指导,秉承绿色生态观和人与自然和谐共生的理念,妥善处理好资源开发、利用和保护的关系,经济增长和环境保护的关系,眼前利益和长远利益的关系,切实改善和保护全市域生态环境,实现长期和谐、科学发展,使得规划实践最大化地体现人与自然的和谐发展,体现法治城市建设的要求。

(二)科学规划,引领南京发展

南京地铁的规划建设就是科学发展观的进一步落实,是科学规划在南京有效贯彻和落实的例证。

在南京地铁规划建设中,由于南京地铁要穿越市中心区域古河道等多种复杂地质层,16.99 公里的地铁建设工程相当于建 500 公里的铁路,因此,南京地铁施工技术难度很大。在城乡统筹、科学规划的指导下,南京地铁筹划了 15 年,建设了 4 年多,南京地铁规划科学,尽量照顾到地面设施,这样相对拆迁的费用就节省了不少,这一切都与城乡统筹、科学规划密切相关。南京地铁的科学规划使得南京地铁得到了很好的运营,而且极大地节约了成本。可见,科学规划在南京地铁建设中起着重要作用。

科学规划是科学发展的先导,没有科学规划就没有科学发展。南京已确立了“迈向区域协调、城乡统筹、和谐发展的新都会”的规划目标,明确了“著名古都、江苏省省会、国家重要的区域中心城市”的城市性质,提出了“国家历史文化名城、国家综合交通枢纽、国家重要创新基地、区域现代服务中心、长三角先进制造业基地、滨江生态宜居城市”的发展定位。

南京坚持以科学发展观为指导,全力推进“两个率先”进程,创建“山水园林城市”,构建和谐南京、法治南京,经济社会持续健康较快发展,城乡面貌日新月异,城乡居民生活水平不断提高。这应归功于全市上下共同努力,其中科学规划工作功不可没。南京城乡规划的科学性、合理性正不断增强,体现了以人为本的发展理念,导向性也越来越强,有力地引领和促进了经济社会全面、协调、可持续发展。

三、科学规划对法治城市建设的作用

城乡规划在行为特征上表现为对一定的空间进行建设布局。为了减少因建筑物或产业布局不合理对城市居民所产生的损害，合理利用公共设施与基础设施，实现生产、生活上的便利与经济，满足社会大众审美与安居以及基于它不同条件层次的社会心理、生活需要。而且，国家为了以城乡为载体更好地落实经济社会发展政策的需要，也要合理、合法地进行科学规划。

笔者认为，科学规划对法治城市建设作用表现在以下几个方面：

首先，科学性是先导，科学规划对法治城市建设起引领作用。人类在接受城市建设不合理所造成的后果后，进行了深刻的反思，在进行建设时便有计划地将那些有害的建设项目迁移出城市的中心，并根据气候的变化将之安排在城市的下风向，这就是规划的科学性所在。比如，有些污染的工厂建设在城市中心，周边的城市居民不得不忍受污染所带来的痛苦，可见没有规划的城市呈现一种自然演进的状态。再比如，楼房之间的距离太近，便会影响通风、采光，楼房容积率过高、建筑过密、道路过窄，就会影响公共设施的合理利用和道路的通行。因此，按照布局的科学原理进行规划，可以防止城市建设过程中的种种弊端与不合理之处。城乡规划的科学本质还在于城乡规划方案求解或寻找真理的途径，完全可以依赖于假设、证明、推理和实验，产业的区划、建筑的密度、道路交通的规划、公用设施的建设都可以通过这几个步骤而获得有效改善。

可见，在法治城市的建设中，科学性起先导作用，科学规划对法治城市的建设起引领作用，应该充分发挥科学规划对法治城市建设的引领作用，这也是深入贯彻实施科学发展观的体现。

其次，法治城市建设往往要依靠相关规范的制度和实施，而科学规划本身也具有规范性，具有法律效力。在此过程中，科学规划一经制定，“任何单位和个人都应当遵守经依法批准并公布的城乡规划，服从规划管理，并有权就涉及其利害关系的建设活动是否符合规划的要求向城乡规划主管部门查询”（参见《中华人民共和国城乡规划法》（2007 年）第 9 条第 1 款）。城乡规划之制定与实施是行使行政管理权的表现，体现出一定的行政强制力，直接关系到公共利益、社会秩序和公民的切身利益。同时，城市规划发挥着指引和评价的作用，为人们提供某种行为模式，告诉人们可以这样行为、必须这样行为或不得这样行为，从而对行为者本人的行为产生影响；根据人们的行为是否符合预先设定的行为模式及其符合程度，进行司法判断和利益衡量。行为人按照城市规划的要

求去做,就会得到城市规划法律、法规以及各类行政规定的认可,合法地实现自己的经济、社会及其他利益;不按照城市规划所认定的范围去从事建设活动或阻碍城市规划的实施,可能会受到行政处罚、行政处分以及可能会带来其他形式的不利益。法治城市建设最为需要的就是这种规范可行的城乡规划。

最后,科学规划可以有效调整法治城市建设中的利益冲突。科学规划体现着城乡的整体利益和公共利益。在城乡发展中,科学规划的作用首先表现为对城乡各种功能安排、各个利益集团需求的综合平衡作用。科学规划的活动在一定程度上减少了城市发展的不确定性,将各个部门的利益整合在城乡和区域发展的总体目标之下。作为一种重要的公共政策,科学规划提供了具有综合性的政策框架,它直接的意义存在于土地使用和空间方面,但实质上有丰富的社会、政治和经济的意义。在城市的整体发展层面,科学规划是城乡发展的指引和“蓝图”,确定城乡在一定时期内的发展目标、发展方向、发展战略以及空间架构,因而对城市的整体水平和综合竞争力以及可持续发展能力的提升,都是极为重要的、不可缺少的。同时,科学规划是编制—实施的连续统一体,规划编制的文件是建设管理的依据,建设管理是实施规划的主要手段和途径,通过对具体建设项目在选址和建设过程中重要环节的管理,达到控制和引导城乡发展的目标。科学规划是一种可以调节各种土地使用活动中利益冲突的介质。通过科学规划的管理,使得土地使用活动的各个主体的相互作用能够物化为城乡空间系统的结构和形态,这构成了科学规划作用发挥的基本逻辑路线。

四、如何充分发挥科学规划在法治城市建设中的引领作用

(一)赋予科学规划的法律效力,增加科学规划的权威性

《城乡规划法》(2007 年)第 7 条明确规定:“经依法批准的城乡规划,是城乡建设和规划管理的依据,未经法定程序不得修改。”可见,科学规划被批准后,将具有法律效力,不得随意违背。

为什么违法建筑屡禁不止?关键是没有认识到审批的科学规划具有法律拘束力。同时,违反规划时,没人制止;违反规划后,也无人治理,造成违法建筑“比、学、赶、超”的局面。需要明确的是,科学规划被批准后,将具有法律拘束力,不得随意违背。城乡规划必须通过法律的形式来增强其权威性、科学性、专业性、民主性和公益性,以克服因规划缺失、漠视规划、规划编制混乱、规划不当等原因而导致城乡发展资源配置的低效率和不公平现象。因此,赋予城乡规划相应的拘束力就显得十分重要。

综上，要确立城乡规划也是法的理念，赋予城乡规划以法的效力。经过批准的城乡规划具有法律效力，即法律约束力。法定规划具有法定效力，法定审批程序具有法律授权。按照《城乡规划法》规定的条件和程序审批的城乡规划是法定规划，是获得法律认可的，受到法律的保护，具有法律上的约束力，这样才能更好地确保科学规划具有权威性，更好地发挥科学规划在法治城市建设中的作用。

（二）营造公众参与平台，打造阳光规划

城乡规划涉及各行各业、千家万户的根本利益。构建和谐规划，构建法治城市，建设和谐社会，实现“阳光规划”，必须建立健全公众参与机制。“阳光规划”是以提高政府决策的科学性和实现执政为民为目的，以推行规划管理的公开、公正、廉洁、高效和全面倡导公众参与为手段的城市规划管理工作机制。大力推行“阳光规划”，采取全面开放规划设计市场、建立规划公示和公开听证制度、开辟报纸规划专栏、开办规划局网站、召开建设单位和各界群众座谈会等多种举措，不断探索、创新公众参与的新方法和新途径，有效保障了群众的知情权、参与权、表达权和监督权，营造了规划工作的和谐社会氛围，有力促进了法治城市的构建。

科学规划的本身就要求是“阳光规划”，在科学规划的制定过程中，应使各方利益关系人都有表达各自意愿的机会，使规划编制和管理主体可以充分听取公众意见，从而保证规划决策的公正与公平。这样才能使城乡规划更具有科学性，真正让科学规划发挥在法治城市建设中的作用。

（三）完善科学规划人才机制，加强科学规划的宣传力度

城乡规划人才素质的高低，与城乡规划是否合理直接相关，它将关系到城乡的和谐发展以及城乡经济社会全面、协调、可持续发展。城乡规划人才在科学规划中起着举足轻重的作用，这就要求各地政府按照科学发展观的要求，进一步完善城乡规划人才机制。

在完善城乡规划人才工作中，既积极推进规划人才培养工作，又下力气搞好人才引进工作，增加财政投入来引进高素质的城乡规划人才；既注意引进人才，又想办法留住人才；既让人才发挥作用有舞台，又让人才各项待遇得到全面落实，实现人才开发工作的良性循环。

科学规划需要多学科的融合，这就需要多学科人才的共同协作，乃至于要求城乡规划人才具有多学科的背景。正是由于城乡规划涉及伦理学、美学、农

学、管理学以及工程伦理学的相互渗透，这就对城乡规划人才提出了更高的要求。

全省各地政府部门应当充分重视和完善城乡规划人才机制的同时，也要加强科学规划的宣传力度。科学规划只有被公众所熟知，才能更好地发挥其在法治城市建设中的引领作用，为江苏省实现“两个率先”作出其应有的贡献。

五、结语

科学规划是继承过去、创造今天、预测未来的一门科学。科学规划为城乡的发展作出纲领性的指导与蓝图描绘。科学规划要立足现实，体现长远，要有科学性与可实施性，要有战略性和目的性。没有科学规划，城乡建设就会失去方向，城乡管理就会失去依据。高瞻远瞩、目光长远、准确到位的科学规划，无疑会给城乡腾飞插上更有力的翅膀。

科学规划，在法治城市建设中起着引领作用。它是城乡发展的龙头，它给城乡的发展注入强劲的精神原动力，使城乡获得灵性与魅力，不断获得精神提升，从而提高城乡整体文化品位，提升城乡整体形象，使城乡变成和谐、生态、宜居的人类美好栖息之所。

（摘自《2009 年法治江苏建设高层论坛论文集》）

6. 论法律职业共同体的公共关系（2010 年）

在我国当前的法治建设过程中，公安机关、检察机关、人民法院和司法行政机关的司法人员、律师、法学教师等构成了法律职业共同体。

在我国社会主义法治建设中，法律职业共同体中各主体分别具有各自的价值取向，同时又具有共同的价值取向。公安机关坚持“严格、公正、文明、廉洁执法”的价值观，打击各种犯罪活动，守护正义；检察机关则强化“法律监督，维护公平正义”的价值观；人民法院提出了“公正、廉洁、为民”的司法核心价值观；司法行政机关负责全国的监狱管理、律师管理与公证工作等，力求法律的公平、公正和正义；律师作为当事人的代表，保护当事人合法权益，寻求法律公平和公正；教师在法学教育中推广公平、正义的法律文化，力求培养合格的法律专业人才。

总之，出于对法律公平和正义的追求，上述各职业主体构成了具有共同价值取向的法律职业共同体。

一、我国法律职业共同体的公共关系现状

为了规范法律职业共同体的职业活动，保障司法公正，目前，我国已经制定了相关的法律规范及文件。有《中华人民共和国人民警察法》《公安机关人民警察纪律条令》《中华人民共和国检察官法》《中华人民共和国法官法》等；与司法行政机关、律师有关的法律规范及文件有《中华人民共和国律师法》《最高人民法院、司法部关于规范法官和律师相互关系维护司法公正的若干规定》《律师和律师事务所违法行为处罚办法》《律师执业行为规范（试行）》等，其他相关法律规范及文件有《中华人民共和国公务员法》《中华人民共和国公证法》《行政机关公务员处分条例》等。

自新中国成立以后，尤其是在实行改革开放至党的十五大期间，党和国家在各个领域进行了拨乱反正，我国社会主义民主和法治建设走上了健康、快速的发展轨道，开始恢复与重建具有中国特色的社会主义司法制度。许多重要的基本法律相继制定实施，与中国特色社会主义事业基本相适应的司法制度亦处于日渐完善之中。但是，近年来曝光的司法腐败案件，反映出目前仍然存在着依靠关系、权力、人情、金钱影响司法公正的违法行为，这些案件的曝光，在社会上引起极大的负面影响。

二、法律职业共同体的公共关系

（一）公共关系的概念

在公共关系学中，由于实践的多样性和应用的广泛性，以及新学科具有综合性、边缘性、交叉性的特点，理论界对公共关系的发展和应用仍然存在各自的见解，而且目前也还没有形成一个统一的关于公共关系的概念。其中一种表述为“公共关系是社会组织为塑造组织形象，运用传播手段，与公众进行双向交流沟通，以达到相互信任、合作的管理艺术和社会关系”。该定义至少包含以下五层意思，即公共关系是社会组织与公众之间的关系；公共关系是传播活动，是一种双向的信息交流；公共关系具有现代管理的职能；公共关系的目的是通过一系列的公关活动塑造社会组织形象，通过社会组织形象产生的吸引力去感染公众，争取公众的理解支持，从而为社会组织创造良好的生存和发展环境；公共关系作为一种职业，是一个新兴的社会活动领域。

（二）法律职业共同体的公共关系

法律职业共同体虽然不是一个具有固定组织形式的传统意义上的社会组织，但是，公、检、法、司、律、教等各主体因具有共同的价值取向而构成了一个职

业共同体,从而具有了社会组织的某些属性和特征。

在我国的司法制度体系中,法律职业共同体的各主体分别或者同时与公众发生一定的社会关系,在司法实践中通过各自的执法或普法活动,影响社会公共生活,以自己的实际行动得到社会公众的理解和支持,从而为法律职业共同体创造良好的生存和发展环境。

与司法活动相关联,法律职业共同体的公共关系具有广泛性、互动性和长期性的特点,既非一朝一夕能够形成,也非一蹴而就。它不仅需要法律职业共同体的各主体、全体法律人的共同努力,而且需要良好的社会环境才能培育而成。在司法、普法活动中,我们应该建立有质量的公共关系,即符合客观规律、有利于推动社会主义法治建设、建设和谐社会的公共关系。至于那种关系案件、人情案件、权力干涉案件,则是应当予以坚决抵制。

笔者认为,法律职业共同体的公共关系至少应坚持如下原则:即真诚、信息对称、多赢和谐。真诚原则是指在开展公共关系活动时,必须建立在依法行为和掌握事实的基础上,向公众传递有关法律职业共同体的信息,同时向法律职业共同体的相关主体如实传递公众信息。诚实是建立信任的基础,真诚在公共关系中具有重要的地位和作用。信息对称原则是指公共关系应该是一种双向、平等的关系,是包括物质、信息、感情的交换关系,注重双向沟通。因此,信息对称显得尤为重要,法律职业共同体不仅需要充分了解公众信息依法履行职责,公众也需要充分了解法律职业共同体的信息,维护其合法权益。多赢和谐原则是指法律职业共同体与公众平等相处,在法律面前人人平等,共同发展。该原则对公共关系的健康发展更具有举足轻重的意义。

三、建立法律职业共同体公共关系的必要性

(一)建立法律职业共同体公共关系是和谐社会的题中应有之义

公共关系具有塑造组织共同体形象、信息收集、协调沟通等功能。公共关系的根本目的是通过具体工作树立组织的良好形象和信誉,取得公众理解、支持和信任,树立法治理念,促进社会和谐。正常有序的法律共同体公共关系不仅有利于塑造法律职业共同体的形象,改善进而改变公众对法律职业共同体的误解或曲解状况,而且有助于促进与社会公众的良好沟通,解决并减少社会矛盾,协调社会关系,达到弘扬法律公平和正义、保护公众合法权益的双赢局面。

(二)建立法律职业共同体公共关系符合社会主义法治建设的要求

目前,法律职业共同体中除了律师、部分检察官、部分法官以外,其他主体

很少或者没有主动与社会公众沟通，给社会公众造成了一种高高在上、冷漠生硬的印象。这种现象造成了社会公众对社会主义法治建设的误解或曲解，对我国社会主义法治的持续、健康发展不可避免地产生了阻滞作用。而建立正当有序的法律职业共同体公共关系，将有效改善这种局面。

（三）建立法律职业共同体公共关系符合社会主义市场经济的需求

改革开放以来，尤其是中国加入 WTO 以后，我国的社会主义市场经济体制和市场的国际化趋势，对我国的法治建设提出了严峻的挑战。如果仍然维持以往的法律职业共同体的强势地位，不利于缓解社会矛盾，难以满足市场经济的发展需求，更无法实现与国际接轨的国家法治规划。因此，建立正当有序、阳光的法律职业共同体公共关系，已经成为当务之急。

（四）建立法律职业共同体公共关系符合法律职业专业化的需求

毋庸置疑，法律人都是专业化人才，都需要经过专业化培养和训练，并经过一定时期的、有效的实践锻炼才能成为合格的法律人才，才能符合法律职业的要求。而专业化的生命力在于其必须保持与公众之间的信息沟通，保证信息来源，并及时反馈对所收集信息的意见和处理结果，从而保证专业化满足社会实际需求。如果没有一种正当有序的公共关系，法律职业共同体虽然拥有专业化的体制和技能，但是将失去立足之本，缺乏信息也就失去了生命力。

四、建立法律职业共同体公共关系的可行性

（一）体制保障

我国目前实行的法律监督包括人民代表大会监督、检察机关的法律监督、社会监督、法院再审、行政复议、司法行政机关对律师事务所和律师的监督等，同时还建立了公、检、法、司等机关的内部监察制度，在体制上为建立法律职业共同体公共关系提供了保障。

（二）实践基础

通过新中国成立以来几十年来的法治建设，我国近年来鼓励法治建设理论研究与创新，适应了社会主义市场经济的飞速发展。无论是法学理论，还是立法、司法实践方面都开始进行有益的探索和研究，各地的法学论坛如雨后春笋般遍布大江南北，通过理论研究与实践活动，加强了交流与沟通，对法律职业共同体的健康发展起到了促进作用。目前，公、检、法、司等机关都开展了廉洁执法活动，查处、纠正以往的偏漏和差错，弘扬正义之风，为建立法律职业共同体的公共关系打下了坚实的基础。

(三)愿景动力

从最近曝光的部分贪腐案的社会反响来看,社会公众对目前仍然存在的人情案、关系案、权力干涉办案、不正当交易办案等现象深恶痛绝,社会呼吁阳光办案、加强法律监督、廉洁执法的呼声越来越高,对法律职业共同体的触动很大。不仅公、检、法、司等机关纷纷开展廉洁执法活动,公务人员及相关工作人员开始认真反思,律师、教师也开始深思职业价值的内涵意义,各地律师协会、法学会纷纷以论坛等形式探讨法律职业的健康发展问题,法律人和社会公众都对建立正当有序的、阳光的法律职业共同体公共关系提出了迫切要求。

五、建立法律职业共同体公共关系的具体路径

(一)对内方面

1. 建立组织沟通关系

法律职业共同体之间不能有工作上不正当联系,应建立良性互动的组织机制。法院研究室、检察院研究室、警察协会、律师协会秘书处等组织机构为日常工作沟通、交流的具体联系部门。

2. 建立科学的沟通制度

各组织之间交往应当严格遵守法律和有关规定,共同恪守良好的职业道德。不相互贬低或指责,做到相互尊重,有原则地交往。建立协会联席会议、座谈会、专题研讨、意见征询等制度。根据一方提议,交流、通报各组织之间工作情况及存在的问题和困难,研讨解决办法和措施。

3. 实现司法资源信息共享,形成沟通氛围

各方的业务资料、刊物、信息除依规定需要保密的,可通过网络等平台交换、共享,以便相互学习、相互交流。在具体交流过程中,各方能够相互了解各自的内部管理机制,配合各方工作的顺利进行,减少资源浪费。

4. 强化监督措施

建立健全法官、检察官、警察、法学教育工作者、律师之间的特定关系、违规交往以及应当回避情况的报告备案机制,建立规范职业共同体相互关系的信息交流机制。

对法律职业共同体中个人违法、违纪行为的反映和举报,应当及时告知被反映或被举报人的单位、主管部门,由有关部门依照相关规定查处;处理情况相互函告或在联席会议上通报。

鼓励和提倡各协会、会员单位、主管部门通过征求意见、问卷调查、测评和

实行监督卡制度等多种形式开展监督活动。

（二）对外方面

法律职业共同体除内部公共关系外，还有各自和统一对外公共关系的问题。这种对外公共关系是建立在内部良好公共关系基础之上的公共形象。需要各法律职业共同体在工作行为本质上表达出公平正义的核心价值观，充分体现法律人的高度社会责任，再由各共同体组织统一对社会发布信息、系统交流，以树立法律人正直、睿智、理性、负责的良好社会形象。

（摘自《2010年法治江苏建设高层论坛论文集》）

7. 加强法律文化建设　建设优秀个人制律师所
——江苏刘万福律师所成立5周年之感（2012年）

关于法律文化，一般是指人们关于法律现象比较普遍而稳定的认知、态度、心理和理念的总和，是人类追求生活秩序化和社会公正性的本质表达。作为南京地区第一家个人制律师事务所的创办人，深知法律文化建设在律师所科学发展过程中的重要作用，只有将法律文化内化在律师事务所的管理工作中，才能充分发挥法律文化的引领作用，增强律师事务所的凝聚力和创造力，提高知名度，增加美誉度。从而实现打造我们所精品化、品牌化的目标。

一、用崇高的法律文化理念熏陶全所人员

我从做律师的第一天开始，一直坚定地认为律师事务所及律师的社会属性必须大于其商业属性，律师事务所及律师不是商业机构和商人。我从1984年起从医8年，最能感受律师作为“社会医生”的作用，当事人找律师，就像病人找医生一样，希望得到律师的尽心尽力帮助，解决难题。但是作为律师，不能简单地满足当事人的各项要求，要从担当社会责任的社会良知出发，切实依法维护当事人的合法权益，彰显法律的尊严，以实现社会的公平正义。

律师事务所的文化建设要体现社会主义法治文化核心价值观，体现以人为本、民主协商、共同学习、共同参与，努力承担社会责任。我们律师事务所建所之初组织全体律师学习认识公平正义是文明社会永恒的价值观，树立我们身为法律人应有的社会责任感和崇高使命感，牢记法律人应该坚守维护社会公平正义的核心价值观，强调“睿思、精进、致远”的执业理念，业务处理中坚持“忠于法律，忠于当事人的合法权益，维护社会公平正义”的法律服务宗旨，统一表达我们共同的价值追求。

我所为了理念具体化，在建所之初即设计寓意深刻的所标并向国家工商总局商标局申报注册成功；认真学习领会原省高级人民法院院长、省人大常委会副主任李佩佑先生为我所题写的"以人为本、依法兴业"，以及开业之时美国《国际日报》记者夏天为我所题写的"万事正本於天下民众心，福祉清源自刘氏律师所"的深刻含义；学习我本人撰写的参加华东律师论坛并获奖的《论个人所的文化建设》的文章。不断进行法治理念教育，提高律师自身素质，以培养律师全面完整的法律信仰，全所律师时刻保持理性的头脑，肩负律师社会责任，弘扬社会主义法治文化，全所律师形成了"以感恩的心做好事，以负责任的行为做对事"的良好律所文化氛围。

二、领导以身作则，当好优秀教练，建好"十佳律师团队"

对于个人制律所的开办律师来说，他需要有完善的道德品质和全面的知识能力才能保持律师事务所的稳定持续科学的发展。我在创办个人制律事务师所之前从医多年，培养了良好的博爱仁义品质，法律执业后从律师助理做到合伙人律师再到高级律师，办理刑事、民事、行政、法律顾问等数百起各类案件，其中数起有社会影响和有创造性的案件被中国检察学会评为"年度最具影响的十大民事案件之一"；多次被央视《东方时空》、《今日说法》、《社会经纬》、东方卫视、凤凰卫视、江苏广播电视、《澳大利亚人报》、《人民法院报》、《中国律师》、《民主与法制》杂志等多家媒体采访报道。积累了丰富的律师实践经验，2005 年被江苏省司法厅和江苏省律师协会联合授予"江苏省十佳律师"荣誉称号。开办个人律师事务所后，继续到中国政法大学博士研究生班深造；参加 EMBA 班学习管理学；为进一步完善自己的修为参加国学班学习中国传统文化，因此在原所训"万法归一，福报社会"基础上创新"正心

2005 年 12 月 29 日
"江苏省十佳律师"授证照

明法，乐义立人”新所训。律师事务所所训应是其文化的核心、理念的精华，同时是律师事务所长期积淀的最具代表意义的“符号”，更是体现一个律师事务所凝聚力、感召力和生命力的灵魂。新所训四词八字，动宾结构，平仄押韵，大气恢宏。

“正心”：取自《大学》“欲修其身者，先正其心”。法者乃国家精英，肩负维护社会公正重任，须有很高的道德修养，完成这一修炼的前提是心术正，有为社会负责之心。律师为法者，当正心。

“明法”：取自庄子《知北游》上“四时有明法”。这里借指法律如四季分明，是科学，是规则，向社会人明示；法律人应精通法理，用法普法，彰显法律公正。

“乐义”：取自孟子语。原意为君子好义，以义为乐。这里意为法律人敬法乐善，甘担道义；律师工作兼具义与利，当以义为先，依道得利。

“立人”：取自《周易》。立人之道，曰“仁与义”。这里指法律人应顶天立地，像法律人的样子；法律人通过自己辛勤工作，帮助他人成长；也寓意我们律师事务所致力培养年轻律师成长为优秀的法律人。

基于以上理念和实力的基础，我们个人制律师事务所致力打造一支优秀的“十佳律师团队”，我们的团队兵不在多，而在于精。我们坚持严格的选人、育人、用人、淘汰人制度，把那些热爱律师事业、为人诚信、做事认真、谦虚好学的德才兼备的人才留下来，不断培养提升，淘汰跟不上律师事务所发展的短板人员。保证个人制律所律师统一理念，具备顺应法律服务市场的专业能力，充分发挥领导人的人格魅力，利用个人制律所的规模小、品牌好、分工明确的优点，打造一支“人无我有，人有我优，人优我特，人特我精”的具有核心竞争力的团队。通过五年来法律文化建设实践，我们所已经形成了一支优秀的团队，律所内部人员团结互助，对律师事务所的理念认同，有很强的归属感。律所 5 年来办理各类案件 500 多起，不仅无投诉，而且有更多的当事人为我们律所口碑宣传，律师与当事人之间关系和谐。

三、积极参加社会公益活动、关注社会问题、以理性的思与行践行“负责公民”的使命

律师事务所在处理律师社会职能与商业职能的关系中，要体现律师的高尚性、神圣性。要充分发挥作为律师的社会职能作用，积极参加社会公益活动，这也是律师的价值所在。我们律所每年办理多起法律援助案件，为那些贫困弱者提供免费法律帮助；律师们积极参加广播电视台专家点评及广场普法活动，为广大的公民举案说法，普及法律知识；我作为民主党派成员积极参政议政，抽出办案时间主持和参加民进江苏省委行政审批改革调研及社会管理创新调研活动；关注下一代成长问题，我作为法律实践者，深知“80 后”“90 后”的困惑，受邀到南京大学研究生院、南京农业大学人文学院、中国人民解放军理工大学、安徽预备役师、南京临汾旅等高校和军营，为学生和军人讲解励志人生及法律知识课题，引起强烈反响；撰写《论个人制律师事务所的战略战术》文章受邀参加第八届全国律师论坛，演讲、撰写的《发挥科学规划在法治城市建设中的积极作用》论文受邀参加“法治江苏高层论坛”作大会发言；参与《江苏省志愿服务条例》立法、参加江苏省政府法制办组织的《江苏省城乡规划条例》立法辩论会；在律师事务所成立 5 周年之际，我们律所在江苏省律师协会、中国政法大学律师学研究中心、《中国律师》杂志的支持指导下，成功主办了“个人制律师事务所与社会管理创新论坛暨江苏刘万福律师所成立 5 周年庆典”活动，原江苏省高级人民法院院长、江苏省人大常委会副主任李佩佑，民进江苏省委秘书长王鲁彬，江苏省律师协会秘书长梁武华、江苏省律师协会副秘书长张秀炎等领导到会讲话，会议邀请中国政法大学律师学研究中心主任王进喜、江苏省人大常委会法制工作委员会副主任刘克希等专家作主题演讲，百余名嘉宾共同研讨社会热点话题。

通过积极参与社会公共事务和公益活动，我们所树立了律师行业良好的公益形象，体现了律师所担负的社会责任。

律师业发展已进入快车道，个人律师事务所在未来无疑是这快车道上的一支生力军。只有那些坚守正确的法律文化理念，运用现代科学管理策略，制定发展战略，掌握战术的个人所，才能在激烈的市场竞争中立于不败之地，才能在律师业的发展中不断焕发出生机和活力。

律师兴则法治兴，法治兴则国家兴。律师作为社会精英，胸怀天下，做人如君子坦荡荡，做事如科学家严谨认真。律师事务所是律师履行神圣使命的家园，应温馨而有秩序。法律就是规则，神圣、科学和威严，不容任何人亵渎。法律人的使命，就是创造规则，遵守规则，维护规则，规则创造美，创造和谐。中国律师事业任重道远，中国律师事业前景辉煌，我们注定是奋斗的一代。个人制律所要通过努力，力求与合伙所、国资所一样，继续稳定科学发展，为中国的法治建设作出更多的贡献。

（摘自《中国律师》杂志 2012 年第 1 期）

8. 工业化进展较快地区农业生态环境保护的法律规制
——以江苏省苏锡常地区作为研究样本(2016年)

中国是农业大国,农业生态环境状况不仅影响中国农业发展,也影响中国经济发展的持续性。只有农业生态环境得到良好的保护,农业经济和人民健康才能得到保障,而实现途径就是依靠法律规制的实施,促进我国农业实现可持续发展。同时,随着经济的飞速发展,我国农村地区的工业化规模不断加大,而江苏省苏锡常地区更是典型的范本。笔者多年的执业中,已代理过多起因农业生态污染导致的农民财产受损要求赔偿的案件。同时,笔者在前往相关农村进行调查取证时发现,苏锡常地区的情况可以类比如京津唐、山东胶东半岛、广东珠三角洲的情况,并且,苏锡常地区的今天很有可能是其他目前欠发达地区的明天,所以以其为典型案例对农业生态环境保护的法律规制进行研究具有重要意义。

一、苏锡常地区农业生态环境现状

(一)苏锡常地区农业生态环境问题

苏锡常地区位于江苏省南部偏东,从经济区域角度分析,它包括苏州、无锡、常州地区的若干个区县,面积大约有1.64万平方公里,人口1100多万人。苏锡常地区总面积占全国的0.3%,人口占1.7%,进出口额却占17%,GDP排名全国第四。苏锡常地区实际仅占江苏省17%左右的面积,却创造了占全省40%的GDP和财政收入。可见这一带明显是我国人多地少、城镇密集、经济较发达的工农业综合发展地区。伴随经济的高速发展,农业生态环境污染问题也日趋严重。这些问题主要集中在农地资源、水资源以及大气环境三个方面。

在农地资源方面,主要是耕地面积减少、土地肥力下降、重金属污染严重等农业生态环境问题,这些污染使得农作物安全受到严重威胁,2015年在南京举办的长三角污染场地修复研讨会中,披露江苏全省范围内污染土壤估计已达四五百处,且呈不断上升趋势,其中苏南地区占大部分,苏南地区由于开发强度非常高,企业搬迁、产业淘汰、城市发展产生了遗留场地,而这些场地大部分已被污染。在水资源方面,主要是水资源浪费严重、农业用水质量下降、水体富营养化等问题。2007年爆发的太湖蓝藻事件,造成了无锡全城自来水污染,其主要原因就是政府为了经济业绩大量兴建排污严重的化工厂,化工厂产生的废水对太湖水体污染严重。在大气环境方面,雾霾天气时有发生,大气中二氧化硫和二氧化氮含量时常超标,严重威胁农民身体健康。在两年前官方发布的江苏空气质量排名中,无锡和苏州均位于排行榜末尾,而工业及经济欠发达的苏北城市大部分位于排行榜前位。

(二)苏锡常地区农业生态环境问题的成因

1. 农民环保意识的薄弱

苏锡常地区经济发展较快,但对于传统农耕的农民来说,其环保意识以及法律意识因文化水平的限制而普遍较弱,其对自己身边环境污染问题也不重视、不关心,甚至其本身的不合理行为也加重了农业生态环境污染。笔者利用在苏锡常地区办理案件调查的机会,走访多个村庄,看到村民的房屋建设都很漂亮,但是整体布局凌乱,房前屋后不仅杂乱,而且没有正式排放污水的沟渠,对村内建造的大烟囱工厂排出的黑烟视而不见。大多数村民不清楚化肥农药的副作用,对生活、生产垃圾的分类也不了解,甚至大多数农民对垃圾的处理就是随意堆放在路边,生活废水也是直接倾倒在河流中。

2. 传统与现代化农业生产方式的弊端

传统农业生产方式中,农民使用的肥料多是有机肥,对农业生态环境的污染较小,但也存在农民焚烧秸秆等对大气造成污染的行为。苏南地区由于工业化快速发展,农业资源和农业劳动力相对减少,导致了农业生产基本趋向集约化和现代化,苏南农村机械化的普及,农民摒弃了传统农耕方式,带来的问题就是机械化劣质油品造成的空气污染。实践中,集约化、规模化的农业生产方式为追求短时间、高产出的效果,往往靠投入大量的农药、化肥。据统计,我国的化肥使用量大约是5800万吨,是目前世界上化肥施用量最大的国家。还有,我国的农药施用量是180万吨,农膜施用量是240万吨,这些化学物质的使用导致土地板结、地力下降、土地污染严重。苏南地区超标或者违规大量使用化肥农药造成土壤、粮食作物受污染的现象严重,导致农业生产的环境生态受到破坏。

3. 工业“三废”的排放

快速工业化的苏锡常地区每年排放的工业废水、废气、废渣排量逐年增加。工业“三废”是指工业化生产所排放的废水、废气、废渣,工业“三废”中含有多种有毒、有害物质,若不经妥善处理,如未达到规定的排放标准而排放到环境(大气、水域、土壤)中,超过环境自净能力的容许量,就对环境产生了污染,破坏生态平衡和自然资源,影响工农业生产和人民健康。随着工业化的迅速发展,苏南农业地区的工业化产生的“三废”导致农村土壤、水源、大气受到严重污染，尤其是重金属污染，给农业生态环境造成极大冲击。2007年发生的无锡太湖蓝藻事件，就是由围绕太湖周边大量化工企业排放污染物进入太湖水域所引起的，当时无锡市民众饮用水出现短缺，造成恶劣影响。近年来，苏锡常地区政府鼓励扶持乡镇企业的发展，其中某些企业技术含量低，环保意识差，以牺牲环境为代价来获得经济利益，也在加剧农业生态环境的污染。

4. 配套设备的缺失

苏锡常地区为快速发展经济，大量工厂在城市郊区及农村地区建立，但是这些工厂为了节约成本，并没有像城市规模建厂那样有效建立配套的污染处理设施设备等，而地方政府为地区GDP的增长需要，往往片面关注企业经济效益，放松对企业污染行为的有效监管，甚至对企业的污染行为多采取容忍态度。现实中众多企业的排污明显不符合相关安全排放标准，但企业有时拿出的相关检测报告却显示其达标。同时，相关部门也未建立相应完备的环境管理体系，如针对工业废水的净化体系、针对农民生活垃圾的垃圾处理体系等。

5. 爆发式不合理开发建设

苏锡常地区的高速发展尤其是城市化的推进，伴随爆发式的不合理开发建设，导致建设用地刚性需求与耕地保护矛盾突出。在《江苏省生态文明建设规划（2013—2022）》中，明确规定苏南地区耕地资源紧缺，后备资源数量少，建设占用耕地占补平衡难度加大。全省土地开发强度接近21%，苏南地区接近28%。而现实中，开发商用“以租代征”的形式“圈地”或者打着发展生态农业、高效农业的幌子租赁耕地，再在耕地上迅速建造工厂车间，少数村干部甚至帮忙做村民工作，沦为非法占用耕地的“帮凶”。建设用地大量占用耕地，农业生态环境范围缩小，导致自然界水汽循环生态系统破坏，良好的生态环境难以成形。

二、农业生态环境保护的立法现状

（一）我国关于农业生态环境保护的法律规定

关于农业生态环境的保护，我国目前尚未出台综合性的专门立法，但在我国的综合性法律、地方法规以及单行法律中均有涉及。我国宪法第26条第1款规定：“国家保护和改善生活环境和生态环境，防治污染和其他公害。”这为农业生态环境保护立法提供了最根本的宪法基础。《中华人民共和国环境保护法》第9条和第10条从原则上规定了各级政府开发和保护农业生态环境的重要任务。《中华人民共和国农业法》第8章中单独对农业资源与农业环境保护作了细致规定。另外，我国出台了《中华人民共和国土地管理法》《中华人民共和国水法》《中华人民共和国大气污染防治法》等单行法律，对单一农业生态环境保护领域作出法律规定。同时，我国各地方自20世纪90年代起，就本行政区域内的具体农业生态环境情况制定了保护性地方性法规。例如，广东省于1998年制定并施行的《广东省农业环境保护条例》，安徽省于1999年制定并施行的《安徽省农业生态环境保护条例》，湖北省于2006年制定并施行的《湖北省农业生态环境保护条例》，等等。

(二)江苏省关于农业生态环境的法律保护

江苏省于1999年2月1日起施行的《江苏省农业生态环境保护条例》，明确规定了县级以上地方人民政府的农业、林业和渔业等行政主管部门，依照国家有关法律、法规的规定，负责职责范围内的农业生态环境保护工作，并依法实施监督管理。该条例于2004年修改并施行。同时，江苏省关于农业生态环境的保护也分布于其余相关规定中，1996年制定《江苏省太湖水污染防治条例》，2013年江苏省政府发布《关于加快发展节能环保产业的实施意见》，提出制定《江苏省大气污染防治条例》《江苏省循环经济促进条例》《江苏省绿色建筑发展条例》《江苏省城镇排水与污水处理条例》等地方性法规，研究出台推行生态补偿、应对环境突发事件等规范性文件。上述文件一旦出台，必定会使江苏省农业环境的法律保护更为完善。

在司法保障方面，早在2008年5月，江苏省无锡市中级人民法院建立环境保护审判庭及辖区内环境保护合议庭。2008年8月，江苏省常州市新北区人民法院环境保护巡回法庭成立。笔者于2014年参加在江阴市举办的“全国环境生态案件区域性审判研讨会”期间，实地观摩了当地法院审理环境污染被告人庭审活动，法院当庭以刑事附带民事判决被告人担责。

三、农业生态环境保护法制建设现存缺陷

(一)立法体系不完备

据前文所述，我国关于农业生态环境的保护没有专门的立法，而是分布于其他法律法规之中。这些法律法规，对涉及农业生态环境保护的规定都没有体现出农业生态环境保护的特征。因为这些规定没有形成一个统一完整的农业生态环境保护法律规范体系，这种分散式的立法模式与农业生态环境本身具有的内在统一性和整体性特征不适应，不能有效遏制我国农业生态环境整体上继

续恶化的趋势,并预防潜在的农业生态环境问题的产生,甚至可能加剧对农业资源的掠夺式开发利用,加剧农业生态环境的退化。由于农村环保起步较晚,针对工业化农业地区环境生态保护的现有立法在许多方面存在空白,在生态农业、水污染、土壤污染、面源污染防治方面都很欠缺。如作为辅助规范的具体农业环境标准的制定滞后,导致农产品的检测结果相去甚远。

(二)制度内容不合理

目前,我国法律对农业生态环境保护的主要态度是重防治、轻修复。《江苏省农业生态环境保护条例》第8条规定:"对农业生态环境保护和污染防治,实行预防为主、防治结合、综合治理的原则。"条例也规定了防治规划、监督管理、法律责任等内容,但是对农业生态环境的修复却没有具体的规定。同时,我国关于农业生态环境保护的法律规范的制定时间较早,对工业化背景下的新型农业污染防治重视不足。《江苏省农业生态环境保护条例》于1999年制定,2004年修改,其对农业污染的防治多是针对传统的农业污染,例如耕地保养、不得焚烧秸秆、禁止围湖造田、合理使用化肥农药等。这就导致实践中对化工企业、乡镇企业的法律约束力不够,工业污染在各地愈演愈烈。

(三)执法不规范

农业生态环境保护在执法体系上的不足主要表现在程序的控制和保障的缺失。如《江苏省农业生态环境保护条例》规定,执法主体主要是农业农村行政及生态环境行政主管部门。但是,对执法者的执法程序却没有具体规定。一方面,执法者随意执法的情况严重;另一方面,因没有程序的制约,执法部门滥用职权或不作为都没有相关的责任追究机制。条例中对于政府部门以及行政管理相对人的权利义务的规定具有不平衡性。一方面,它赋予环境管理机构很多的权利,但缺乏有效的监督机制;另一方面,它赋予环境管理相对人很多的义务,却很少规定保障环境管理相对人权益实现的程序机制,导致环境管理相对人的合法环境权益得不到保障。农业生态环境关乎广大农民的切身利益,在环境执法过程中,农民的监督应该必不可少,但我国相关法律并没有明文将农民纳入监督体系。

(四)配套制度不健全

工业化导致农村住宅区和生活区快速城镇化,环境问题也接踵而至,但相应完备的城市、农村生活环境管理体系却没有建立起来,如污水处理制度以及垃圾处理制度等。目前,我国已经建立了环境影响评价制度、限期治理制度、

“三同时”制度、排污收费制度、农业生态补偿制度等一系列生态环境保护法律制度。但制度与制度之间缺乏配套性与协调性，导致很多制度不能真正发挥其效用，如《江苏省农业生态环境保护条例》第 25 条规定了排污单位限期治理制度，但是条例全文以及其他相关文件并未对限期治理制度的程序作出统一具体的规定，导致该制度未能得到良好实施。

四、完善我国农业生态环境保护法律制度的建议

（一）制定一部统一的农业生态环境保护法律

完善农业生态环境保护法律制度的首要措施就是根据我国农业生态环境的客观规律，尽快制定一部综合性的农业生态环境保护法律，以解决我国农业生态环境立法过于分散的问题，为农业生态环境保护提供更直接有效的法律依据。

德国、美国等发达国家，在农业生态环境法治方面有成熟的法治经验，如德国《农业法》第 4 条规定，联邦政府每 4 年要向联邦议院作国家农业状况详细报告，作为权力机关调整农业政策、制定或修改有关农业的法律的依据，以及对政府的农业工作作出评价。瑞典于 1980 年后，相继制定 15 个单项的环境法规，1999 年 1 月 1 日又出台了一部完整的《农业环境保护法》，其环保政策和法规有的已被欧盟用作共同准则的样板。对此，中国农业生态环境立法可资借鉴。农业环境立法要结合中国国情，坚持科学可持续发展的立法宗旨，内容上要从传统的以污染治理为主，转变为生态环境保护为主；在立法中还应重视内容的合理化，除了要严格坚持预防为主原则，还应重视污染后的修复工作，并根据农业生态环境实际受污染情况，着重工业化背景下新型农业生态环境污染的治理；要坚持环境与资源保护优先原则，即在经济开发活动中，必须把环境与自然资源保护放在首要位置，防止经济开发变为环境大破坏，在经济利益或其他利益与环境利益发生冲突时，优先考虑环境利益，严格禁止以牺牲环境为代价来换取经济的发展。

（二）做好科学民主立法

为使实践中各项行为有法可依，必须注意立法科学性。有人把生态环境相关标准，作为环保的基础性规范，足以看出相关标准的重要性。加入 WTO 以后，我国在调整或者重新制定环境标准的时候，不但要考虑我国的现有的生态质量，同时还必须积极借鉴国外各项技术和标准。农民作为农业生态环境标准的直接关联人，应积极参与标准的制定与修改，发表适当意见，使农业生态环境标准既满足生态的需要，又满足农民以及农业生产的实际需求。

（三）体现科学规划的积极作用

尽管我国有城乡规划法，笔者也曾写过科学规划在法治城市中的作用专题文章，可是在中国农业生态保护的现实中仍缺少整体规划，立法中要突出科学规划的位置。为了有效体现科学规划的价值，国家应成立专业部门、组织科学队伍调查工作化发展较快地区村、镇工业企业的生产实际状况，对农业生态环境整体质量和自然整体环境关系、反映生态环境的整体情况。

（四）健全相关配套制度

现实中，农业生态环境保护制度因缺乏配套性而不能得到真正贯彻，使之流于形式，因此，加强相关配套性机制建立势在必行。如为了使生态恢复补偿制度发挥其应有的效用，建议开征生态环境税、完善生态补偿机制、加大政府财政投入和支持力度、实施绿色国内生产总值制度等。不仅有利于农业生态环境保护制度的实施，而且有利于克服执法者、排污者行为的随意性，保护农民的合法权益。

（五）提高保护农业生态环境执法水平

"徒法不足以自行"，中国执法者要加强队伍标准化、规范化管理，提高执法水平和能力。统一执法装备，公布执法信息，坚决查处违法违规的案件。农业生态环境保护监督管理体制应采用统一监督管理与分工负责相结合的原则。应构建我国农业生态环境公开法律体系，不断完善农业生态环境信息公开制度，使其在公众的参与下得到有效监督，明确规定不依法公开信息的法律责任。

五、小结

苏锡常地区作为工业化飞速发展的经济发达城市，其近几年不断出现的农业生态环境污染问题令人堪忧。从笔者代理案件的实际来看，除了农民自身环保意识的缺失、乡镇企业唯利是图等原因处，最主要的是因为农业生态环境保护的法治建设不完善，法律规定过于简单、分散，执法体系不健全，排污者、执法者的行为受法律约束力较小。笔者建议，在增强农民环保意识、完善乡镇配套设施的同时，最重要的是尽快完善农业生态环境保护法律制度，坚持科学立法、民主立法，重视科学规划的作用，使农业生态环境保护有法可依，为农业生产、农民生活以及国家经济提供良好环境。

（摘自2016年《中德法学论坛》论文集，刘万福、刘月竹著）

与女儿共同撰写专业论文在“中德法学论坛”演讲

9. 透过雾霾的思考(2016年)

一、前言

柴静的《穹顶之下》,在全国范围内影响巨大,它引发人民从感受雾霾到关注雾霾进而到思考雾霾。本文便透过雾霾引发的一系列问题进行思考。

关于20世纪有影响的环境公害事件

一是伦敦烟雾事件:1952年伦敦烟雾事件是1952年12月5日至9日发生在伦敦的一次严重大气污染事件。这次事件造成多达12000人因为空气污染而丧生,并推动了英国环境保护立法的进程。

二是洛杉矶光化学烟雾事件:20世纪40年代初期发生在美国洛杉矶市。光化学烟雾是大量碳氢化合物在阳光作用下,与空气中其他成分起化学作用而产生的。这种烟雾中含有臭氧、氧化氮、乙醛和其他氧化剂,滞留市区久久不散。在1952年12月的一次光化学烟雾事件中,洛杉矶市65岁以上的老人死亡400余人。1955年9月,由于大气污染和高温,短短两天之内,65岁以上的老人又死亡400余人,许多人出现眼睛痛、头痛、呼吸困难等症状。直到20世纪70年代,洛杉矶市还被称为“美国的烟雾城”。

三是马斯河谷烟雾事件:事件发生的地区是比利时境内沿马斯河24公里长的一段河谷地带,即马斯峡谷的列日镇和于伊镇之间,两侧山高约90米。许多重型工厂分布在河谷上,包括炼焦、炼钢、电力、玻璃、炼锌、硫酸、化肥等工厂,还有石灰窑炉。

二、认识雾霾

雾是由水汽组成,雾本身并不是一种污染。霾是由细小的颗粒物组成的,颗粒基本在微米量级,不像雾是在十几或者二十个微米的量级。

空气质量分指数是对照各项污染物的分级浓度限值,以细颗粒物(PM2.5)、可吸入颗粒物(PM10)、二氧化硫、二氧化氮、臭氧、一氧化碳等各项污染物的实测浓度值分别计算得出的一个数值。PM2.5是指大气中直径小于或等于2.5微米的空气中的悬浮物,也称为可入肺颗粒物。它是日常发电、工业生产、汽车尾气排放等过程中经过燃烧而排放的残留物,大多含有重金属等有毒物质。

三、中国雾霾现状

目前,基本上霾天数已超过雾天数。统计数据显示,我国雾霾天气成因具有明显的季节性变化。1981年至2014年,霾天气出现频率是冬半年明显多于夏半年,冬半年中的冬季霾日数占全年的比例为近一半。

雾霾的危害:

一是对自然的危害,包括:(1)环境生态恶化破坏;(2)空气雾霾;(3)水质恶化;(4)土壤重金属超标、盐碱化、沙漠化;(5)太空臭氧层破坏、城市光污染。

二是对人的健康危害:包括:(1)雾霾天气诱发心脑血管病,“小颗粒物对细胞损伤已是公论”。内皮层的损伤及功能紊乱与多种疾病的发生密切相关,包括高血压、冠心病、糖尿病、慢性肾功能衰竭等。(2)大雾天气易发呼吸道疾病。(3)雾霾天气比香烟更易致癌。(4)长期雾霾天易诱发心理抑郁。(5)其他未知未发现不良后果。

研究显示,75%的PM2.5颗粒在肺泡内沉积,长期停留在呼吸系统内,会让呼吸系统发炎,雾霾天气比香烟更易致癌。城市大气颗粒物中的多环芳烃与居民肺癌的发病率和死亡率相关。据原卫生部消息,过去30年,肺癌死亡率在中国上升了465%。

三是对社会的危害:包括:人文精神的堕落;拜金主义、思维的狭隘性;人伦堕落,仅为了车房票而舍弃人文;短视、浮躁、浅薄、极端自私、凶残;社会人普遍忘了关于幸福本质的思考。

四、中国雾霾的成因

1. 碳排放大增:众多人口的消费,尤其对汽车、房屋的消费带来巨量石化能源消耗。

2. 破坏自然水汽循环：大面积开发，城市扩张、众多开发区建设；重复拆建形成恶性循环：毁坏自然、增加污染。

3. 环境保护管理形同虚设：环保服从 GDP、环境影响评价制度走过场，形同虚设，社会环境管理极不到位。

雾霾的发生和发展，一般呈现以大城市为中心的蔓延模式。循环系统被阻隔、干扰和破坏，植被也变得稀疏，城市多见只有装饰作用的人工草坪。各种污染物被集中和持续排放，大量污水排送至外界。长期大量开采地下水导致水循环系统的整体失衡与失能，地下水问题和生态破坏与环境污染相互作用、综合累加，最后越过循环系统自我修复的临界点，致使本地循环功能趋近丧失。

4. 现代社会人的不科学的幸福观助推雾霾的加剧。价值观：金钱至上论；高碳生活：奢侈、铺张、排场。

五、抗击雾霾之法

（一）国外抗击雾霾之立法经验

英国：

伦敦烟雾事件后，1953 年伦敦成立 the Beaver Committee（比弗利委员会）；

1956 年英国颁布了《Clean Air Act》（清洁空气法案）；

1957—1962 年，在 12 次严重的伦教雾霾事件后，1968 年英国扩充了《清洁空气法案》；

1974 年，英国颁布《Control of Polltion Act》（污染控制法）；

1993 年，所有英国出售的新车都必须加装催化器减少污染；

2008 年 2 月，伦敦对大排量车的进城费升至每天 25 镑；混合动力低污染的公交车投入运营；政府用车几乎绝迹，上到首相，下到部长和议员都骑自行车、乘地铁上下班。

美国：

美国环境法的出现：20 世纪 70 年代是美国环境法发展史上最重要的一个时期，这一时期制定了美国当代几乎所有重要的环境法律，一个重要原因是环境保护没有得到全社会的支持。当环境保护只是少部分人的努力时，国家范围内的环境保护就是一种空谈。这种状况在 20 世纪 70 年代发生了根本性的转变。环境问题此时成了社会重要问题之一。1970 年环保局成立之前，联邦政府没有组织机构可以共同和谐地对付危害人体健康及破坏环境的污染问题。环保局局长由美国总统直接指认,直接向美国白宫问责。环保局雇用1.7万多名职员。所有职员都受过高等教育和技术培训,基本由工程师、科学家和律师组成,比例是各占一半。

美国环境法律师的职能发挥:对违法行为采取一系列措施,包括民事诉讼、民事处罚、禁令救济、刑事诉讼、刑事罚款和赔偿、监禁、公民诉讼(诉违法者、诉联邦机构),成立了美国环境法协会、美国律师协会环境及能源与资源分会、相应的州律师分会、美国环境法律师学会,成立环境法研究所,构造环境法"智库"。

(二)我国抗击雾霾之对策

1. 理念之遵循

理念的"不作为":遵循大道至简、道法自然、无为而治的传统理念;遵循自然规律,努力恢复相对正常的自循环体系和生态系统。国家政府的"作为":国家及政府重视对污染的治理和环境的保护,建立相应的环境保护机构,重在落实具体措施,包括:第一,制定科学发展的低碳战略,在各个方面提倡节能减排,多鼓励创造那些蕴含巨大经济财富并且是可再生、可持续的清洁能源,如风光电资源,抑制和打击那些对环境造成严重污染的高碳能源。第二,借鉴国外立法经验,从西方国家如英国、美国治理环境的一系列举措中汲取经验。从立法层面上对环境保护提供必要的保障。具体来说,国家立法机关要加强环境立法,针对我国具体国情完善相应的环境法规,严厉打击和制裁破坏环境的行为;加大我国对破坏环境行为的行政处罚力度,必要时给予一定刑事处罚;完善我国环境污染责任追究的诉讼制度,修改环境污染责任追究条款。

2. 法律人之作为

法律人应积极学习专业知识,加强对环境法和卫生法认识;做好普法宣传,除了普及低碳环保常识外,还应向普通民众和相关生产型企业介绍我国环境相关法律的基本内容,增强普通民众和企业的守法意识;积极参与环境公益诉讼,强化环境司法功能,通过司法来推动我国环境治理和保护进程。

3. 社会人之行为

做好自己,推己及人,尤其是当代大学生。

学习环保知识、做好自我保护:

一是了解所处环境状况,下载全国空气质量App随时查看;

二是雾霾指数50以下加强锻炼,雾霾指数50以上加强封闭。

思考科学应对:

在个人方面做好以下措施。衣：密闭性防水衣，3M 口罩；食：清淡、清肺、有营养；住：通风、密封、简洁；行：减少出行活动，尽量乘坐公共交通工具，自驾车适时开启内外循环。

观念上树立社会责任和环保意识：

认识只有一个地球；世界环境，连为一体；大气、洋流循环，相互影响。学习军人荣誉感、奉献和爱的精神；低碳生活从自身做起，如租房；从小事做起，如骑行。树立法治意识，敬畏法律，遵循环境法。

具体行动上落实包括：

调整心理，认识幸福的实质就是简单、宁静；修养自己，勤以修身、俭以养德；进行专业研究，如积极学习卫生学、建筑学、环境法学等相关课程。

（摘自东南大学 2016 年 6 月 29 日大学生课外学分讲座，发表于《南京大学法律硕士评论》2016 年第 11 期）

10. 用最严格制度最严密法治保护生态环境（2018 年）

习近平总书记在全国生态环境保护大会上强调："用最严格制度最严密法治保护生态环境，加快制度创新，强化制度执行，让制度成为刚性的约束和不可触碰的高压线。"这是新时代推进生态文明建设的一项重要原则。作为一名长期从事环境法律服务的律师，我对此深有感触、深感认同。只有实行最严格的制度、最严密的法治，真正让环境法律制度成为"高压线"，才能为生态文明建设提供可靠保障。

用最严格制度最严密法治保护生态环境，直击当前环境治理要害。最严格的制度就是在制度上和机制上完善创新，强调静态的制度规定，而这严密的法制更为强调动态的制度执行，强调要全方位实现环境法治。这是对过去执法不严等现象的有效回应，也表明对破坏生态环境行为的惩治决心和力度。只有将生态文明制度，建设和法治建设，协调统一起来，才能覆盖生态环境保护和治理的方方面面，真正解决环境违法成本低等问题，发挥好制度和法治对生态文明建设的保驾护航功能。

用最严格制度，最严密法治保护生态环境，呼唤加快制度创新。生态环境保护的制度创新技术基础工程更是系统工程，要从法律法规、标准体系、体制机制以及重大制度安排入手，进行总体部署，是生态文明建设进入规范化、制度化的轨道。当务之急,就是要健全自然资源资产管理体制,创新自然生态环境管理制度,创新生态补偿制度,创新生态文明考核评价制度。在此过程中,要注重密切跟踪国际环境立法趋势,研究借鉴国外的环境立法经验,从中汲取适合中国国情的有益经验。环境法律制度具有很强的技术性、专业性,对制度设计的科学性有更高的要求。因而,要让更多环境保护领域的专家学者参与立法过程中,从污染治理技术、环境治理规律等方面献计献策,同时也要坚持开门立法,鼓励引导普通公众广泛参与立法活动,让环境制度规范更加接地气、可操作。

用最严格制度最严密法治保护生态环境,关键是强化制度执行。无论法规制度,多么健全多么完善,如果仅仅是写在纸上、挂在墙上、说在嘴上,那么这永远是一纸空文一个摆设。习近平总书记指出:"法规制度的生命力在于执行。贯彻执行法规制度关键在真抓,靠的是严管。"环境法律制度的执行,更是如此。一方面要建立完善环境执法体制,配齐执法人员,配足经费。严厉打击破坏生态环境的违法行为,让制度长出"钢牙利齿",形成在"生态环境保护问题上不可越雷池一步"的刚性约束。对于执法中玩忽职守等行为,要从严追责、从严惩戒。各级人民法院、人民检察院要让人民群众在每一个环境司法案件中感受到公平正义。环境律师要积极融入、主动作为,在生态环保领域努力为群众提供便捷、高效的法律服务。另一方面,党政机关要严格考核,引导各级领导干部树立正确政绩观。建立科学合理的考核评价体系,真正把制度执行落实情况纳入各级班子考核内容,将生态环境考核结果作为干部奖惩和提拔使用的重要依据。同时,对制度执行不力的要坚决追究责任,对违背制度的要坚决进行问责,确保环境法律制度执行上下协同,不打折扣。

(摘自中共江苏省委主办的《群众》杂志2018年第13期)

第三章

案——32 件典型案例彰显 32 年法律人生缩影

一、民事案件

1. 教授夫妇状告“120”急救不急案(2001 年)

2001 年的春夏之交,身为 A 大学和 D 大学苏教授夫妇的儿子突患急症,夫妇俩由于年事已高且身体又不好,无法亲自送儿子去医院,于是拨打当地“120”求救。夫妇二人先后于上午 10 点 53 分、11 点零 5 分两次拨打“120”求救,对方皆称现在无急救车可派。11 点 11 分,心急如焚的苏教授第 3 次拨打“120”,对方终于表示有车可以出发。夫妇二人焦急地等待着急救车,此时的他们把挽救儿子性命的希望全部寄托于急救车。11 点 25 分,“120”急救车到达,出诊的医生查看了病情,给苏教授的儿子打了一针、作了心电图后便说人已经死亡,并且没有抢救的必要了。随后收了教授夫妇 120 元的出车费,在开出居民死亡医学证明后离开。

父母在自己的孩子病重垂危之际却无能为力,只能眼睁睁地看着自己的孩子一点点走向死亡,他们心急如焚下呼吸间带来的热气却敌不过死亡的阴寒,而一次次拨打“120”求救的话语间,死神垂下了双翼。对于这样伤心而又绝望的痛楚我们无法感同身受,却也知道他们此刻已是痛彻心扉。而在这种情况下,能给予苏教授夫妇二人唯一希望的“120”急救车却久候不至,本该忙着与死神赛跑的医生也姗姗来迟,“120”急救中心距离苏教授家只有仅仅 1.3 公里,可这 1.3 公里却成为一道隔着生死的鸿沟,将一对父母和他们的儿子永远地分开了。

悲痛欲绝的苏教授夫妇慕名找到了我,相信具有医学知识的律师能从专业的角度处理好关于他们儿子的案子,于是委托我代理他们起诉“120”急救中心,为他们和去世的儿子讨回公道。我很敬佩苏教授夫妇,他们有着读书人的气节,即便依旧悲伤于儿子的去世,但他们的所思所想也从未只局限于单纯的赔偿或者报复,而是真真切切地为这座城市的所有市民而担忧,带着理性去思考。他们深知自己的遭遇已是覆水难收,但他们希望以此为戒通过法律的帮助警示和避免这类悲剧再次发生,同时他们只希望自己是这类问题的最后的受害者。

我在认真分析了案情后,发现这是一个严重落后的急救机制且有关人员对病人不负责任所酿成的悲剧。而这起悲剧原本是可以避免的。"120"急救中心距离苏教授家仅仅只有 1.3 公里,我接案后专门打出租车沿线路进行测试,在遇到几个红灯的情况下全程仅用了 4 分半钟。急救中心有 17 辆急救车,其中 12 辆车处于闲置状态,这样的车辆分配使用情况存在着很大的弊端。再则,急救中心安排工作人员连续值班 24 小时,在身体和精神过度疲劳的同时也增加了在工作上存在"疏忽"和"不负责任"行为的概率,这不仅是不合理的,也有违劳动法规定。作为急救专业部门,"120"急救中心没有按照有关科学规定合理安排车辆,配备认真熟练的医务人员,对患者不急不救,这明显违反了职业规范。更为离谱错误的是本次救护车到达现场后,病人一息尚存,还存在抢救的必要性,但是医生却没有采用科学有效的抢救措施,而是简单地操作了一番,在收取 120 元的出车费后离开。我认为"120"急救中心是负有急救责任的特种医疗机构,根据"120"服务电话的承诺,急救中心与原告实际形成契约关系,急救中心接到求救电话后就应合理组织救助力量,立即履行职责,积极科学地抢救病人。除了在道义理念上是"爱心",更具有"契约"这个根本属性。再者,当任何一份工作与拯救生命画上"等号"时,这份工作就带有了无比沉重的责任,任何疏忽与落后都将会以生命为代价来诠释。

在经过近半年双方协商无效的情况下,我代理苏教授夫妇把"120"急救中心告上了当地法院。由于这是"120"成立以来第一次作为被告,所以此案的诉讼受到了社会各界人士的广泛关注。我们在诉状中称:打这场官司不仅仅是为教授儿子讨还公道,也是为 600 万 N 市市民的"生命绿色通道"要一个说法。在法庭上,我运用证据全面、科学地分析并指出本案中的"120"急救中心由于其设施、观念和制度上的陈旧、落后及违法,不能及时行使自己的职责出救病人,反而因为延误救治导致病人死亡的事实,表明"120"过错十分明显,依法应当整改并承担相应责任。这不仅是为了苏教授夫妇,同样也是为了避免这类悲剧再次发生。

案件审理期间,中央电视台黄金栏目"东方时空"特邀我作为《时空连线》嘉宾,著名主持人柴静与我连线对本案进行讨论。于 2002 年初在央视一套、二套、四套连续播出。

法院开庭时，我在充分论证急救中心的过错应依法承担相应法律责任外，还特别强调："120"是"要爱您"的谐音，它表达国家设立公共急救机构对社会公民的人伦关怀，而不是"120"到现场收取120元钱。法院在判决书上肯定了我的正确观点，认为此诉具有较高的法理价值和广泛的社会意义。这不仅使公众与弱者从中受益，更重要的是通过法庭审理方式、央视等媒体关注报道，促进本地乃至全国各地"120"的深化改革。当地卫生行政部门在案件审理后，针对急救中心在官司中所暴露出来的问题对"120"进行了全面整改，引入竞争机制、加强内部管理，建立全市急救网络、增加设备等。这是新中国成立以来首次状告"120"特种行业责任赔偿的案件。

案件审理结束后，央视"社会经纬"栏目再次制作了该案的专题节目向全国播放。全国两会期间，《人民法院报》的两会专刊在《法院建设5周年辉煌成就》特别栏目中，配发了我此次法庭辩论的照片。

令人感到欣慰的是，这场诉讼引起了有关部门对急救中心建设的重视。经历了这场诉讼后，急救中心也着手改良设备、增添器材、增设急救网点。据N市卫生局医政处有关人员介绍，案件经中央电视台报道后，该急救中心已经增设若干个急救网点。

这桩案件判决后，多地陷入"120"急救中心的纠纷或诉讼的"120"急救中心的相关人员都接二连三来到N市了解情况。这个案件给予各个医疗单位以启示，包括N市在内的很多城市的医疗单位，本着负责和科学的态度，根据居民区的分布增加设立救护点，保证救护车在10分钟内能到达各个居民区，以全新的"面貌"有效再次开启通畅的居民生命急救通道。对于这个案件来说，平息纠纷或诉讼不是最重要的，毕竟苏教授夫妇已痛失爱子，这个代价是任何道歉或者金钱都无法换回的。这个案件的关键和真正意义在于它给

2002年与《东方时空》《时空连线》主持人柴静对话"急救不急"话题

予各急救中心以及有关部门紧迫压力，让有关部门重视及整改这套急救系统的缺陷与不足，反思急救系统存在的真正价值和意义。“救死扶伤”本就是医生的初心和使命，它从来都不应该被遗忘。

2. 中国首例“性权利”精神赔偿胜诉案(2002 年)

2001 年 4 月 27 日 11 点左右，在 N 市垃圾场工作的张某像往常一样正要为倒完垃圾的卡车关上车尾的门时，命运却和张某开了一个天大的玩笑。倒车对于一个司机来说是再平常不过的操作了，却使得张某的后半生不再平常。短短数秒的时间，容不下一句提醒，悲剧便已经降临。一声惨叫后，张某倒在了车轮之下，车轮从他的左腿外侧直接碾压过了胯骨。随后鲜血淋漓的张某立即被同事从车底下抬出，紧急送往当地省中医院进行抢救。事故后被诊断为左骨盆骨折，后尿道严重损伤。当时正值梅雨季节，潮湿阴霾的天气成了这对夫妻最好的心理写照。妻子守着丈夫坐在病房里，通过窗户可见外面便是一片阴雨绵绵，这样的日子苦闷而又漫长，让人看不到半点希望。事后当张某再次回忆起这起祸端，面色中依然充斥着痛苦与绝望地说：“当时我就站在车后边准备打开车厢挡板时，不料司机猛一下倒车，我立即就往后退，可是根本来不及！卡车的后门一下就把我抵倒了。我倒地以后，车子后轱辘又从我左大腿部直接碾压过去。”

之后由于送医及时，再加上张某年轻时曾习过武，培养出了强健的体魄，所以经过治疗后的张某很快康复。这本是重生之喜，应该以“大难不死，必有后福”的结局来收尾，可命运似乎总是反复无常，医生的话让他再次陷入无尽的痛苦之中。医生沉重地对张某说道：“你这个生殖器中的血管断裂了，神经也损坏了，如果你在半年之内没有恢复起来，可能一辈子都是这样了。”张某立刻怔住，也许是不屈服于现状或者是留有侥幸，总之张某内心不愿承认。

对于含蓄内敛的中国人来说，“性”似乎是一个让人难以启齿的词汇和话题，更令人苦不堪言的是，当一个人的“性功能”出现问题时却不能够直观地寻求帮助。带着医生的“宣判”，张某忐忑不安地继续生活了 4 个月。在这期间，夫妻二人从未放弃过，访遍各大医院、吃偏方、看中医，他们几乎向所有自己能够打听的人询问了那平时难以启齿的秘方，几乎道尽途穷。可对医生的“宣判”，奇迹的发生对于张某来说只是虚无缥缈，好似只存在于虚妄的想象之中，留给他们夫妻二人的却是残忍的真实现状。一次次的尝试换来的是一次次的失望，消极气馁使妻子沉默不语，灰心颓废是张某脚下的烟头，二人之间的相处气氛日渐诡异。“性功能”成为二人之间的禁忌话题，妻子生怕自己会给丈夫带来压力便只字不提。张某对妻子的用意心知肚明，却只能心照不宣地报以沉默。无论二人是如何心有不甘，事实印证了医生的预判，张某的确丧失了性功能。心情沉重的张某此时如同大梦初醒：“既然事实已经如此，非人力能够改变，那么我就要向肇事者索要赔偿！我要为自己的后半生讨个说法！”肇事的卡车司机属N市J区环卫所的职工，于是张某带着愤懑和决心走进了环卫所。然而，张某合理的赔偿请求竟遭到单位领导的果断拒绝。百般争论之下，单位领导最后回应他：“如果非要我们赔，你必须拿出赔偿依据，我们才会赔你！”在不断地推诿扯皮后，张某感到和解的希望越来越渺茫。

1993年有一部电影叫《秋菊打官司》，谁也没有想到在十年之后，秋菊的讨说法也有这么一个传人。只可惜现实总是比文学创作骨感，这场官司的难度可想而知。“性”这个词在日常生活中足够让人羞涩和难以启齿，而现在的张某夫妻二人却需要因为此事一次次地拜访律师寻求帮助。对于张某来说这就是在一次次撕开自己尚未长好的疤痕。而对于张某的妻子来说，多次反复陈述此事令她很是尴尬和难为情，同时也给她带来了极大的羞耻感。在拜访了十多所律师事务所却无功而返让他们沮丧至极，不禁怀疑这真的是一场可以打赢的官司吗？

在朋友的介绍下，张某找到了我，虽然我们只见了一次面，但之后张某却认准了要委托我帮助他讨回公道。我起初认为可能是我与他有着乡缘的关系。后来的交谈中我才了解到，张某选择我是因为他认为我有医学和法律专业背景，也有胆识更有魄力，值得他信赖。

接到这个案子后，我有了一个大胆的想法，让他妻子作为共同原告来起诉。保护公民的健康权，就是保障公民身体的机能和器官不受非法侵害，那么“性权利”也同样应该作为公民的健康权受到法律的保护。虽然目前我国还没有明文法律规定，但婚姻之外的性生活是悖德违法的。因此夫妻之间的“性权利”实际上是受法律保护的重要基本权利，也是我们国家的道德同样肯定的。基于以上逻辑，当男方的性功能遭到侵害，则其女性配偶的性健康权利客观上也受到损害。在当时的环境下，我提出的想法是前所未有的，我想到这个案子如果做成功了，它将是全国首例“性权利”精神损害赔偿胜诉的案件，具有相当高的社会价值和历史意义。

作为律师,我深知证据的重要性。张某到底是否失去性功能他自己说了不算,必须要通过有关部门的鉴定才具有说服力。我们很快和环卫所一起在N市公安局物证鉴定处做了第一次鉴定,鉴定结果为张某阴茎勃起障碍构成八级伤残。这表示着张某还有部分性能力,但这并不符合实际情况。随后我带着张某到N市中级人民法院,又去做了一次鉴定。鉴定结果为阴茎勃起功能严重障碍属六级伤残,第二次鉴定结果表明张某完全丧失了性功能。拿到这份鉴定结果后,我感到万事俱备,只差最后临门一脚,我要说服张某的妻子答应做共同原告!

作为一名朴实的农村妇女,每日兢兢业业地生活,不好意思出面索要赔偿。我完全理解和同情这位劳苦且厚道的40岁妇女,“性”话题对大多数人来说都难以启齿。我和她交流说明民事案件当事人可以委托律师全权处理,自己不要出面,只要在委托书上签字就可以。张某的妻子松了口:“那行吧,我全权委托你帮我打这场官司。”得到张某妻子的全权授权委托后,我为她提出与丈夫一起作为共同原告,专门索要“性权利”受损精神损害赔偿金1万元的诉讼请求。当时选择索要这1万元精神损害赔偿金的数额也颇费周折。因为当时法院按照4%的标准收取诉讼费用,若要高了而得不到支持,这诉讼费的损失较大;要低了也不足以弥补她的精神损害,因此我建议她就选择1万元,以补偿自己的“性权利”确实受到伤害。

2002年2月6日,N市Y区人民法院正式受理了张某和他的妻子的诉讼,我作为两原告的诉讼代理人,在庭审中要求判令被告赔偿张某医疗费、误工费、交通费、营养费、护理费、残疾用具费、残疾者生活补助费、残疾赔偿金共计10多万元,赔偿张某的妻子精神损害抚慰金1万元。而被告J区环卫所却又对我们第二次单独到N市中级人民法院做的鉴定结果提出了质疑。根据被告的要求,法院组织我们到J省人民医院司法鉴定所做第三次鉴定。第三次和第二次鉴定的结果是一致的,环卫所的疑问消除了。

N市Y区人民法院审理开庭时,我发表的关键代理意见认为:原告张某的妻子与原告系合法夫妻,因被告单位驾驶员的侵害行为使原告张某阴茎勃起功能严重障碍构成六级伤残,同时给张某的妻子带来不完整的夫妻生活致使其应有的夫妻生活权利受到侵害。而夫妻性生活权利是公民健康权的一个方面,在生命健康权受到侵害时完全有理由要求加害人赔偿精神损失。被告认为:张某的妻子没有受到损害不应主张赔偿,并说即使主张赔偿,也应另案起诉。我辩论道:食色,性也,性的生殖功能、健康功能、愉悦功能是整体的,我国实现性健康权的唯一合法合乎道德的方式就是夫妻配偶之间。张某的性功能损害事实清楚,必然导致他的妻子健康权受到损害。至于被告提出的张某妻子另案起诉问题,我国法律明文规定,索要精神损害赔偿一般不能单独起诉,被告认为张某妻子可以单独另案起诉,客观上也是认可了张某妻子受到了损害。根据司法的效率原则,张某的妻子也应当在本案共同诉讼,以节约司法资源。主持庭审美丽和善的王玲法官要我写好论述充分的代理词交给她参考。2002 年 8 月 5 日,王法官全面采纳我的代理意见,判决被告 N 市 J 区环卫所赔偿张某性功能障碍残疾赔偿金等损失 109207.20 元,赔偿张某妻子性健康权精神损害抚慰金 1 万元。一审法院判决后,被告方没有提起上诉,此判决书生效。

这一划时代的判决,立刻引起了国内外众多媒体的关注和竞相报道。《澳大利亚人报》记者电话采访我,以此案为例说明中国妇女的性意识觉醒和进步,对中国律师和法官给予了高度的赞扬,评价这是"中国法治的进步"。《中国妇女报》、《中国青年报》、《人民法院报》、《知音》杂志、上海东方电视台等国内媒体均对我并通过我说服委托人接受专题采访报道。本案被中国检察学会评为"2002 年度中国民事审判十大重大影响案件"之第二位,称其为最具"人性化"的判决;中国著名法学者杨立新教授撰写文章评析此案为:这是间接侵害夫妻关系的典型案件。我看后认为间接侵害夫妻关系是美国法律的重要理论,中国是以法律为准绳的成文法国家,显然不能直接适用美国的法律,因此我专门以此案为例撰写《论我国民法的性健康权的保护》一文。这篇文章发表在当地省级社会科学期刊上,受到了很多关注。2004 年中国性学会成立 10 周年,专门收录了我的文章,并特邀我参加在北京人民大会堂举行的庆典年会,顺利当选为中国性学会法律专业委员会委员。司法部专门报道律师事迹的专业栏目"律师视点",专派记者许峰采访了我和张某夫妇,制作了《性权利》专

接受"律师视点"记者采访制作《性权利》专题节目

题节目，随即在上海东方卫视播出，后被我国香港特区《凤凰卫视》向全世界播出。时隔七年后的2009年，央视“半边天”栏目专门派出记者找到我联系张某夫妇，采访制作了专题节目作为国庆60周年大型情感栏目播出；2011年，央视“社会与法”栏目再次作为国庆特别节目向全国播出。这起全国首例“性权利”胜诉案，被全国众多大学法学院系研究生作为经典案例研究学习。

这一场官司，不仅仅是我和张某夫妇三个人的成功，也是中国司法审判的重要成就，更向世界展示了中国司法文明在实践中的显著进步！

3. 撒贝宁：“建的错，拆的也错”案（2002年）

2002年，N市市民庄女士花巨资购买了当地知名房产公司的18层顶楼，随后在自家的阳台上搭建了一间8平方米的厨房，这是庄女士选择高价购买顶楼的初衷。庄女士在购买当下就表明自己会在楼顶搭建厨房，当时房地产公司也向庄女士表态：“楼顶阳台属于你自家范围，不会影响别人，没有问题可以搭建。”可没有想到的事发生了，厨房搭建完成后，房地产公司旗下的物业公司人员无视国法人权，夜晚趁庄女士不在家之时，派人翻墙进入室内，暴力地将庄女士的厨房和房内物品全部砸毁。被人翻墙入室且恶意打砸室内用品，庄女士心中的恐惧和屈辱感不言而喻。

保证公民的住宅不受非法侵犯，这是一个被国际社会所普遍接受的人权理念和准则。很难想象在中国这样一个法治社会，一个知名大公司就这样恣意妄为地非法强行闯入他人住宅，随意砸毁他人财物，这种暴力行为甚至已经威胁到了庄女士的人身安全。面对这种严重侵犯人权的强拆行为以及对方专横跋扈的恐吓和威胁，庄女士果决地向当地派出所报案。派出所民警现场调查后找到物业公司，物业公司领导却无所忌惮地说：“她是非法搭建，你们警察不要管，她有本事就到法院去告我吧！”报案无果后，庄女士万般无奈，最后决定选择去法院诉讼来维护自身合法权益。她通过报纸对我的相关报道了解到我，通过交流当即委托我作为她的代理律师状告非法打砸毁坏她家阳台厨房的物业公司。

我们将物业公司告上法庭后，对方的行为令人瞠目结舌。物业公司得知自己被告上法庭后，非但没有悔改道歉，反而在第一时间派人威胁我，并且扬言跟他们大公司作对是不会有好结果的。真的很难想象这样一家知名物业公司面对我们合理诉求的第一反应居然是以暴力相威胁。面对被告方无视法律尊严的行为，我怎能做到视而不见？在认真分析案子后，我在法庭上切中要害地指出:固然庄女士搭建未经批准,但对"违章搭建"的认定和处理是城建部门的权力,物业公司只是业主聘请的"公共管家",其义务是保护小区内业主的人身和财产安全;而他们却反其道而行之,竟对业主采取翻墙、拆房、毁物等举动,属于典型的侵权行为,依法应当予以赔偿。经过法庭的激烈交锋,一审人民法院通过实地专门勘查和请相关部门进行鉴定后完全采纳我的代理意见,判决被告物业公司赔偿原告庄女士的各项损失,共计1万多元。被告方不服上诉,我继续代理庄女士参加二审审理,二审人民法院经过全面审查一审材料后,认为一审人民法院认定事实清楚、证据确实充分、适用法律正确,最终驳回被告上诉,维持原判。

本案发生在我国《物业管理条例》制定时期,本案成为说明物业公司与业主之间关系的典型案例,被中央电视台普法节目选中。2002年6月,我接受中央电视台《今日说法》的访谈,央视著名主持人撒贝宁以《建的错,拆的也错》为题,请我向全国观众简述这一案件中的法律问题,央视"社会经纬"栏目也将此案向全国观众评述。

接受央视《今日说法》栏目记者采访

物业公司对于违规建筑固然需要采取措施,应及时劝告业主主动拆除以保障众多业主的合法权益,但是清理违规建筑也需要通过正当的途径和程序,靠暴力解决问题是绝对不可取的。同时如果业主的合法权益在解决过程中被侵犯,也应当聘请专业的律师来处理,不必畏惧于对方的恐吓威胁,只有这样,才能最大限度地维护业主的合法权益。

4. 慈善港商高院改判案(2003年)

一、案情简介

早年离开家乡去我国香港谋生的郑老先生夫妇,一生辛勤在香港创下巨大家业,由于为人和善被推选为旅港同乡会名誉会长。虽然身处异乡,但他们依然关心家乡建设,是名副其实的爱国人士。港商夫妇前些年衣锦还乡探亲,受到家乡领导和乡亲们的热情接待,他们十分感动,看到家乡的贫穷,便捐资数十万元助学。又过几年返乡时,家乡领导已在学校门口为郑老夫妇塑了半身雕像,这一举动让郑老夫妇更加感动,随后又捐了数百万元给家乡中学。随着年纪增长,郑老先生夫妇身体状况变得不佳,已不便再回到家乡,于是在他们二人最后一次返港前立下遗嘱,决定把他们一生创业的财产逐步捐赠给家乡来建设一所完整的中学,以支持家乡的教育。他们的三个孩子也完全支持老人们的遗愿。老人家委托早年的老同学管理他的捐资资产,学校建设的全部材料都要通过正规招投标,而且要选国内最好的。老人表明投资教育是百年大计,建设硬件务必保证质量。但事与愿违,就在老人家投资6000多万元继续投资建设学校多功能体育馆项目时,当地领导找到郑老先生提议并商量是否能照顾一下家乡的当地建筑公司,因为这个大项目能让家乡的相关企业得到支持与发展。当地领导一再承诺和保证不会出任何问题,虽然丁老先生对当地建筑公司是否能保证工程质量的问题仍有顾虑,但考虑到领导都这样提议了,更何况这样做也可以帮到家乡企业的经济发展,认为这是一举两得的好事便答应了。有句俗话是:“怕什么,来什么。”这正是著名墨菲定律的真实写照。当地建筑公司在体育馆建设打地基阶段就出现图纸修改地基验收不合格,需要重新补救等系列工程质量问题,随后又造成工程延期、费用增加等合同违约问题。这种情况下,为郑老先生管理捐赠款的老同学当然不能支付对方款项。没想到事情的进展出乎意料,对方一纸诉状将受捐资学校告上法庭,要求捐赠方支付增加的地基工程量款项79万元及工程延期违约金36万元。不仅如此,对方还在社会上散布关于郑老先生恶意拖欠当地工程款,不守信用等信息。更令人气愤的是,当地中级人民法院很快按照对方的诉讼请求,判决当地建筑公司全面胜诉。

对此,郑老先生专程从香港赶过来向管理捐赠款的老同学确认事实真相,在确认确实是对方存在质量和工期违约的问题后,提出一定要上诉。郑老先生赶到H市在一审上诉期的最后一天,通过省委统战部领导了解到我作为民主党派骨干会员的专业品质和经验值得信赖,最后决定委托我全权代理上诉。我意识到这个案件的审理正确与否,关系到一大批港商对我国法院公正执法的信赖和对当地捐资投资的信心,不能让我们内地司法公正形象受损。我全方位了解了一审判决书基本内容后,立即组织上诉要点,当天拟写上诉状交到二审人民法院以确保二审上诉进入审理程序。

二审期间,我统筹好手里其他工作,冒着烈日炎炎的酷暑,深入一线调查取证,当地有些人为了自身利益设置障碍,试图阻止我调查真相,我认真设计调查方案,充分应用公关知识、心理学知识和律师实践经验,前往现场找到有关知情人员动之以情,晓之以理,获得关键证据。对其中的专业问题,我又到相关的省级科研机构请教专家,认真细致地分析了所有证据。充分的证据链坐实了对方违约的事实。二审开庭时郑老先生不顾年事已高,西装革履从香港赶过来全程听庭,庭后对我庭上表达的事实证据清楚、逻辑思维缜密、有理有节有情的精彩代理意见竖起大拇指。

二、我的代理思路要点

(一)桩基质量问题客观存在,被上诉方违约事实清楚

上诉方与被上诉方签订的建设工程施工合同中明确约定了工程质量相关问题。我国《建筑地基处理技术规范》中要求除了载荷试验外,还要进行桩身取样强度检验,对于桩基本身的材料组成比例、搅拌程度等都有严格质量规范。而后上诉方发现被上诉方施工的桩基存在明显质量问题,桩基不合格需补加500根桩或重新设计才能保证工程质量。上述事实证据确实充分,不容置疑,L县建筑工程公司就桩基质量存在问题在我提供系列确凿的证据面前没有异议。

(二)被上诉方工程工期拖延违约

被上诉方多次拖延工期,造成工程延期交付,至实际使用前一直没有进行有效的工程验收(未交付竣工验收单、监理部门意见及全部验收报告资料)。被上诉方没有按双方补充协议时间依照程序来完成工程竣工交验工作,上诉方是在上级领导指示下,根据学校需要不得已实际使用体育馆的,只能将上诉方实际使用日视为竣工验收日。

三、判决结果及案件价值

高级人民法院在二审开庭后应对方要求组织调解,对方主动提出不要一审判决的违约金了,只要支付增加的工程款即可。郑老先生征求我的意见。我为老先生分析:根据二审开庭情况,对方违约足以认定,现在对方主动提出调解放弃一审判决的部分利益也表明对方自知理亏,这种情况下二审人民法院应当会全面否定一审错误的。老先生听后表示:那就不接受调解,由二审人民法院依法判决。果然,二审高级人民法院判决撤销J省H市中级人民法院民事判决,改判对方赔偿上诉人增加的工程款79万余元及延期违约金36.5万元。至此,一审人民法院认定事实不清、适用法律错误,明显偏袒被上诉人,严重损害上诉方的错误判决得以有效纠正。

我在维护了上诉方的合法权益后,以民主党派会员的身份专门撰写《从一

起港商捐资胜诉案中感受统战工作》的文章，在统战部《挚友》杂志上发表。郑老先生时隔数十年重归故里建设家乡，这样的义举值得所有人敬佩。对于这样一位公益人士，我们绝不能寒了老先生的心，必须积极利用法律的武器维护老先生的合法权益。老先生作为一名公益人，对案件的处理结果很满意，拿到二审判决书的当天就高兴地又捐赠了 1000 万元。此后不停追加捐赠共计近 2 亿元建设完全中学。全力支持家乡 L 县教育业发展，使得 L 县受益无限；此举更是带动其所在的旅港同乡会不断前往 J 省投资，给 J 省带来了巨大的经济效益。如今现代化的 D 高级中学成为国家级示范性高中。新建集幼儿园、小学、中学、高中于一体，总建筑面积近 20 万平方米，近 500 个教学班，在校师生 3 万余人。学校建有多功能体育馆，400 米标准塑胶跑道、现代化实验中心、图书馆、天文馆、微机室、语音室等。学校已成为通向世界窗口的基础教育示范区，成为海内外乡贤实现报国爱乡心愿的示范性工程，成为那一片地区一朵亮丽的教育奇葩。

与著名爱国善举港商郑老先生合影

5. 美少女烧伤巨额人身损害赔偿案（2003 年）

执业几十年来，我办理了无数案件，令我印象深刻的典型案例不在少数，但是 20 年前法律援助的 16 岁少女 C 某被毁容索赔案的曲折艰难，至今仍然记忆犹新。

聪慧美丽的 16 岁少女 C 某是名优秀的中学生，曾被香港特区《中学生》杂志选为封面人物。2003 年 3 月 23 日 12 时 30 分，C 某在家中房间看书学习时，噩梦开始了。其父亲刚从 N 单位灌回的液化气罐突然爆燃发生火灾，导致 C 某及其父母被烧伤。当时 C 某的伤情最为严重，容貌尽毁，10 根手指全部烧断，全身重度烧伤。后又经历抢救、全身清创消炎、插钢针、植皮等数次手术，且面部彻底毁容。

面对巨额的抢救治疗及后续医疗康复整容费用，C 某全家一筹莫展。C 某花容月貌被毁，身心受到巨大的创伤，但她以超乎常人的意志坚持下来，勇敢选择用“理性”和“睿智”面对绝境，维护自己的权益。C 某通过网络查找资料、寻找律师帮助。最后认为我具有医学背景等值得信赖的专业品质，且善于维权，适合代理此案。之后，C 某和其父来到律师事务所找到我，希望我能运用法律的利刃帮他们讨回公道。

看到花季的女孩面部、四肢和躯干瘢痕累累，面目全非，我心中一颤。C 某及其一家的不幸遭遇令我倍感同情，我深知烧伤和伤后留下的瘢痕会给受害人在今后的生活、学习和工作中造成巨大的痛苦，在心理上也会留下很难抹去的阴影，而这种身心伤害有可能会伴随她的一生。现在最为紧迫的就是快速帮他们打赢这场官司，赢得足够的医疗康复整容等费用。交谈中我了解到 C 某一家孤立无援、生活困难窘迫，我决定免费为其提供法律帮助，并签订了免费委托代理合同。当时《法律援助条例》尚未公布，但此前我已免费为困难群众代理过很多案件。

我接受委托后，争分夺秒认真研究案情，认为首先需要找出事故责任人。公安消防大队作出的《火灾事故责任认定书》认定火灾原因：N 单位工业液化石油气储存站负责人张某，违法倒灌、超量灌装液化气残气，加之液化石油气罐底圈外腐蚀严重，最终导致液化石油气泄漏，遇室内明火引发爆燃。N 单位违反消防法规，非法设置工业液化石油气储存站，对此次火灾负间接责任。

我通过大量的走访和实地调查发现，该非法设置的所谓液化气储存站，是 N 单位为管理工业生产用气液化气罐而设置的由职工张某负责的内部机构，就在 N 单位的大院内。张某“好心”将回收的液化气大罐内的残余液化气，无偿灌装给本单位职工使用。这已埋下了重大隐患的地雷，迟早要爆炸。N 单位领导对此违规行为，睁一只眼闭一只眼，予以默认。C 某的父母作为单位职工也将自家的液化气罐拿去灌装，由于罐装时没有灌气测压设备，这次张某超装 2.9kg 液化石油残气。公安消防大队对张某的询问笔录中记载“非法灌气行为出事之前早就存在，领导知情”。另查，N 单位的法定代表人签收了公安消防大队送达 N 单位和液化气储存站的两份《火灾事故责任认定书》。

C 某父亲忐忑地问我：“是我们主动找关系灌气，液化气罐本身也是腐蚀易裂的，这官司能打赢吗？”对于 C 某父亲的担忧，我告诉他：“使用了腐蚀的钢瓶，只能表明你们存在过错的情形,并不是本次事故发生的根本原因。”非法给居民用户超量、倒灌“工业用残气”,属于严重的违法行为。C某是无辜的,非法灌装液化气的N单位和相关参与人是责任人。

我紧紧抓住N单位非法设置液化气站这一关键事实,展开调查,收集证据。调查收集了大量液化气站照片、涉案单位工商登记注册信息等材料,以便直观地向法庭展示该液化气站的违法设置情况、坐落情况。

器官功能恢复训练所必要的康复费、适当的整容费以及其他后续治疗费,赔偿权利人可等待实际发生后另行起诉。但根据医疗证明或者鉴定结论确定必然发生的费用,可以与已经发生的医疗费一并予以赔偿。据此我主张C某医疗费用赔偿金额,不仅应包括已经发生的损失,还应该包括后续医疗康复整容费用。为帮助C某争取最大的赔偿利益,我发挥自己的医学知识,积极与C某就医的医院进行沟通,测算其后期治疗、整形费用。后续医疗费用数额经过X市消防医院确定,属于“确定必然发生的费用”。C某年仅16岁,正是一个女孩子爱美的年纪,火灾致其容貌尽毁,精神痛苦之甚可想而知,遂提出赔偿费用应包括精神损害赔偿的诉讼请求。

证据准备齐全后,我帮助C某及其父母,依法向X市A区人民法院提起人身损害赔偿之诉。并申请人民法院委托司法鉴定机构对C某伤残等级予以鉴定。

A区人民法院受理案件后,追加张某及C某之父为共同被告。法院委托鉴定后,综合评定C某伤情为三级伤残。

一审庭审时,我沉着应战、随机应变,运用充分的证据和法律根据,以及丰富的庭辩经验,有力地驳斥了被告N单位的狡辩,厘清事故发生原因,将事实真相一一还原。虽然C某灌气的液化气罐不合格,但是火灾的发生,究其根源,仍是由于N单位违规设置液化石油气储存站,其职工张某违规操作行为而引起。《X市锅炉压力容器监督检验所对3#瓶检验报告》结果分析表明,液化气瓶的破裂是超压引起的,该液化气瓶是10kg,如果超装2.5kg液化石油气,就容易引发瓶体破裂。涉案液化气瓶实际上超装2.9kg。若非如此尚不致出现破裂开口后果。也就是说,该液化气瓶底部腐蚀的状况本身与本次火灾事故的发生不存在直接因果关系,如果不是超装液化石油气,就不会引起气罐破裂的危险结果。N单位严重违反了《江苏省石油液化气管理办法》的规定:供气单位不得给超期没有检验的钢瓶充气,并且不得超标准充气。因此,本案事故发生的直接原因系

N 单位的违规操作行为所致。

在翔实的证据面前，案件历经多次开庭调查，从立案受理到一审判决历时一年多，一审判决相关被告一次性赔偿 C 某一家原告 400 多万元赔偿款。其中包括判赔 C 某的 200 余万元。

N 单位和张某不服一审判决，提起上诉后，不服《事故责任认定书》状告公安消防局，并以 C 某之父为第三人提起行政诉讼，中止二审民事审理程序，拖延时间、阻碍二审民事审判。

C 某急需不菲的款项继续治疗，其对继续治疗、康复、恢复容貌抱有迫切期望。我看在眼里，急在心头，但是法律程序是无法逾越的。我调整好愤怒的情绪，迎战第二场战役。

遗憾的是，一审行政判决书虽然驳回 N 单位的诉讼请求，但是在审理查明部分认定火灾事故原因时只提到张某、C 某之父的责任，对 N 单位的责任只字未提。我代理 C 某之父就一审行政判决依法上诉。尽管我据理力争，但最终二审维持原判。

行政诉讼结案后，本案民事赔偿诉讼二审程序恢复审理。被告以行政诉讼判决书认定的事实来论证其不承担火灾事故责任。我全程参与了相关诉讼活动，看破了其逃避责任的阴谋诡计。二审人民法院法庭继续审理时，我运用系列证据充分论证 N 单位的重大过错事实，明确向法庭指出行政判决书认定事实的错误。并指出 N 单位提起行政诉讼系滥用诉权，恶意诉讼。行政判决书认定火灾事故原因、责任的错误部分，如果被二审法庭采用，将导致严重不公正的法律后果，原告会抗争追究到底。二审法庭充分听取了我的代理意见，依法驳回上诉，维持原判。

尽管案件推进困难重重，跨越三载，但正义始终存在。最终，经过 10 次庭审，人民法院判决 C 某一家胜诉。C 某最终获得 200 余万元赔偿款，创当年全国法院人身损害民事赔偿案件判决的最高纪录。

当年，此案作为法律援助案件进行免费代理，社会关注度极高，包括最高人民法院主办的《人民法院报》在内的多家媒体予以了报道。

花季少女遭遇飞来横祸，虽争取到巨额赔偿，但失去的容颜多少钱都无法弥补。当年人们对于天然气等设施存在的安全隐患缺乏关注，最终酿成悲剧。比起其他任何事情，我们更应该关注安全，及时排除可能存在的隐患。唯有健康平安地活着，才能期待更美好的未来。

6. 证券公司8年呆账盘活案(2003年)

A证券公司借款给G省某金融机构作证券回购业务已8年,然而对方一直以种种理由拖欠不还。而证券公司本身拥有的证据属实存在瑕疵问题,其间曾找过的许多律师,都表示诉讼时效超过法律规定的时间已无法追回。A证券公司心有不甘,通过多方渠道跨省找到我,希望我能帮助他们排难解纷。经过深入分析和大胆推理后,我认为"追回"的可能性较大,这一预判使得证券公司领导喜出望外。

我在接受A证券公司委托后整理线索时发现,本案的基本欠款事实清楚,而对方银行之所以不归还的原因主要是原告方没有及时有效地跟踪追款,导致此案件拖了8年之久。我认为,这个案子的关键问题在于这8年时间里原告方是否能找到相关证据证明诉讼时效中断,通俗地说,就是在8年中间有无线索证明原告方不断向对方追要上述债权。由于此案时间间隔较长,证据缺失严重,部分证据已经无处可寻。为了找到案件的端倪厘清其中的眉目,如何找到牵扯案件的时间联系的证据成为重中之重。于是,我巧妙地使用"证据链"来形成可以确认事实的证据,也就是将若干个非直接证据组合在一起,形成一个法庭能认可的证据。但这需要对案情有精准把握,对法律知识精通了解。最后,我通过寻找案件中的蛛丝马迹和对其进行详尽的分析,巧妙地运用多年的办案经验,利用较少的关键证据将一些非关键证据,如"不同的证人证言""对方不经意的传真件""标明时间的便条"等结合起来,最终整理出一份让法庭认可、令对方震惊的强有力的证据链,致使对方无力狡辩。

在原告方积极配合下,我尽心竭力、想方设法把整个8年内原、被告之间的"相关往来"以及中间的"关键证人"都找了出来,有效地形成了诉讼时效中断的关键证据。人民法院的承办法官被我方经过千辛万苦搜寻的各个方面,包括书信往来、传真电话以及与本案相关的第三方证人等一系列证据链说服,认定对方拖欠原告方900万元的事实基本清楚,证据确实充分。并且原告方多次追缴的时效能够相互印证,其时间中断都在法定期限内,因此没有超出诉讼时效。被告方应当依法按照当初的约定,归还本金900万元和8年来计算的利息以及相关的罚息共计700万元,最终人民法院判决被告返还900万元借款及8年利息700万元。

这一结果令我的委托人大喜过望,事后他们深有感慨地说:"没想到刘律师办案也是生产力啊!"

我对于这个案子的办案体会是:第一,找到案件的关键问题;第二,明确案件的关键证据是哪些;第三,花时间和精力打开思维、开动脑筋思考和不断地追寻证据;第四,充分运用法律逻辑推理,有效将证据形成法律认可的证据链展示事实真相;第五,利用确凿的证据去证明和揭露事实的真相,准确地适用法律以有效地说服法官支持委托方的诉讼请求。

7. 染发女肝中毒维权成功案(2006年)

朱某去当地某连锁大型理发店剪发。在剪发过程中理发员告诉朱某,需要通过染发来保持头发乌黑健康。朱某抵挡不住理发员高超的业务“劝说”技能,便勉强接受染发,并且让理发员推荐好的染发剂。理发员为了多收取费用,便自作主张给朱某混合使用了多种牌子的染发剂,还长时间地对朱某的头皮进行反复多次按摩,并解释说只有通过这种“多次按摩”的方式才能把染发剂更好地融入发根,有效地确保上色效果。朱某在被理发员超时染发回家后就感身体不适,很快越发感觉肝区明显不适,还出现了浑身无力的现象。朱某立即前往医院找医生诊治,经医院诊断为急性中毒性肝炎。朱某一直都很健康,这次身体不适的情况是在理发店染发后才出现的,所以朱某断定是染发剂存在质量问题。随后朱某及时与家人一同到理发店对店员之前给她染发所使用的那些染发剂拍照,并且找理发店店长进行交涉要求赔偿,然而理发店却置之不理。无奈之下,朱某通过网上搜寻找到我为她维权索赔。

我接受委托且分析案情后认为,当务之急是要把她急性中毒性肝炎的原因搞清楚。想要找到她中毒的原因,就需要对她的染发剂进行科学鉴定,找出染发剂中是否存在与中毒有直接关系的毒性物质。分析清楚后,我代朱女士拟写专业诉状起诉理发店,然后向法院提起专业鉴定申请,由法院主持找到了被告理发店内张女士使用过的牌子的染发液,送到专业司法鉴定部门进行化学毒性鉴定。司法鉴定结果表明:送检的染发液中含有相关的对肝脏有损害的化学物质。这些化学物质如果长时间在人体表面停留,就会通过皮肤渗透吸收进入血液造成肝脏损害。本案中,朱某的中毒原因就是理发店使用了含有损害肝脏的化学物质的染发剂,且店员长时间操作按摩朱某的头皮,导致劣质染发剂内的有害物质通过头皮毛囊渗入朱某的体内,经血液流向肝脏后造成急性中毒性肝炎。科学鉴定表明,朱某中毒一事与被告理发店的染发剂质量和理发员长时间不当操作有直接因果关系,最终法院判决理发店对朱某的损害后果承担全部赔偿责任,其中包括医疗费、误工费、营养费和相应的住院伙食补助费等各项损失

10 多万元。

这个案例告诉我们，在生活中对外来含有化学成分的物品要慎重使用。在理发店或美容店这类易推销商品店内消费时需确定推销商品的质量，如果在接受相关服务或使用相关产品后存在不适情况要立即就医，事后也要及时收集相关证据。对损害后果如果双方之间不能达成有效和解，应当及时起诉，申请专业司法鉴定机构进行科学鉴定，以确认不良物品与损害结果的直接关系。做到依法科学维权。

“爱美之心人皆有之”，切记不要使用或服用不明渠道的美容保健产品。

8. 爱美少妇隆胸物泄漏维权成功案（2008 年）

一、案情简介

吕女士为了增加自己的女性魅力，瞒着自己的丈夫用化名到外地 N 市某美容医院就诊做隆胸手术，医生推荐吕女士使用进口隆胸填充物，表示这样会有更好的效果，并且可以保持更长的时间，只是价格要比国产产品贵很多。吕女士虽然经济不宽裕，但为了保证质量和术后的效果，于是咬牙决定选择使用进口产品。经过痛苦的手术，暂时获得了养眼且令其自信的外观效果。然而好景不长，在术后不久，吕女士的右侧乳房就发生了塌陷并伴随乳房疼痛的异常现象，并且越来越疼痛难忍。吕女士情急之下火速前往附近的医院检查，发现右侧乳房填充物已经破损，内部液体泄漏渗入胸部造成吕女士的剧烈疼痛感。医生紧急手术取出泄漏的隆胸产品，这时吕女士才根据医生取出的隆胸填充物上的标识惊讶地发现此填充物并非国外进口的，而是国产产品。“爱美之心人皆有之”，为了拥有好看的身型才选择做了隆胸手术，不料因安全问题付出了更高的费用，结果变美不成反遭此横祸平白受罪，愤怒不已的吕女士通过网络找律师维权，因为我的医学背景吕女士便请我为她代理维权讨说法。

二、律师意见

1. 首先通过病历记载和当事人的基本信息确认隆胸者就是原告本人。

2. 根据当时整容病历记载的记录表明，医院使用的是进口产品，但取出的填充产品是国产产品，表明该美容医院在诊疗活动中存在“以次充好”的现象，存在明显欺诈行为。

3. 美容医院的欺诈违约行为，给原告造成了严重的身体和心理伤害。此案事实明确，美容医院应依法承担全部赔偿责任。

三、案件结果及案件价值

一审人民法院判决支持我们的诉讼请求。被告赔偿原告后来的修复以及重新使用进口产品的各项费用10多万元。被告方在如此清楚的事实面前竟然不服，提出不着边际的无理上诉，二审的结果可想而知——裁定驳回上诉，维持原判，最终吕女士顺利拿到判决的赔偿款。

本案是一起医疗整容事故纠纷，而该起案件提示我们：

1. 整容是正常行为，进行手术时应使用真实姓名，以免发生事故后要为证明身份而造成不必要的麻烦。

2. 进行手术时最好有家人陪同，对整容使用的产品也应明确约定现场拆装检验，不要轻易相信美容医院的承诺。在挑选医院时应当选择正规医院，避免不必要的风险。

3. 一旦发生术后意外，应当及时前往非手术的医院诊治并保留相关证据，防止原医院在第二次诊治时掩盖证据，造成证据灭失。保留证据后应及时进行维权，通过法律手段保护自己的合法权益。

9. 侨胞姐妹面对商家劣质家具维权二审胜诉案（2010年）

一、案情简介

两位侨胞姐妹为叶落归根，在家乡省会城市某高档小区各购买一套房屋以备居家养老。为装潢新屋，两姐妹在2010年7月17日与某家具销售中心签订购买家具协议，某中心作为家具销售商从第三方生产商处提货，双方签订订货单，某销售中心承诺于2010年9月交货安装。在安装结束验收时，姐妹俩发现该家具的上面拉门有松动脱落的迹象，存在“下落砸人”的安全隐患，这表明两套家具存在严重的质量问题。发现问题严重性的姐妹俩多次要求某中心整改，并拒绝支付定做家具余款6000元。但由于家具存在的质量缺陷过于严重，在双方进行反复交涉和多次修理后，该家具仍不能达到当初合同约定的质量要求，迫不得已的姐妹俩决定与某中心解除合同，对该家具进行退货处理。但双方就“退货”一事久久无法达成一致意见，于是姐妹俩将某销售中心起诉至当地人民法院。主审法官提出，家具是否有质量问题不是姐妹俩自行判断就能认定的，必须委托国家鉴定机构对该家具进行质量标准鉴定。为得此鉴定，姐妹俩根据法院要求支付鉴定费2万元，委托国家权威机构对上述家具进行了质量鉴定。专家鉴定结果表明：该家具存在严重质量缺陷，有将近二分之一的检测项目结果均为不合格，其中甲醛含量更是超过国家标准的两倍。面对如此清晰的基本事实，两姐妹认为案件胜诉应当是铁板钉钉了，但令姐妹俩意想不到的是，案件审理拖了两年之久。两年后，一审承办法官以两姐妹“起诉案由”有误驳回她们的诉讼请求。两姐妹真是欲哭无泪，她俩立即网上查找律师代理上诉，我有幸进入她们信任的视野，代理她俩参加二审上诉活动。

二、我的代理意见

1. 一审人民法院判决实体违法。该家具经专业鉴定机构认定，存在严重的产品质量问题，有着危及人身安全的隐患，完全违背合同目的，构成根本违约。

2. 一审人民法院判决程序违法。根据我国民事诉讼法的规定，一审普通民事案件的审理期限是 6 个月，但法院对本案进行了两年的审理严重超期，有失公允；某销售中心是在第三人方提货，因此本案第三方生产商应与某销售中心承担连带责任，一审法院遗漏了该当事人。

3. 一审人民法院判决适用法律错误。本案涉及家具适用产品及产品生产、储运和使用中的安全、卫生标准，是国家强制性标准，但一审人民法院对此不认可。一审过程中，被告方企图通过混淆“国家强制标准”和“国家推荐性标准”以否认其生产的家具属于不合格产品；将原、被告之间订立的合同定性为“承揽合同”而非“买卖合同”，以此逃避退货处理；隐瞒了原告方多次请求被告方修理家具的事实。被告方上述行为误导一审人民法院在查明被告方生产的家具确有多处不合格的基础上，仍然判决驳回原告退货请求，造成原告更多的经济损失，致使原告为此长时间地多次奔波，身心俱疲。

三、判决结果及后记

二审人民法院承办法官组织开庭认真审理全案事实，尤其在庭后组织双方当事人前往家具所在现场进行勘查。二审法官在全面了解情况后，依法撤销了原一审判决，认定被告方提供的家具产品存在严重质量问题，改判支持姐妹俩诉讼请求的解除合同、退款、退货，并由被告方承担本案包括鉴定费在内的各项诉讼损失。

华侨姐妹俩二审胜诉送锦旗

这是一个二审改判的案件，在实务中实属不易。本案进入二审司法程序后，其进展引起众多消费者的关注。二审法官的公正之举，客观上为热爱国土的海外侨胞找回了法律尊严。

10. 受害民工追偿数百万元辛苦钱胜诉案（2013年）

一、案件简介

外省民工徐某凭着自己长期练就的过硬盖房技术，与当地一个承包国内大项目的贾某于2011年1月3日签订《工程劳务大包合同》，约定由徐某承建某园某区四栋楼。徐某带着不远千里从家乡出外打工的几十名农民工兄弟，从数九寒天到炎炎夏日不断艰苦赶工，终于完成整个工程中最艰难部分——地下工程和楼面一至二层。此时的贾某见状认为剩余的地上工程简单且利润大，便想赶走徐某等人后，自己带人继续施工以独占利润，但又碍于原先合同违约责任，便心生毒计，他召集数名当地无业游民非法闯入工地暴力殴打徐某及他的农民工兄弟们，以造成徐某"涉嫌打架斗殴"的假象，使徐某等人的工作无法进行下去，最终达到驱赶徐某等人和交出施工的目的。人算不如天算，不承想农民工们身强力壮，在直面不法暴徒施暴行为还手反击防卫时，造成数名不法施暴者受伤严重，当地公安部门就此事把数名农民工以涉嫌故意伤害罪刑事拘留。

面对此情此景徐某欲哭无泪，不敢找当地律师，在走投无路的情况下，通过多方打听找到属于外省的我，请求帮助其维护正义。接到委托后，针对数名农民工被刑事拘留事件，我和刚拿到律师执业证的女儿迅速向当地检察院领导当面陈词，指出"被打方"是非法寻衅滋事，农民工的行为属于正当防卫，请检察院依法监督当地警方的不当执法行为，立即释放农民工，并依法追究"被打伤一方"非法寻衅滋事的违法、犯罪的法律责任。检察院领导认真听取我们的意见后作出了不予批捕的决定，至此身为被害者的农民工兄弟们都得以释放，恢复人身自由。可农民工辛勤半年多的数百万元的工程款仍然没有着落，经过之前的刑事委托徐某更加信赖我们，于是继续委托我们通过法律途径帮助其讨要欠款。在经过认真细致的事实证据收集整理后，我们总结出庞大复杂的工程量测算，根据我国建筑承包工程相关的司法解释，我们将"对方"及"总承包方"和"发包方"一起告上当地中级人民法院。

二、案件结果及后记

刑事上：检察院对非法闯入工地寻衅滋事的暴徒打伤的数名农民工作出"不批准逮捕"决定，被警方关押数天的农民工兄弟们被释放，走出看守所得到人身自由。

被告贾某本身并没有承包土建项目的相关经验，其非法承包项目之后，又企图通过将此项目非法转包给原告的方式坐享其成，霸占原告的劳动成果，直接获得承包方的项目工程款。在原告告知其项目进展后，贾某竟直接带领大批涉黑人员前往工地，以动用武力的方式强行驱赶工人。工人们见势不妙，自卫反击后反被警察刑事拘留。

民事上：一审人民法院收案后，法庭经过认真审理认定，农民工参与工程劳作事实清楚、工作量明晰，依法应当得到相应报酬，判决对方支付农民工工程款300多万元。对方不服上诉到高级人民法院，我们继续在高级人民法院代理农民工据法驳斥对方的无理狡辩，高级人民法院审理后驳回对方上诉，维持原判。

本案法律关系较为复杂，先后涉及三份建设工程合同。根据我国法律规定：承包人不得将其承包的全部建设工程转包给第三人，或者将其承包的全部建设工程支解后以分包的方式转包给第三人。实际上，除了某房地产公司与中国建筑某工程局之间的发包合同系有效合同外，其余两份建设工程合同均属于无效合同。此外，法律另有规定：建设工程设施合同无效，但是建设工程经验收合格的，可以参照合同关于工程价款的约定折价补偿承包人。基于本案人民法院已查明的案件事实，原告徐某确已按合同约定完成建设工程，对于工程造价的具体数额也由人民法院委托鉴定机构出具的鉴定报告作了说明。因此，被告贾某应该支付原告相应的工程款。

我办案多年，经验丰富，明确知晓应迅速得到“工程验收合格证”即可将“发包方”、“总承包方”及“分包方”列为共同被告，以帮助徐某拿回应得的辛苦钱。

11. 好兄弟不如好律师案（2013年）

一、案情介绍

无业游民黄某与其父母三人向人民法院起诉，要求曾是好兄弟的江某偿还72万元的“借款”，并向人民法院递交了江某亲笔书写的“借条”和“还款计划书”。江某在收到法院的起诉后非常惊诧，令他始料未及的是自己的“好心”“仗义”帮朋友的行为会平白无故引来祸事。原来，黄某为了掩盖“早已将父母给的65万元购房款挥霍一空”的事实，特地请求江某帮忙书写一张假的借条，想以此为由骗过父母。江某侠肝义胆为人仗义，在黄某提及家母身体不好不想让其为此担忧时，便二话不说按照黄某的要求打下了欠条。黄某得到假的借条后提出了更加得寸进尺的要求，他想让江某再向其父母借7万元。江某相信自己昔日的好兄弟便又打了一张欠条。不料江某的好心相助换来的却是黄某的恩将仇报！真是应验了“谎言说多了，自己都相信了”这句话，黄某竟假戏真做地凭借着假借条和其父母一道向法院起诉，要求江某按借条数额还款。

江某父亲听闻此事后从外地赶过来，通过我的朋友介绍找到我并委托我代理此案，希望我能为他的儿子洗清委屈。接受委托后，我认真听取了江某讲述的事情经过，得知黄某与江某实际转账差额仅显示江某欠黄某1800元。抓住案件落脚点后，我告知江某跟黄某单独通话时要录音，通话过程中要交流长期友谊，再询问起诉原委。通话中黄某坦白，他的本意是想借用“借条”忽悠其父母，但黄某父母信以为真，又因家中需要用钱便催黄某找江某索要借款，但黄某又谎称“要不回来”，最终父母便逼黄某一起到人民法院起诉江某。黄某在电话中继续哄骗江某，并且还言之凿凿地表明去法庭也是他“表现”给父母看的，事后也不会真要江某的钱。在江某取得了这个通话录音后，我对案件的走向和结果基本胜券在握了。

二、律师代理意见

现有证据和法律足以否定借贷关系成立。

我向人民法院阐述基本事实，结合本案中原告始终无法举证72万元巨额借款转账的交付事实，加上黄、江双方的通话录音也显示原告承认被告不欠钱，驳斥原告提供的几位“证人”的相互矛盾、不符合逻辑的“证言”，有效否认借贷关系成立。

通过揭露本案事实真相，表明原告的险恶用心。指出这是一起精心策划的虚假诉讼活动，原告用心之险恶应当受到刑事法律追究。

三、判决结果

法院根据双方的转账交易记录所存在的差额为基本事实，判决江某返还原告本金1800元。

庭审过程中，原告诉称被告向其借款70余万元，并有“借条”和“还款计划”为证。除此之外，无法提供任何明确证据证明原告实际交付了这笔钱款。另外，原告请来的“证人”系与原告有利害关系，其“证言”可信度大打折扣。最终一审法庭查明双方之间并没有真实的“借贷关系”，判决被告返还原告借款本金1800元，对于其他诉讼请求均不认可。

本案中，原告起诉要求被告支付的数额为72万元，最终法院只支持1800

元的借款。两数额相差之悬殊,江某不仅免于承担巨额的民事赔偿,而且还挽回了有损的名誉。

12. 民工状告台商劳动争议案(2017 年)

一、案情介绍

罗某系在大陆投资的某台商公司的职员,在工作期间因生病而入住医院治疗。因罗某在日常工作中经常对公司有关领导提意见,导致部分领导对罗某十分厌烦。因此,某公司利用罗某住院期间且在其不知情的情况下,以罗某"身体状况不再适合工作"为由单方面解除了劳动合同。罗某出院后找到公司领导,在要求继续回公司上班后遭到拒绝。罗某数月不能回公司上班,只好申请当地劳动仲裁处理,但仲裁机构搁置一段时间后并没有处理,就告知罗某可以去人民法院起诉。罗某察觉到可能是有公司领导从中作梗,便从网上查询到我。在电话咨询中我详细解答了他的疑问,并建议他在当地找位专业律师代理此事即可。出乎意料的是罗某乘车专程跑几百公里来到我的律所,当面委托我亲自为他办理此事。他透露道:"公司里的领导太不讲理！我也不相信当地律师。"我被他的信任感动,象征性收点辛苦费就签订了委托代理手续。开庭前一天我带着助理前往几百里外的罗某住所,现场给罗某解答关于案件问题的各种疑虑,直到晚上 11 点多才结束。我的助理佩服道:"您作为金牌律师,为一个普通工人委托人解答疑问时这么有耐心啊!"我笑着答道:"委托人找律师就像病人找医生,信任难得,切勿辜负!"

二、律师意见

(一)原、被告签订的劳动合同合法有效,不得随意解除。

(二)被告通知解除劳动合同行为违法。

(三)被告应继续履行双方未到期的劳动合同,并延续因被告强行终止原告上班时段的合同期限。

(四)原告在公司已签订两次劳动合同,该劳动合同应以无固定期限劳动合同的方式继续履行。

三、案件结果

法院最终采纳我方的代理意见,判决原、被告之间的劳动合同继续履行。

律师眼里无"小案",委托人的事都是大事;律师要有同理心,与委托人倾心交流;法律面前不论对方"高低贵贱",人人都平等。

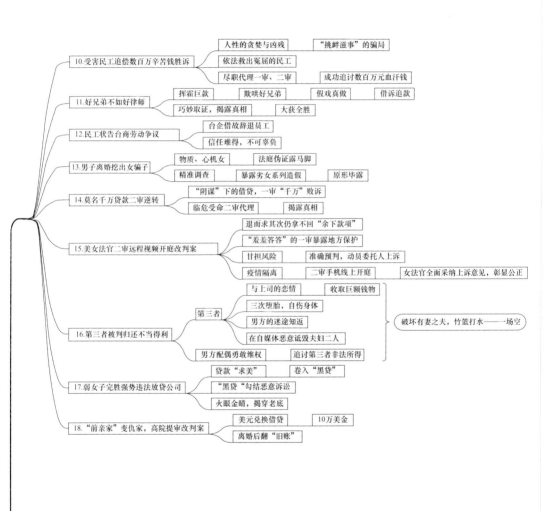

- 10.受害民工追偿数百万辛苦钱胜诉
  - 人性的贪婪与凶残 — “挑衅滋事”的骗局
  - 依法救出冤屈的民工
  - 尽职代理一审、二审 — 成功追讨数百万元血汗钱
- 11.好兄弟不如好律师
  - 挥霍巨款 — 欺哄好兄弟 — 假戏真做 — 借诉追款
  - 巧妙取证，揭露真相 — 大获全胜
- 12.民工状告台商劳动争议
  - 台企借故辞退员工
  - 信任难得，不可辜负
- 13.男子离婚挖出女骗子
  - 物质、心机女 — 法庭伪证露马脚
  - 精准调查 — 暴露劣女系列造假 — 原形毕露
- 14.莫名千万贷款二审逆转
  - “阴谋”下的借贷，一审“千万”败诉
  - 临危受命二审代理 — 揭露真相
- 15.美女法官二审远程视频开庭改判案
  - 退而求其次仍拿不回“余下款项”
  - “羞羞答答”的一审暴露地方保护
  - 甘担风险 — 准确预判，动员委托人上诉
  - 疫情隔离 — 二审手机线上开庭 — 女法官全面采纳上诉意见，彰显公正
- 16.第三者被判归还不当得利
  - 第三者
    - 与上司的恋情 — 收取巨额钱物
    - 三次堕胎，自伤身体
    - 男方的迷途知返
    - 在自媒体恶意诋毁夫妇二人
  - 男方配偶勇敢维权 — 追讨第三者非法所得
  - } 破坏有妻之夫，竹篮打水——一场空
- 17.弱女子完胜强势违法放贷公司
  - 贷款“求美” — 卷入“黑贷”
  - “黑贷“勾结恶意诉讼
  - 火眼金睛，揭穿老底
- 18.“前亲家”变仇家，高院提审改判案
  - 美元兑换借贷 — 10万美金
  - 离婚后翻“旧账”

13. 离婚牵出女骗子案(2017 年)

居住在省会大城市的近 60 岁的离异工程师柳某几年前在网上认识了苟某,其自称离异,现是外地基层某国家机关在任中层干部,近 50 岁,单身。之后便与苟某在网上联系了一段时间。女方经常来到柳某所在的城市,其间向柳某要钱、要物满足自己的欲望,这让单身已久的柳某又一次找到"存在感",一时间被女方弄得神魂颠倒,很快便按苟某要求领取了结婚证。婚后两人虽长期分居,但苟某婚后不久就怀孕了,接着产下一名女婴。这下苟某更有了找柳某要房、要钱的资本。柳某认为自己"老来得女"很不易,所以值得为妻子付出。怀揣着这种想法的柳某便买房、买物来满足妻子的要求。本以为日子可以这样安稳地过下去,岂料在双方结婚仅几年后,女方便以"双方长期分居""性格不合"为由到柳某所在地人民法院提出离婚诉讼。女方"狮子大开口",要求柳某交出他唯一的一套房子和小孩巨额抚养费,其中包括要求被告支付原告因抚养女儿而产生的夫妻共同债务数十万元。柳某因此愁肠百结郁郁寡欢,他经好友介绍委托我代理他处理离婚诉讼等相关事宜。

接到委托后,我根据柳某提供的材料着手准备相关答辩意见,但在案件开庭中我发现苟某有许多疑问之处。前后共五次的开庭审理中,原告声称其身为 A 省 N 区的国家机关公务员科长身份,竟向法庭出具了一份 N 市某小公司盖章的"入职证明",想以此来证明自己的工资难以支撑家庭日常开销、经济困难的生活现状。因此,我瞬时对其真实身份产生了疑虑:怎么会有国家公务人员因为离婚而入职外地一个小公司?这样的行为实在令人匪夷所思。为了解除疑虑,我要求法庭查明苟某的真实身份,但审案的女法官表示女人为了孩子找工作可以理解。我察觉到这位女法官似乎被苟某所谓"一切为了孩子"的偏执"理念"和"做法"影响。于是,我开具律师所的"调查介绍信"火速前往 A 省 N 区女方自称的机关办公室查证原告是否属于该单位。当地接待我的办公室领导向我介绍了有关苟某的情况,领导表示:原告确属其单位工作人员,女方是北方人,具体单位不详;她通过网络认识现在单位的领导后与其结婚,然后就顺其自然地调到本单位了;他们的婚姻并不美满,几年后跟她结婚的领导不堪与其妻"共度"所谓"婚姻的折磨",之后领导就与苟某离婚了;而苟某已经长期请假,许久不来单位露面,但工资照拿。领导在解答我的疑问的时候又补充道:苟某表示其再婚丈夫在北方 B 市,丈夫的现况是患病在 B 市治疗,苟某为尽妻子义务便请假去照顾病重的丈夫。在了解实情后，我再次询问该单位是否知道“原告现正与丈夫在N市进行离婚诉讼”一事，接待我的办公室人员诧异不已，表示不知情。

案件调查到这里，已经疑点重重。原告既身为A省的国家工作人员，又怎能入职N市某公司工作？原告既与我方代理人提出离婚诉讼，那么远在B市的“丈夫”又是何许人也？我将上述疑问告知A省N区办公室领导，并要求他们彻查原告身份。调查回来后，我向法庭说明情况，要求法庭追究女方向法庭提供虚假证据的法律责任。法官没有支持我的意见，表示：“那女的也不容易，我不采纳她的假证就是了，追究她没有了工作收入，可能会去找你麻烦的。”最终纸是包不住火的，当地纪检委经过认真翔实的调查，吹散迷雾揭开了真相：原告苟某本系L省某公司普通职员而并非国家公务员，其与A省N区现单位领导网上勾连结婚后，这个胆大妄为的丈夫利用自己的权力策划伪造女方的虚假档案，最后摇身一变成为这个单位的正式国家公务员。之后，两人离婚。女方离婚后，仍在外招摇撞骗，致使我的委托人成为新的受害人。

种种证据表明对方当事人离婚诉讼背后的阴谋实为别有用心的骗局。在我刨根究底不断挖掘事情真相后，对方见诉讼难以达到自己的目的，便服软提出要与我方进行调解。柳某念及女儿，最终选择与其调解结案。原告居心叵测，利用谎言和婚姻谋取不正当利益，令人不齿。最可怜的就是她的女儿，因为母亲的劣根性而不能拥有一个完整的家庭。

14. 千万借款二审逆转案（2017年）

一、案情简介

某酒店因经营需要，与邱先生个人签订了承包合作协议。协议约定，承包人在承包期间自负盈亏，不得利用酒店为单位对外借款担保等，如有“对外”重大事项，须经酒店原董事会协商且书面同意方可进行，否则造成后果由承包者个人负责。双方合作不久后，承包人就以个人名义与外地一对夫妇签订了1900多万元的借款合同。承包人利用自己的职务之便，未经酒店董事会知晓许可，私自以酒店名义在其个人借款合同上以担保单位盖章。借款合同对借款期限以及高达2.3%的月利率等事项进行了明确的约定表述：若逾期不还款，导致对方采取诉讼方式实现债权的，借款人承担原告为此支出的诉讼费、保全费、差旅费等各项费用。借款合同签订后，邱先生曾让出借人夫妇以外的账户向酒店单位账户打款300多万元,此款在酒店账户停留几小时又被承包人邱先生将上述款项划走到其他不明账户。数月后,酒店发现上述300多万元从酒店账户走账异常便找到承包人邱先生,指出其违反双方承包合同约定,提出了解除双方承包合同的要求。与此同时,承包人邱先生出具了承诺书说明自己所借1900万元是个人行为,与酒店无关。至此,酒店则认为双方之间的合作彻底解除,从此再无后患。

没有想到在几年以后,酒店接到了所谓“出借人”夫妇所在地人民法院寄来的民事诉状:要求酒店承担原承包人邱先生借款本金300多万元以及利息800多万元,合计1100多万元的担保还款责任。酒店顿时乱了方寸,手足无措下匆忙找了当地的律师出庭应诉。当地律师在庭上指出:借款是原承包人邱先生的个人行为,担保盖章也是原承包人个人利用职权私自的行为,原承包人有“承诺书”说明借款与酒店无关,酒店不应承担担保还款责任。原告夫妇所在地法院完全不理会酒店代理人的上述意见,并且指出,因为有酒店盖章担保,酒店即应承担责任;至于原承包人私自盖章问题没有证据确认,即使原承包人私自且违反承包合同约定盖章那是酒店内部问题,对外仍然生效。因此一审法院认定借款及担保事实清楚,证据确实充分,最后判决酒店承担原承包人邱先生个人借款本金及利息等各项费用计1100多万元担保还款责任。酒店接到判决书后心急火燎,也失去了对当地律师的信任,通过多方打听跨省找到我咨询上诉事宜。我们经过2小时的交流,酒店领导建立了对我的信任,当即与我签订二审上诉代理合同,我可谓受命于危急之时,责任重大!

二、律师代理视角

(一)调查“出借人”即原告夫妇的真实身份和借款的真实性

根据案卷资料及一审庭审笔录表明,“出借人”仅是普通人身份,怎么会有近2000万元巨款出借?且一审起诉及开庭都是委托当地一名律师全权代理,他们一直没有出现过。根据我国法律规定,民间借贷5万元以上数额的都要有转账记录。原告方起诉仅有借款合同和原借款人邱先生的手写收条,并没有任何原告方转账给借款人邱先生的银行记录。更为诡异的是,原告方没有起诉借款人邱先生还款,在所谓借款发生几年后仅起诉所谓当时担保的酒店。因此,我在二审期间向法院承办法官提出申请:原告夫妇必须出庭,说明出借1900万元资金来源及交付方式。

(二)查明真相,“出借方”系涉嫌犯罪的非法团伙

根据庭审笔录表明,原借款合同非法无效,被告酒店被前承包人邱先生私

自盖章的所谓“借款担保”无效。

二审法院责令原告律师出面说明原告夫妇的上述相关情况，这时原告律师才告知法庭原告是从他人手中包括一些单位组织资金，有对外放高利贷性质，并且原告夫妇及相关人已经被其他法院以非法吸收公众存款罪追究刑事责任；具体借款款项交付都是通过第三方账户直接转给借款人邱先生，其中包括转入酒店账户300多万元的款项也是按照邱先生的要求操作的。我们查阅了与本案借款相关的非法吸收公众存款的刑事判决书，表明其以个人名义出借给邱先生，再由邱先生私自以酒店盖章作为担保人的行为是原告方掩盖犯罪团伙非法吸收公众存款、高息放贷，同时收取不受法律保护的高额利息的非法犯罪行为。这份借款合同本身属无效借贷合同，无效合同的非法约定不受法律保护，原告方不仅无权索要借贷高额利息，其所谓本金也只能由“真正出借方”作为原告追讨，而“真正出借方”若涉嫌参与非法犯罪，必须依法追究其法律责任。

(三)本案二审法院查明的基本事实

原告方与邱先生及酒店盖章的所谓“担保借款”合同实际上是原告夫妇与邱先生恶意勾结，以所谓“借款合同”的合法形式掩盖他们非法吸收公众存款犯罪的罪恶勾当，二审法院应当中止民事审理，依法将此案移送公安机关立案侦查，依法追究。

至于酒店与原承包人邱先生的关系，我们认为借贷行为系邱先生的个人行为，酒店不是借款合同当事人，合同落款处没有出现酒店的公章，且“借款合同”没有实际履行。酒店保留依法追究邱先生的非法行为给酒店造成的一切损失的权利。

三、案件结果及价值

二审法院认真听取我的上述意见，认为一审法院“认定事实”及“适用法律”都存在问题，准备撤销一审判决，发回一审重审。最具戏剧性的是：二审期间，委托我代理的酒店投资人唯一的儿子当时突发重病，因此他心烦意乱；又听说要发回重审，自然感觉到此案费时费力，便更加烦躁不安，竟私下与背后操作此案的数名“实际出借人”达成和解，支付给“实际出借人”数十万元后，对方便撤诉，就此了结此案。

本案的价值：第一，凡是蹊跷的案件，背后一般都有不可告人的勾当，律师需要有这样的敏感性和警觉性；第二，律师需要熟悉法律，关注案件细节，根据实践经验，认真追根求源，挖出真相；第三，尊重委托人意志，实事求是，结合“原则性”与“灵活性”，做到案结事了，皆大欢喜。

15. 美女法官二审远程视频开庭改判案（2019 年）

J 省某公司与 Y 省某公司签订野外矿产资源勘查合同。合同约定，J 省某公司在一定时间内完成 Y 省某公司指定的在某少数民族地区范围野外矿产资源勘查资料。两公司约定在签订合同时先预付一定数额的工程款，勘查资料完成后再支付余下的合同款项；若有任何一方违约，“违约方”需向“守约方”按日支付千分之一的违约金，并且承担“守约方”主张权利而支出的诉讼费、保全费、律师费等相关合理费用。合同签订后，Y 省某公司按约支付了约定的预付款，在 J 省某公司将数十名科技工作人员派赴千里之外如约完成勘查资料履行合同后，Y 省某公司却背信弃义以种种借口拒绝履行合同约定的后续工程价款。考虑到双方相隔 2000 多公里路途遥远且为了确保能够拿回大部分余下款项，J 省公司应允 Y 省某公司“减免数十万费用”，双方在“减钱”的基础上签订了补充协议。协议表明：若 Y 省公司能按补充协议约定的时间和数额支付余款，则双方合同履行完毕，否则按原合同约定执行。令人费解的是，Y 省公司在签订对自己十分有利的补充协议后仍然不支付约定的剩余款项。J 省某公司忍无可忍，通过熟人联系到我，请求我代理此案追讨相关勘查工程款。

接受委托后，我认真研究案件具体细节、积极调查取证，在确认对方提出的各种拒绝付款的理由属于“没有事实证据”和“法律依据”支撑后，便开始规划撰写诉状文稿。在双方原定和合同的基础上撰写诉状时，我将双方约定的违约金数额确定在不超过年利率 24% 的前提下，主张 Y 省某公司交付余下的全部工程款和诉讼费、保全费、律师费及利息。随后，又亲自前往数千公里外被告所在地的 Y 省 M 民族自治县人民法院现场提交诉状，同时诉讼保全对方巨额财产。

一审人民法院开庭时正逢我国宪法宣传日。我在法庭上举证充分，有力地驳斥了对方提出的无理狡辩，提出我方的诉讼请求事实清楚，证据确实充分，被告方应依法依约向原告方承担全部违约责任。我同时借开庭日子的“特别性”，在法庭上向对方指出宪法保护各民族平等权利，包括少数民族在内的所有公民组织都应诚信遵守包括宪法在内的全部法律法规。一审法院法官在判决书中基本采纳了我提出的“被告方存在明显的不诚信”“违反合同约定”等代理意见。判决被告方：按原合同支付全部剩余工程款，并按原合同约定的支付时点按年利率6%计算支付逾期付款违约金;对我方提出的违约金按年利率24%及为维权而支出的律师费、保全费等费用不予支持。面对这种部分胜诉的案件,我方委托人基本满意。

但我对一审人民法院其中一条判决有异议。一审判决书指出原告方“未对被告方违约行为形成书面告知,故认为不应当按合同约定向我方支付约定的全部违约金”,我向委托人提出:一审法院认为合同约定的是“可”书面告知,并不是“必须”书面告知。“可”代表了我原告方有选择的权利,即可以“做”也可以“不做”。从客观角度上讲,被告方时隔近两年都没有支付工程结束验收合格时按合同约定应当支付的尾款,这显然超出社会人常识认识到的合同所说“要求的时间”,所以一审判决提出原告“因未书面”告知被告而不支持双方约定的“日千分之一违约金”的判决是错误的;表明一审法院不支持原告要求的约定违约金是对被告方的明显偏袒。何况一审法院判决认定对方违约承担6%的违约责任,这已表明法院也认定被告方的违约事实清楚,既然违约就应当按双方合同约定的违约责任承担责任。关于“日千分之一”违约金的约定可能过高的问题,我方起诉时已主动调整到最高人民法院规定的民间借贷最高限额内。基于上述分析理由,我建议我的委托人提起上诉。委托人表示:“上诉有增加诉讼费和代理费的风险,如果您愿意不收二审代理费我们就上诉;若二审胜诉我们再支付相应的律师代理费。”

我对一审人民法院的部分公正感到遗憾,相信二审人民法院一定会秉公判决。于是毅然接受委托人提出的“二审先不支付律师代理费”的委托。事不宜迟,我再度帮助委托人拟写上诉状提起上诉,继续参与二审法院审理活动。无巧不成书,我当年去纽约参加女儿纽约律师宣誓典礼因为疫情原因在美滞留六个月,回到上海隔离期间,通情达理的Y省P市中级人民法院的二审承办美女法官在审理期限即将到期的情况下,同意我在隔离房间远程视频网上开庭。二审法庭上,法官耐心听取了我逻辑缜密、入情入理的合法代理意

回国隔离宾馆中用手机连线Y省P市中级人民法院二审线上开庭

见。庭审结束后法官安慰我说:“我们正常线下开庭虽然受到影响,但现代技术的线上开庭并不会影响我们认真听取各方的合法意见,你们安心等着我们的判决,相信我们会公正处理。”果然不出一周,我们收到了令人激动的“撤销一审”的判决,改判“支持我们原告方全部上诉请求”的公正判决!

此案的体会是:经营者诚信为本;认准的事大胆地去做;相信法律人的公正!(二审胜诉后,委托单位要送锦旗给承办美女法官,法官说这是她们正常的办案,当事人的感激之心意领了,锦旗就不要送了)

16. 三次堕胎的陈女士仍被判归还不当得利案(2020年)

一、案情介绍

某单位一位万姓女主管聪明能干,与其丈夫肖先生育有两个孩子。不承想,这位肖先生不珍惜幸福和睦的家庭生活,在自己的妻子忙着生育照顾两个孩子期间,他利用职务之便,与自己的女下属陈女士长期保持着不正当的两性关系。女下属陈女士自称因为与肖先生多次发生关系而数次堕胎,因此还和自己的丈夫离婚了(在法庭上出示了医院堕胎的病历和离婚证)。肖先生为了补偿这位陈女士,曾多次用各种方法给陈女士转款、购物、购车等,总花费数额高达数十万元。世上没有不透风的墙。万某知道丈夫的丑事后向丈夫摊牌,丈夫为了两个孩子亦迷途知返,选择回归家庭。陈女士觉得自己吃了大亏,便利用自媒体平台举报和诋毁欺骗她的男人肖先生及他的妻子万女士。万女士作为本次事件的受害人忍无可忍,从网上了解我的信息后找到并委托我担任她的代理人依法维权。

二、代理过程

我了解全面情况后向万女士提出建议:陈女士的行为存在名誉侵权和非法获利的情况,因此应该依法分别起诉,一是起诉陈女士名誉侵权承担停止侵害,在侵权范围内公开赔礼道歉并适当赔偿包括律师费在内的各项损失的法律责任;二是起诉陈女士依法归还肖先生私自转给她的巨额款物的不当得利。万女士信服我清晰的法理分析,特别授权我全权处理。我指导律师助理全面收集网上名誉侵权资料,请公证处协助取证,认真撰写好起诉状,将万女士丈夫私自转账清空物购车的行为起诉到人民法院后,向人民法院申请了律师调查令。我们持人民法院开具的调查令前往相关银行、车管所及奢侈品商店专柜逐一调查,取得确凿的证据资料。

两场开庭法庭辩论很是激烈。陈女士认为有关名誉权问题:她在自媒体的行为是陈述事实,揭露肖先生道德败坏,欺骗要和她结婚才发生关系的,万女士与肖先生婚姻关系名存实亡,万女士现在不离婚是恶意阻碍她与肖先生结婚;而她自己现在已是身心俱疲,万念俱灰,她才是真正的受害者。我向法庭明确指出:陈女士作为受过高等教育的职业女性,理应具备文明社会应有的法治理念和社会公德观念,作为单位同事理应了解肖先生已是成家立业并且是两个孩子的父亲。万女士与肖先生系合法夫妻且响应国家号召生育两个孩子,我国保护一夫一妻制,保护妇女儿童的合法权益,万女士作为无辜者其名誉和隐私都应受法律保护。陈女士的行为和当庭的法庭辩解完全罔顾我国的相关法律和社会公德;与之相反,陈女士只是站在自己私利的立场,在庄严的法庭上还不能认识到自己的非法侵权行为,这是不能原谅的,应依法给予否定。关于归还非法所得财产问题:陈女士认为相关财物的取得是肖先生的自愿赠与,同样也是肖先生造成她数次堕胎对她身体伤害影响的补偿。陈女士的代理人补充认为:至少要保留肖先生个人赠与的部分,即被赠与财物的一半不用返还。我向法庭说明:尽管陈女士多次堕胎对身体有一定损害的事实是存在的且值得同情,但是陈女士与肖先生的婚外情侵犯了我的委托人万女士与肖先生的合法婚姻关系,严重违背我国民法典规定的公序良俗原则,其受损害结果不受法律保护。尤其是陈女士收取肖先生私自给予的财物行为,侵犯了万女士的合法财产权益。至于其代理人提出的陈女士有权保留肖先生部分,即一半被赠与财物的说法,也违反了夫妻共同财产一方不得擅自处分及夫妻共同财产在夫妻关系存续期间不分割的规定。法律保护公民的合法权益,陈女士收取肖先生的财物行为没有合法依据,不受法律保护,依法应予以全额归还非法所得。

三、判决结果及启示

一审人民法院经过认真研究,完全采纳了我的代理意见,两个案件都支持了我们委托人的诉讼请求,包括律师代理费作为原告维权合理费用也给予支持。被告方不服对两案都提出上诉,万女士继续委托我参加二审代理。二审中级人民法院出于慎重考虑,进行二审开庭审理。我在法庭上进一步分析论证了一审判决认定事实清楚,证据确实充分,适用法律正确。请求二审人民法院驳回对方上诉,维持原判。二审法官继续采纳我的代理意见,案件终审生效。

我对此案的体会是:一是在运用法律技巧方面,首先,对事实行为在法律上的分析要准确,以正确选择诉讼请求;其次,调查证据方法要得当,及时有效地收集真实合法相关的有效证据;最后,针对对方的答辩点运用逻辑及相关法律进行准确应对。二是在社会学方面的启示是,社会人的行为一定要合法重德,不然自身受损不能得到法律保护,非法侵害要承担法律责任,即使是已经获得财产财物,依法也要返还。三是社会人尤其是受过教育的青年人都应该学习基本法律知识,至少要建立法律意识,依法行事,据法维权。

17. 弱势女完胜强势违法放贷公司案(2021 年)

一、案情简介

年轻的胡某爱美心切,为了自己的整容费用便在网上查询贷款。结果却被所谓的"银行好心人"怂恿,选择了与某科技小额贷款公司签订借款合同。为了确保胡某到期还款,此公司还要求胡某母亲作为担保人。贷款时虽然口头谈好利息 7%,但实际签合同时纸上利息却是 14%。胡某出于善良之心信任贷款公司不会出现纰漏,因此在签合同的时候省略了"看合同"的事项,便粗心地按贷款公司要求一一照签。此外,当时还有贷款公司指定的所谓"担保公司"收取一定数额的保证金。

还款过程中某小额贷款公司因人事变动而未通知胡某,致使胡某无法及时将钱款归还至指定账户。再后来,小额贷款公司在全国打击"黑恶势力运动"期间停业清算,不明头绪的胡某等来的却是法院的起诉。由于还款未到账,小额贷款公司便委托长期为公司服务的律师代理在公司熟悉的法院起诉胡某及其母亲。起诉状以胡某违约为由,要求提前终止合同并收回贷款和违约利息及罚息总计 100 多万元。尤其过分的是,胡某没有收到法院的开庭传票,而是由小额贷款公司代理人自行在胡某微信上出示法院传票。同时,诉讼保全查封了胡某母亲唯一的住房和胡某包括微信在内的全部日常使用的金融账户,造成胡某无法正常生活,想以此恐吓胡某及其母亲立即再转借高利贷还给小额贷款公司。胡某和母亲并无稳定的收入来源,面对巨额债务焦头烂额,胡某很快陷入重度抑郁,胡某的母亲通过其多年的朋友推荐,找到并委托我代理此事。了解基本案情后,我敏锐地察觉到这笔"贷款"诉讼的不正常性,决定接受胡某母女委托,为无助的母女二人揭露真相,依法维权!

鉴于母女俩对受理案件法院的不信任,我帮助她们找出法官在"受理送达"方面的明显违法行为,以此表明起诉方小额贷款公司与法院的非正常利害关系。根据原告注册地在另一法院所在地的事实,其中存在案件管辖异议,我便要求将案件移交原告住所地法院，以避免不正常因素的干扰。果然，承办法官收到“管辖异议书”后当天立即作出驳回异议书的裁定。当前法院案件多如牛毛，在法院尽可能不受理案件的情况下，此案法官竟如此“舍不得”放手，这进一步表明小额贷款公司与承办法官的不正常关系。因此，我代理被告母女向二审人民法院提出上诉，被告母女同时向人民法院监察部门书面实名举报承办法官的有关违法举动。二审人民法院审时度势，撤销一审人民法院裁定书，裁定案件移送小额贷款公司注册地法院审理。非法干扰因素解决了，案件公正的审判指日可待。

二、律师代理意见

（一）首先查明原告公司的非法放贷行为

此贷款为典型的“套路贷”，涉嫌经济犯罪，应移交公安机关处理。

原告本是政府批准的对科技公司实施放贷业务的公司，不得对民间公民个人实施放贷行为，即使后来有创新对农村“三农”开放消费贷款业务文件，也不包括对城市居民个人的消费贷款业务。我从中国司法审判网上搜索这个公司贷款案件，发现此公司有数百起针对城市居民发放贷款的追款诉讼。上述事实表明原告方是以“小额贷款公司”吸引被告借款，继而以“保证金”“中介费”“行业规矩”等各种名目诱骗被告签订“虚假借款合同”以及“房屋抵押合同”“房屋买卖委托书”等明显不利于被告的各类合同。

原告符合当地高级人民法院发布的《建立疑似职业放贷人名录意见（试行）规定》中关于职业放贷人的特性：原告一年内放贷超过5次，向不特定人出借，具有经常性、营利性。因此，本案应裁定驳回起诉，移送公安机关。

（二）即使原告经人民法院审理后，被判定不属于职业放贷人，原、被告双方签订的合同也是非法无效的，具体理由如下：

1. 某科技小额贷款公司在其符合的业务范围内属于金融机构，但不具备向城镇自然人放贷的权限

（1）从原告工商登记的经营范围看，其许可经营项目为：面向科技型中小企业发放贷款、创业投资、提供融资性担保、开展金融机构业务代理以及经过监管部门批准的其他业务。原告并不具备向自然人放贷的资质。

（2）小额贷款公司属于特殊审批，法无授权不可为。原告并无授权向自然人放贷，因此原告属于无资质的出借人。

（3）直至开庭前，原告并未提供其具有合法向自然人放贷的资质。

2. 原告不具备金融许可资质，其签订的《借款合同》应认定为无效

银行业监督管理法、商业银行法等法律规定，未经国务院银行业监督管理机构批准，任何单位或者个人不得设立银行业金融机构或者从事银行业金融机构的业务活动，否则即视为“非法金融业务活动”。这种行为损害了社会公共利益，必须对从事经常性放贷业务从效力上作出否定性评价。

本案中，原告作为没有放贷资格的出借人，以营利为目的，向不特定自然人发放借款，属违法无效行为。故原、被告双方在此借贷行为基础上签订的合同为无效合同。

三、案件结果及后记

一审人民法院经过二次开庭审理查明，原告超经营范围非法向城市居民放贷，扰乱正常金融秩序涉嫌犯罪。一审人民法院采纳我的代理意见驳回原告起诉。另因原告涉嫌犯罪，移送公安机关依法查处。对方不服，提出上诉，二审人民法院再次开庭，我继续代理参加二审开庭审理，对方代理律师在庭上重点说明他们是执行“创新‘三农’小额消费贷款”文件精神，属于合法放贷行为。我在法庭上义正词严地驳斥：“胡某属于省会城市居民，属于‘农业’‘农村’‘农民’这三农之中的哪一农，还是属于‘四农’‘五农’？文件创新要求发放‘三农小额消费贷款’，胡某贷款70万元属于哪家小额？”原告的非法放贷及恶意追款行为造成胡某生活无着、重度抑郁，后果严重，应依法追究原告方的法律责任。二审人民法院再次采纳我的代理意见，裁定驳回对方上诉，维持一审判决。将案件移交公安机关处理。胡某母女事后给我送来了感谢信和锦旗。

母女俩民间借贷非法放贷公司巨款胜诉后赠送锦旗

本案启示：

一是尽量避免借贷消费；二是签订合同时务必看清关键条款；三是贷款尽量与银行或国家设立的规范的金融机构之间进行；四是发生纠纷找专业律师帮助；五是律师代理要全面审查案情，大胆揭露。

18."前亲家"变仇家,美元兑换借贷案(2022 年)

J省的J某与S省的Z某夫妇本为陌路,却因缘结成亲家。远而成亲是因为J某的女儿与Z某夫妇的儿子在美国留学期间相识、相恋,最后走进婚姻的殿堂。儿女婚姻期间,J某想将65万元人民币兑换成美元汇给自己的女儿,便通过女儿联系到自己的亲家公Z某,由Z某帮忙办理此事。于是J某将自己的65万元人民币汇给亲家公Z某,再由Z某兑换成10万美元后汇给自己的儿媳妇。几经周折倒换汇款的缘由是J某当年兑换美元额度已用完。Z某与自己的儿媳妇也有当年的微信聊天记录说明这个真实的情况。J某的女儿与Z某的儿子婚后育有一女,然而家庭生活并不是很美满。婚后矛盾接连不断,最后双方因性格不和在美国当地法院调解离婚,从此两亲家反目成仇。女儿离婚后,J某便在自己出生地J省L市当地人民法院起诉远在S省的Z某夫妇,要求归还自己曾经汇给Z某的65万元,并称Z某当年汇给自己女儿的10万美元是Z某的私人赠与。当地人民法院一审二审均判决:支持J某的全部诉讼请求,即Z某夫妇向J某归还65万元款项及其利息。Z某夫妇愤愤不平,通过在美国的儿子的朋友介绍找到我,请求我代理他们参加向省高级人民法院申请再审的诉讼活动。我接受Z某夫妇委托后,前往J省高级人民法院详细阅卷,认真研究案情后提出如下代理观点。

一、一审法院认定民间借贷法律关系没有任何事实依据及法律依据

(一)J某未提供债权凭证,一审认定民间借贷法律关系属于事实认定错误

根据《最高人民法院关于审理民间借贷案件适用法律若干问题的规定》第2条第1款的规定,出借人向人民法院提起民间借贷诉讼时,应当提供借据、收据、欠条等债权凭证以及其他能够证明借贷法律关系存在的证据。本案中,被申请人J某未提交任何借据、收据、欠条及任何债权凭证。一审人民法院在无任何债权凭证的情况下认定民间借贷法律关系,属于事实认定错误且法律适用错误。

本案因J某与J某女儿的母女关系,且J某女儿能够实时指挥J某汇款65万元给Z某的行为,Z某完全有理由相信J某女儿能够代表J某,也完全有理由相信其向J某女儿汇回美元的行为即是完成向J某交付委托兑换美元的行为。在此情况下,无论J某是否需要向Z某进行明确表示,均不对Z某产生法律上的约束力。因此,一审判决认定"在两被告将案涉款项未经原告同意给付给J某女儿后,在原、被告之间即已经产生借贷关系",属于事实认定错误。二审判

决的第 26 页第 2 段亦否定了一审判决对该事实的认定。

(二)一审作为定案依据的证据《J 某女儿的情况说明》存在大量虚构和杜撰内容,不具有真实性且属于非法证据

1.《J 某女儿的情况说明》属于非法证据。根据《最高人民法院关于民事诉讼证据的若干规定》第 76 条的规定,证人确有困难不能出庭作证,申请以书面证言、视听传输技术或者视听资料等方式作证的,应当向人民法院提交申请书。申请书中应当载明不能出庭的具体原因。第 77 条规定,证人经人民法院准许,以书面证言方式作证的,应当签署保证书。本案中,J 某女儿未提交申请书,也未签署保证书,该情况说明不合法,应当依法排除,不能作为定案依据。

2. J 某女儿在情况说明中说道:“2015 年 4 月到美国,与 Z 某儿子协商动议买房,希望各自家庭支持 10 万美元。J 某女儿告诉母亲 J 某,J 某同意借给她 11.48 万美元。并且 2014 年 11 月 28 日就汇给了 J 某女儿。”该陈述存在时空错乱,J 某的汇款发生在 J 某女儿所谓“分别向自己父母表达希望支持”之前。故 J 某女儿的情况说明时空错乱、前后矛盾,显然是存在虚构杜撰的嫌疑。

3.《J 某女儿的情况说明》中写道:“Z 某儿子说,这笔款项让他父亲先转给我们,用于我们购买美国房产,解决燃眉之急,等西安的房产处理掉了,再归还我母亲的钱。”该陈述不符合事实。Z 某儿子与 J 某女儿在美国并未购买房产。据 Z 某陈述,Z 某儿子也未说过 Z 某将案涉款项作为赠与款给小家庭,卖西安房产的事情也是 J 某女儿杜撰的。

4.《J 某女儿的情况说明》中写道:“2017 年初,因为 Z 某儿子的家庭暴力和 Z 某的粗言秽语谩骂,我不堪忍受,目前是分居和离婚过程中。”申请人提供的新证据《J 某女儿家暴案判决书》可以证明美国法庭驳回了 J 某女儿的家暴限制令申请。从而证明家庭暴力也是 J 某女儿虚构杜撰的。

5.《J 某女儿的情况说明》中写道:“当时 Z 某夫妇也作为证人共同出现在法庭,直至庭审结束。”法庭的证人只能在作证时出庭,其他时间不允许听庭。J 某女儿的情况说明,不仅不符合客观事实,亦没有常识。申请人提供的新证据《J 某女儿 Z 某儿子离婚案全程录音》亦可以证明。

6.《J 某女儿的情况说明》中写道:“Z 某父子在美国已清楚地说明,并证明了 Z 某夫妇汇给我的 10 万美金是 Z 某的赠与。”该陈述完全不符合事实,Z 某从未说过将案涉款项作为赠与款给小家庭。该陈述与 Z 某与 J 某女儿微信聊天记录中完整的换汇事实相互矛盾。申请人提供的新证据《2016 年 9 月 20 日 J

某女儿发给Z某儿子的电子邮件》中，J某女儿陈述了2015年4月25日至2016年4月25日家庭收支明细，没有本案的10万美元，证明《J某女儿的情况说明》中，2015年7—8月间10万美元转为对J某女儿、Z某儿子家庭的赠与的事实不存在，系J某女儿杜撰。

二审判决亦否定了一审对《J某女儿的情况说明》的采信，二审人民法院认为，该证据的合法性及真实性无法确认，不作为证据予以确认。

二、二审人民法院将案涉钱款认定为申请人的赠与存在错误

（一）二审判决在认定赠与的"高度盖然性"时，唯一依赖的证据《律师申明》不合法，且存在被二审人民法院曲解的部分

二审人民法院认定Z某夫妇将案涉的65万元作为其向J某女儿、Z某儿子的赠与款存在"高度盖然性"，仅依靠了一份证据：编号为17DR1541的所谓《律师申明》。该《律师申明》作为证据在合法性、关联性、真实性方面都存在问题，具体如下：

1. 二审判决对《律师申明》的引用存在断章取义与曲解的部分

在《律师申明》中第10条载明："原告及被告双方家庭赠与40万美金，这笔款项计划用于购买房产、结婚花销以及生育的第一个孩子的传统意义上的赠与。这笔资金并未得到充分的解释。通过银行转账记录和佣金账户记录可能可以说明这笔资金的流向，因此我们在此申请获得这些记录。"可见Z某的律师并不清楚这笔资金的流向和组成，所以才陈述"这笔资金并未得到充分的解释"，因此才向法院"申请获得这些记录"。Z某儿子的律师在《律师申明》第10条第2句已经陈述了其不清楚、无法解释这笔资金的来源及流向。二审判决存在断章取义，只引用《律师申明》第10条第1句话，未完整地解读第10条全部3句话的内容及联系，曲解了Z某儿子的律师的意见，从而得出了赠与的认定，显然是错误的。

2.《律师申明》中的40万美元并未包含案涉10万美元，二者没有关联性

Z某儿子的律师向美国法庭提交的《律师申明》中第10条的事实是，向申请美国法院调查J某女儿三个账户中是否存在40万以上美元的相关财务记录以及资金流向。在《律师申明》中并未提及该40万美元包含案涉10万美元，二审判决据此得出Z某夫妇将案涉款项赠与J某女儿、Z某儿子家庭的结论，显然是无中生有的错误。

关于账户上这40万以上美元申请人在本案诉讼前并不知情，在诉讼后询

问 Z 某儿子，了解到 J 某女儿曾告诉过 Z 某儿子，该 40 万美元的来源情况如下：

(1)结婚及生小孩的礼金：Z 某家庭及亲属给了 13 万至 14 万元人民币；J 某老公给了 10 万元人民币、外婆给了 20 万元人民币。

(2)J 某女儿的个人薪酬。

(3)其余大部分是 J 某给的。

其中，结婚礼金的部分，申请人提供的《2016 年 9 月 20 日 J 某女儿发给 Z 某儿子的电子邮件》中，J 某女儿陈述“你的家人朋友在结婚时给了就算一共 10 万吧，我的父亲给了 10 万元，共计 20 万元 = 30000 美元”，可以证明 J 某女儿也承认了 Z 某家庭及亲属给了 J 某女儿大约 10 万元人民币结婚礼金。

由此可见，该《律师申明》中的 40 万美元与案涉的 10 万美元并不是同一笔款项。从 Z 某和 J 某女儿的聊天记录可以看出，Z 某一直把案涉 10 万美元作为帮助 J 某换汇的款项，从未对案涉 10 万美元有赠与的意思表示。亦没有任何证据证明《律师申明》中的 40 万美元包含案涉的 10 万美元，二审判决据此得出 Z 某夫妇将案涉款项赠与 J 某女儿、Z 某儿子家庭的结论，显然是无中生有的错误。

3. 在合法性上，该《律师申明》属于非法证据

首先，该《律师申明》属于域外证据。根据《最高人民法院关于适用〈中华人民共和国民事诉讼法〉的解释》第 527 条的规定，当事人向人民法院提交的书面材料是外文的，应当同时向人民法院提交中文翻译件。当事人对中文翻译件有异议的，应当共同委托翻译机构提供翻译文本；当事人对翻译机构的选择不能达成一致的，由人民法院确定。本案中，在二审《听证笔录》第 9 页第 7 行，Z 某对翻译件提出了异议。但 J 某未提供新的有效的中文翻译件，故《律师申明》缺乏有效的中文翻译件，属于非法证据，不能作为定案依据。

其次，该《律师申明》属于域外证据。根据《最高人民法院关于民事诉讼证据的若干规定》第 16 条第 1 款的规定，当事人提供的公文书证系在中华人民共和国领域外形成的，该证据应当经所在国公证机关证明，或者履行中华人民共和国与该所在国订立的有关条约中规定的证明手续。但 J 某提供的海牙认证书上写明：“本‘海牙认证’文件只能用于证明签署公文的人员的签字和职务的真实性，不能用于证明相关公文的具体内容。”故该海牙认证并未认证《律师申明》的具体内容，属于非法证据，且内容不具有真实性。

综上所述，该《律师申明》中并未明确 40 万美元的组成和流向、不包含案涉款项，属于非法证据，二审人民法院据此得出 Z 某夫妇将案涉款项赠与 J 某女

儿、Z 某儿子家庭的“高度盖然性”结论,显然是错误的。

(二)二审适用“高度盖然性”错误

根据《最高人民法院关于适用〈中华人民共和国民事诉讼法〉的解释》第108 条第 1 款的规定,对负有举证证明责任的当事人提供的证据,人民法院经审查并结合相关事实,确信待证事实的存在具有高度可能性的,应当认定该事实存在。可知,“高度盖然性规则”是指对于某一待证事实,当一方提交证据的证明力高于另一方,且已令法官达到了较高的内心确信程度时,即便未能排除全部的怀疑,亦认可证明力较高一方所主张的事实。二审认定高度盖然性依靠的一份证据即《律师申明》,该《律师申明》中并未明确 40 万美元的组成和流向、且 40 万美元不包含案涉款项,属于一份非法的传来证据,显然毫无证明力。另外,我方提供的微信聊天记录、国际汇款记录都是合法的、客观真实地还原了案件的事实,应当得出我方主张本案为正常委托换汇行为且换汇已完成的事实。我方证据不仅满足了高度盖然性标准,而且证据确实充分。二审人民法院仅依靠一个非法的、不真实的、不包含涉案款项的、毫无证明力的证据来定案,且选择性忽略我方确实充分的证据,完全不符合高度盖然性的证明标准,系事实认定错误,法律适用错误。

(三)申请人没有赠与的意思表示,不能认定赠与行为

赠与行为的构成要件有三:(1)真实意思表示;(2)有处分权;(3)依照法律需要交付的,已完成交付。

在意思表示上,Z 某对案涉 10 万美元从未有过赠与的意思表示。在本次再审庭审中,法官询问:“J 某,你认为你是从何时开始同意 Z 某主张将美元转化为借款和赠与款的?”J 某回答:“在汇完 65 万元之后,2015 年 9 月份 Z 某儿子跟我说他父亲临时要周转款项,我认为是该时间转化的。”由此可见,J 某也自认,并非 Z 某夫妇本人而是其儿子向 J 某作出将案涉款项转化为赠与的意思表示。首先据 Z 某了解到的情况,Z 某儿子并未向 J 某提过将案涉款项转化为对 J 某女儿和 Z 某儿子的赠与。其次,即使如 J 某所陈述,Z 某儿子向其表达了转化为赠与的意思,但 Z 某儿子无权代替 Z 某夫妇作出赠与意思表示,赠与的行为需要 Z 某夫妇本人作出才有法律效力。J 某已经在法庭上自认,Z 某夫妇本人并未向 J 某作出将案涉款项转化为赠与的意思表示,因此不能认定为赠与行为。J 某又试图通过 Z 某儿子美国的律师提交的《律师申明》以证明赠与行为,但该证据中的 40 万美元并不包含本案的 10 万美元。Z 某儿子的美国律师亦不能代表

Z 某作出赠与的意思表示。《律师申明》属于非法证据，依法应当排除。J 某又试图通过《J 某女儿的情况说明》以证明赠与行为，但该情况说明不符合证人证言的法定程序，属于非法证据，且存在多处虚构杜撰和自相矛盾之处，依法应当排除。且该情况说明系利害关系人在事后的证言，没有证明力且没有真实性。故在意思表示层面，Z 某对案涉 10 万美元从未有赠与的意思表示，J 某亦未提供有效的证据证明 Z 某有过赠与的意思表示，不能认定为赠与行为。

在处分权上，Z 某在帮助 J 某换汇后，对案涉 10 万美元并没有处分权。二审判决中写道"本院认为 Z 某完全有理由相信 J 某女儿能够代表 J 某，也完全有理由相信其向 J 某女儿汇回美元的行为即是完成 J 某交付的委托兑换美元的行为"，可以看出二审判决亦认可 Z 某夫妇已经完成向 J 某交付委托兑换的美元。且从一审卷宗中被告提供的证据 2《Z 某中国银行国际汇款通知书》与被告提供的证据 3《Z 某爱人中国国际汇款通知书》可以看出，本案的 65 万元分两次兑换：第一次，2015 年 8 月 28 日，使用 Z 某账户兑换的汇率为 6. 4078，向 J 某女儿的账户汇款 5 万美元，换汇扣款 320390 元人民币，实扣电汇手续费 260 元，对私国际发电电讯费 150 元。Z 某共计支付 320800 元。第二次，2015 年 9 月 6 日，使用 Z 某爱人的账户兑换的汇率为 6. 4043，向 J 某女儿的账户汇款 5 万美元，换汇扣款 320215 元人民币，实扣电汇手续费 260 元，对私国际发电电讯费 150 元。Z 某爱人共计支付 320625 元。因此，在 2015 年 9 月 6 日，Z 某已经完成向 J 某交付委托兑换的美元。在 2015 年 9 月 6 日前，Z 某并没有任何赠与的意思表示，不可能构成赠与行为。在 2015 年 8 月 28 日后，案涉 10 万美元的所有权及处分权已经转移给了 J 某，Z 某无法将既没有所有权也不占有的案涉 10 万美元赠与 J 某夫妇，故本案无法构成赠与法律关系。

三、本案真实的事实仅是合法的委托换汇行为，不存在借贷或赠与法律关系

（一）Z 某与 J 某女儿的微信聊天记录及 Z 某夫妇的银行国际汇款记录，证明本案事实仅是合法换汇行为

该微信聊天记录及 Z 某夫妇的银行国际汇款记录完整还原了本案事实，即 J 某女儿委托申请人 Z 某，以 J 某女儿自费出境学习的用途合法购汇，帮忙将被申请人 J 某的 65 万元人民币兑换为美元，由 J 某女儿居中联系，Z 某将 10 万美元汇给 J 某女儿后换汇即完成，并不存在民间借贷法律关系。

在微信聊天记录中：

2015 年 8 月 27 日 21 点 04 分，J 某女儿说："爸，您好，因为最近人民币贬

值,我妈还是想拜托您换美元,麻烦您把汇款信息给我下。”证明了换汇的原因。

2015 年 8 月 28 日 11 点 42 分,J 某女儿说:“好的,谢谢爸,我妈刚刚把钱汇出去了,您注意查收。”之后 Z 某回复:“你妈的汇款已经到账。我先去给你办 5 万汇给你。明天以你妈的名义再给你汇,好吗?”证明案涉的 65 万元已经到达 Z 某的账户。J 某女儿能够指挥 J 某向 Z 某汇款,并即时通知 Z 某查收,证明在换汇过程中,J 某明知该换汇的事情经过,J 某女儿系居中联系人。Z 某有理由相信 J 某女儿能够代表 J 某。

2015 年 8 月 28 日 15 点 09 分,Z 某说:“已经汇款成功。一般下周二就到了。5 万美元。”证明 Z 某完成了第一笔换汇 5 万美元。

2015 年 9 月 6 日 06 点 50 分,Z 某说:“你好! 一会儿我就去中行汇款,就按上次的资料及账号。”2015 年 9 月 6 日 11 点 27 分,Z 某说:“已妥,注意查收。”2015 年 9 月 9 日 09 点 44 分,J 某女儿回复:“爸,您汇的钱已经收到了,谢谢。”证明 Z 某完成了第二笔换汇 5 万美元。

2015 年 9 月 6 日 07 点 01 分,J 某女儿说:“剩下的人民币麻烦汇到这个卡上。”2015 年 9 月 6 日 11 点 27 分,Z 某说:“工行卡汇存 8500 元。”J 某女儿回复:“好的,谢谢爸。”至此 Z 某完成了 J 某委托的 65 万元兑换 10 万美元的全过程,换汇剩余的人民币都已经归还。Z 某在 2015 年 8 月 28 日的银行国际汇款记录及 Z 某爱人在 2015 年 9 月 6 日的银行国际汇款记录也能够与微信聊天记录相互印证。

微信聊天记录及银行国际汇款记录完整真实地还原了事情的全过程,本案仅仅是一个简单的委托换汇过程。因 J 某与 J 某女儿的母女关系,及 J 某女儿实时指挥 J 某汇款 65 万元给 Z 某的行为,Z 某完全有理由相信 J 某女儿能够代表 J 某,也完全有理由相信其向 J 某女儿汇回美元的行为即是完成向 J 某交付委托兑换美元的行为。此时,Z 某已完成向 J 某交付委托兑换的美元,不再占有案涉钱款,根本无法形成借贷法律关系及赠与法律关系。Z 某对案涉款项从未有赠与的意思表示,J 某亦未提供有效的证据证明 Z 某有过赠与的意思表示,不能认定赠与行为,二审认定赠与行为显然是错误的。

(二)《Z 某儿子与 J 某女儿协议离婚判决书》载明,Z 某儿子与 J 某女儿夫妻没有共同财产,证明不存在赠与事实

2019 年 3 月 18 日,美国本顿县法院案件编号 17DR1524X《Z 某儿子与 J 某女儿协议离婚判决书》中规定:12.3 条,每一方都应获得他们目前拥有的个人财

产。证明,Z 某儿子与 J 某女儿离婚时未进行夫妻财产分割,各自获得他们目前拥有的个人财产。且在婚姻存续期间,Z 某儿子也未使用过涉案钱款。Z 某与 J 某女儿的微信聊天记录可以证明 Z 某夫妇向 J 某女儿转账案涉 10 万美元时,明确的意思表示是换汇款项,没有任何赠与的意思表示。二审判决无中生有认定 Z 某夫妇将案涉钱款转为向 J 某女儿、Z 某儿子的赠与款,与事实不符。

综上所述,本案申请人与被申请人之间不存在民间借贷法律关系,申请人未将案涉钱款赠与 J 某女儿、Z 某儿子家庭,一审二审判决认定事实错误、适用法律错误,应当予以撤销,驳回原告即再审被申请人 J 某的起诉。申请人 Z 某申请追究 J 某虚假诉讼罪亦存在相关事实基础,请求人民法院查明相关事实,依法追责。以上代理意见请高级人民法院合议庭法官予以充分考虑和采纳。

高级人民法院法官采纳了我们的意见,撤销一审二审法院判决,由高级人民法院提审本案。

省高级人民法院提审审理本案过程中,我与女儿共同继续代理。高级人民法院合议庭法官结合一审、二审及再审中双方当事人提供的证据,认为提审再审本案的争议焦点为:J 某主张 Z 某夫妇归还其 65 万元人民币借款和相应利息是否有借款合意,借款事实能否认定。我们再次发表逻辑清晰严密,证据确实充分的代理意见,指出本案中 J 某既未提供相应的借条以证明借贷关系的存在,其提供的其余证据均不能证明 Z 某夫妇曾向其表达过借款的意思表示,双方自始至终并未达成借款合意,不存在借款事实。根据《最高人民法院关于审理民间借贷案件适用法律若干问题的规定》第 2 条第 1 款的规定,出借人提起民间借贷诉讼时应当提供能够证明法律关系存在的证据。高级人民法院合议庭充分采纳我方的代理意见,最终认定本案中的借款关系并不成立,因此 J 某的诉讼请求不能成立,再审人民法院不予支持。人民法院最终判决撤销一审、二审法院判决,驳回 J 某的诉讼请求并由 J 某承担所有的案件受理费用。

我们代理再审申请案多起,由高级人民法院撤销一审、二审判决的一般发回重审,由高级人民法院直接提审的实属罕见。面对一审、二审的不利判决,我们需要冷静细致分析、梳理案件证据,厘清案件关键事实,准确指出对方的逻辑漏洞,从而揭穿对方的不实主张,最终获得再审人民法院的支持,有效为我方当事人赢得应有的公正。

二、刑事案件

1. 农民老汉冤狱3年二审无罪释放案(1999年)

一、案情简介

这是一起发生在农村的案件。F县一对有亲属关系的村民,男女双方年龄相仿,都是50多岁,因为土地相邻权问题产生纠纷闹出矛盾,并且积怨已久。某一天,双方都在田间劳作时发生争吵最后升级成互相殴打,后被好心村民拉开劝回,双方均没有报警也没有去医院检查。半年后女方在医院查出颅内出血,经治疗花去数万元,后报警称其是半年前被与其有矛盾的男方殴打所致,要求追究男方故意伤害罪的刑事责任以及赔偿相应的损失。当地警方立案后,对女方伤情进行了鉴定,鉴定结果显示为重伤,因此警方把男方拘留后逮捕。当地一审人民法院判决男方犯故意伤害罪,判处有期徒刑3年,除此之外,还要赔付相应的损失数万元。男方不服提出上诉,他的家人二审期间找到我担任二审辩护人,这时的他已被关押了半年之久。

二、律师代理意见

接受此案后,我便会见了被告人,被告人声称当时并没有打到女方的头部,认为对方是故意陷害他,能够得到伤情鉴定一定是对方找了关系人帮忙的。根据对已知信息的了解,这个案件的辩护思路我就清晰了:一是是否有证据证明当时被告人对所谓被害人头部有打击的事实;二是被害人的伤情到底是如何造成的;三是鉴定书对伤情的原因是否有科学明确的鉴定。辩护要点出来后,我向二审人民法院指出:一审人民法院认定被告人外力伤害被害人头部的事实仅有被害人陈述,没有其他有效证据支持;被害人所谓颅内出血是在双方互殴后半年才发生的,不符合外伤性损害医学规律,尤其是一审适用的鉴定书对被害人的伤情仅作出颅内出血符合重伤的结果鉴定,并没有对被害人颅内出血的原因及是否系暴力外伤导致的因果关系作出鉴定,这份鉴定书不能作为被告人定罪量刑的根据,可见一审人民法院判决书属于认定事实不清且明显证据不足,依法应撤销一审判决,宣告被告人无罪。二审人民法院出于慎重,建议我们提出依法重新鉴定,我运用医学科学研判,若能科学鉴定颅内出血属于被害人自身病情恶化引起的,而不是伤情引起的则会让各方诚服,于是按二审人民法院要求提出到外地权威司法鉴定机构进行二次鉴定,二审人民法院采纳了我的上述意见,将重新鉴定机构选择在 S 市权威鉴定机构进行。我的预判是正确的,重新鉴定机构出具的鉴定结论是:被害人的伤情系自身疾病出现的颅内出血,形成的原因与所谓外伤没有直接因果关系。

三、判决结果及案件意义

在这个确凿的证据面前,二审人民法院理所当然地撤销一审判决并宣告被告人无罪立即释放。此案给我的体会是:一是在多项证据论证一个事实的情况下,关键是找到有科学依据的权威证据方可一招制胜;二是专业知识极其重要,我应用医学知识判断,外伤暴力引发出血不可能在半年后才会有症状表现;三是伤害案件发生后,现有科学可以有效鉴定真实情况,一方运用非正常操作所得到的证据基本会被科学揭露出来,恶意造成的后果会很严重。后面的事就是被告人申请国家赔偿和追究被害人诬告的法律责任了。

2. 十上 S 省智解刑讯谜团案(2000 年)

1999 年夏季的一天,A 省 C 市有位王姓公民前往 S 省著名文化旅游胜地 Q 市游玩后几天未归。家人等来的却是旅游地三名警察到王某家中搜查,告知王某家人王某在旅游地涉嫌盗窃已被抓获拘留。王某妻子考虑案件在近千公里的外省所在地,需要找一位胆大心细且有经验的律师帮助,于是她通过朋友多方打听了解并找到我。我了解基本情况后,接受了王某妻子委托便动身前往 S 省准备会见王某。但到达 S 省后,警方告知我王某突发疾病在医院抢救不能会见,我敏锐地察觉到此事可能有蹊跷,便坚持要见到王某本人。警方见我态度十分坚决,只好妥协带我去医院见王某。在医院我隔着玻璃看到王某插着呼吸机躺在抢救室里,已无法对话。我立即向王某妻子了解王某的身体健康情况,得知王某身高一米八,平时爱好拳击,身体练得非常结实,并没有任何疾病和身体方面的不适。几天后警方下达了王某病情危重不治身亡的通知。我便再次接受王某妻子委托,作为被害人家属的代理人找警方讨要说法。这个案件横跨两省,主体涉及公安执法部门,涉足这样的案件无疑是有很大难度和风险的。

根据基本案情,我从先前学过的医学知识和近十年的律师经验中总结判断:唯有查明王某的死因才能准确维权。于是我代理死者家属向当地上一级检察院反渎职局举报当地警方涉嫌刑讯逼供的渎职犯罪,提出对王某进行死因鉴定的要求。上一级检察院反渎职局领导对这一举报很重视,便立案安排对王某进行尸检。警方也同意尸检，但提出要由本市检方法医检验的要求，为了避免当地法医检验受到当地警方的影响，我以要“有权威的法医鉴定”才能消除死者家人的疑虑为由，提出由省级检察院法医为主体，省高级人民法院法医配合参与的方式进行，保证一次性权威尸检成功。反渎职局领导认为我提出的方案有道理，为了确保权威，反渎职局安排省级公检法三家法医共同参与，尸检时还特邀最高人民检察院具有博士学位的法医亲临现场。

我在解剖现场看到死者腹部有一段肠子发黑，觉得这应该是个大的受损点。可尸检报告出来后并没有对死者腹部肠子发黑作描述分析，只是对死者后背部遗留两处电击伤进行了描述，认定死者系强迫体位时间过长而导致抵抗力下降后全身感染多脏器衰竭死亡。我看到鉴定后，询问了警方死者后背部有电击伤痕作何解释，警方称是死者当晚挣脱固定他的长椅逃跑时，警察追撵用电击棍击伤留下的。我立刻警觉到本次鉴定书的不完整给警方留下了可以开脱的漏洞，由此我动员死者家属提出二次鉴定的请求。警方认为目前鉴定是省级多家法医，并且还有最高人民检察院博士法医参与的权威解剖鉴定，没有更高级别的解剖鉴定机构了。我明确指出：根据我国刑事诉讼法的相关规定，对第一次鉴定不服，提出合理合法的理由的，应当由国家批准设立的合法鉴定机构进行重新鉴定。由于第一次鉴定对死者腹部肠子发黑的现象没有在鉴定书中表述和分析，表明这次鉴定得不完整，鉴定书科学性存疑。反渎职局领导支持我们的二次鉴定请求，再次委托省外的司法部直属司法鉴定中心进行二次鉴定。重新鉴定的结果表明：死者腹部有数十处电击伤的残痕。这个结论坐实了警方对死者进行过刑讯逼供的事实。检方认定王某系警方刑讯致死。我为此案前后十上 S 省，在法庭上协助检方控诉相关被告人的犯罪行为，3 名参与刑讯死者的警员被人民法院依法判处 10 年、5 年不等的有期徒刑，死者家属获得警方国家赔偿 20 多万元。

后通过案件卷宗材料中证人证言及被告人供述的材料了解到，死者是在当地凌晨非法进入他人入住的宾馆行窃，被房间客人当场抓获并报警。当地警方的警察认为这可能是一条惯窃的“大鱼”，在将王某关押一整个白天后，晚上开始集中精力审讯。哪知王姓疑犯仗着自己是人高马大的业余拳击手体质条件，对 3 名审讯警察反抗搏斗，导致警察更加气愤，加大审讯力度，（当年警察询问室里没有要求有监控及语音录制设备，真相只能由现场人员陈述说明。）由于被告人的情绪化过度审讯，致使王某身体损伤严重几天后不治身亡。我作为涉嫌盗窃疑犯家属的委托人依法追究破案心切的人民警察的刑责是履行律师职责的合法行为，但我时常会因为这起特别的案件而内心纠结，毕竟这 3 名警察是出于工作职责，祸因是对犯罪嫌疑人采取的过激行为，他们为此付出的代价太大了。真心希望这类案件不再发生。在此案办理过程中，媒体人高剑记者陪同我一起深入案件一线调查走访，相关报纸给予及时报道，有效以媒体公开方式监督了当地司法机关的公正办案。客观地说，新闻监督对此案的成功胜诉功不可没。

3. 外地残疾打工人勇斗当地恶霸维权案（2004 年）

2004 年，S 省一名腿有残疾的青年孙某来 N 市打工，凭借自己拉面的好手艺，在 N 市某区一条街道上租房开起了拉面馆。勤劳有序的生活本应就此展开，不料当地人熊某因自己的店铺拆迁而垂涎孙某的拉面店铺。熊某仗着自己人高马大，多次威胁孙某，欲强行租用孙某的小店铺。孙某当然不从，熊某便纠集两名无业人员，采取深夜砸门的方式闯入店内暴力殴打正在睡觉的孙某，与此同时还强迫孙某签订转租合同。孙某在第二次被殴打时忍无可忍，激愤之下奋起反抗，顺手拿起地上的铁棍打向熊某，致熊某重伤倒地，孙某见状惊慌失措，逃离了自己租赁的拉面馆。有人报警后，熊某被警方送往附近军医院抢救，随即将落逃在外的孙某刑事拘留。在医院的熊某昏迷九天九夜才醒过来，经法医鉴定孙某此举造成了熊某颅脑损伤的重伤和残疾等后遗症。孙某被当地检察院以故意伤害罪提起公诉。

孙某家父听闻此事后便从网上查询到我的信息，身无分文的老人从千里之外的 S 省赶了过来寻求法律帮助。我在了解案情后，毅然决定为孙某免费提供法律援助。庭审过程中，孙某拉面馆的小伙计作为现场证人出庭，出庭时他在证人席上紧张地瑟缩着四处张望，显然是对案发当晚的暴行场景心有余悸，生怕对方有人在现场，出庭后自始至终不敢说一句话。这无疑坐实了熊某的“黑”“恶”“狠”，更加坚定了我要为孙某作正当防卫辩护的决心。在法庭上，我指出：被害人熊某等人仗势欺人的不法行为是与 N 市文明城市极不协调的

为外省残疾打工人被当地恶霸欺凌
正当防卫案援助辩护

可恶之举,应依法承担相应的刑事责任;相反被告人孙某的行为符合我国刑法关于正当防卫中无限防卫的规定,作为公正的人民法院应保障被告人孙某的合法权利,不予追究其刑事责任,以彰显N市晴朗的法治天空。法庭认真听取了我的辩护意见,同时建议相关司法机关追究已经被打残坐在轮椅上的熊某的相关刑事责任。法庭综合考虑被告人至庭审时已实际关押4个多月的现状,最终判处孙某5个月拘役。拘役时限到期后便很快释放了被告人孙某,这基本维护了孙某的合法权益。本案的庭审实况被N市电视台的法治现场栏目转播,公开此案的做法对维护社会和谐稳定,震慑不法黑恶分子起到了积极作用。

4. 苦尽甘来的撤案(2009年)

一、案情简介

J省J市市民钱某几年前与他人合伙做生意被骗,向当地公安机关报案一直没有结果。为归还银行贷款,钱某向亲朋借款,均约定年息10%。为尽快还债,钱某收购了法院拍卖的工厂进行经营,准备通过经营获利还款,不料想工厂经营一直处于亏损状态,导致债台高筑,可谓是雪上加霜。钱某为还清银行贷款和亲朋的借款便向熟人汪某借款500万元,当时并没有明确约定利息,哪知汪某6个月后向钱某索要300万元的高额利息,半年利息高达60%。钱某显然没有还此巨款的能力,出借人汪某是当地有影响的人物,他见钱某无力还款,便联合其他债权人不仅到当地法院民事起诉钱某,还到当地公安机关举报钱某涉嫌非法吸收公众存款罪,并且要求追究钱某的刑事责任。公安机关开启了立案侦查,准备对钱某采取刑事强制措施即关押钱某。这让钱某苦不堪言,近几年因为债务问题不断努力吃了很多苦不说,现在还随时有可能面临牢狱之灾,真可谓是祸不单行。接二连三发生的祸事使得钱某家属心急如焚,通过朋友介绍来到省会城市找到我说明情况并寻求法律帮助,最终委托我担任钱某的律师帮助他解决相关问题。

二、律师维权过程

首先是分析案情:判断钱某是否构成相关犯罪。在通过认真研究案件原委后,我认为钱某不构成非法吸收公众存款罪:一是根据我国刑法学规定的犯罪构成要件,钱某主观上没有非法吸收公众存款的目的,钱某借钱仅是为了归还银行贷款以及亲戚债务和工厂的正常运转。二是客观方面钱某并非是向不特定公众吸收款项,而是向亲朋借款,包括汪某也是当地熟人,所以不属于非法吸收公众存款规定的向不特定人群借款的行为。三是从社会危害性上来说,钱某是为了正当目的而借款,并没有扰乱社会金融秩序。

其次是分析汪某借款性质:经调查发现,汪某在当地长期吸收他人资金高利转贷。此次借给钱某的巨额钱款并非是汪某个人财产,而是汪某转贷他人的款项,从中牟取利益。汪某的行为无疑是让钱某避坑落井,更是极大地破坏了金融秩序,属于非法经营,有触犯刑法之嫌疑。公安机关应依法立案侦查汪某的涉嫌犯罪行为。

最后是分析警方行为:当地公安机关对钱某先前做生意被骗的报案没有侦查结果,而对汪某的举报积极立案,这表明公安机关非法插手钱某正常的民间借贷行为,却放任汪某的非法放高利贷的活动。

案情全盘分析清楚后,我根据调查的事实和相关法律规定,按照上述分析思路认真撰写法律意见书上交给当地公安机关,同时也将法律意见书抄报上级公安机关。法律意见书中明确提出应依法撤销对钱某的立案侦查。

三、案件结果及意义

由于我在本案侦查阶段及时介入,公安机关对我"法理"与"情理"交融的法律意见书认真考虑后,在侦查阶段就撤销了钱某的案件,钱某得以洗清自己的犯罪嫌疑。汪某慑于法律的威严,主动撤回了民事高利息要求,最后表示按照银行贷款利率计算还款即可。更值得欣慰的是,上级警方收到我的法律意见书了解全面情况后,督促当地警方积极侦破钱某先前被骗案并有效追回部分案款。久旱逢甘雨,钱某那一颗压抑已久的心终于可以放松下来,在接下来的日子里他可以安心开展工厂经营业务了。

此案在社会意义上不仅保护了钱某的合法权利,而且还有力地打击了当地非法放贷者的嚣张气焰,促进当地警方进一步规范执法。虽然当年对于高利贷没有一个统一的认定标准,真正违法的是那些有明显超过银行利率许多倍的放高利贷的人,后来司法明确解释了高利贷的标准,符合标准的放贷人应被依法追究非法经营罪的刑事责任。公正的法律应当给予每个公民安全感,而不应成为保护违法者的工具。

5."纪委"绑架国土局局长案(2010年)

一、案件简介

2010年5月的一天,无业人员张某等4人为了获取钱财来到某县国土局局长家中，并向局长出示了他们事先伪造好的“调查证”和“警察证”，谎称自己是检察院和省纪委的工作人员，以此为由将国土局长从家中带离。后张某等4人将局长软禁在张某事先租下的养殖场内，并继续冒充纪委工作人员对局长进行“审讯”。在“审讯”中，局长如实交代了自己非法收受他人贿赂数十万元的受贿事实。在拿到局长的口供后，张某等人便联系局长的妻子说明了局长受贿的情况，以此威胁局长的妻子缴纳50万元保证金，转到张某账户后便可放人。由于要求的汇款迟迟没有到账，张某又多次联系局长妻子，让局长与其通话，还将要求的保证金金额降到30万元。局长的妻子开始并没有怀疑这几人的身份，可在向张某等人先后汇款共计3万元后，感觉“纪委”的人说话有些鬼鬼祟祟，心存疑虑的她向当地公安机关报了案，公安机关很快就将张某等人抓获并成功解救局长回家。张某家属委托我作为其涉嫌绑架和敲诈勒索罪的辩护律师。

二、律师辩护意见

在本案的询问笔录中，几名犯罪嫌疑人多次提及想通过“找一名贪官”获取钱财，最终选择了这位国土局局长。本案犯罪嫌疑人全程未使用任何暴力，仅凭两张假证件就成功将国土局局长带离家中，软禁在了养殖场内。因为这起离奇案件本身就存在一些问题，所以我在为被告辩护过程中要求检察机关对国土局局长进行调查，查清其是否存在违法违纪的行为，因为这对于被告能否构成立功有着至关重要的影响，然而当时的检察机关没有采纳我的辩护意见。

我还认为，公诉机关存在“适用”法律方面的错误，因为在整个犯罪过程中，张某等人主观上是以骗取财物为目的，客观方面没有使用暴力性强制手段，所以不符合绑架罪的构成要件，应当按诈骗罪处理。这种辩护思路对被告人的量刑会较轻，根据案件的具体情况，国土局局长确实可能存在受贿行为，如果检察机关当时采纳我的辩护意见，实施查处国土局局长存在的受贿事实，那么被告人则属于重大立功，依法应当减轻或免除对被告人的处罚。

三、案件结果及后记

当地基层人民法院没有采纳我关于被告人定性诈骗罪的辩护意见，仅采纳了关于被告人属于首犯、主观恶性小、认罪态度好及家庭困难等酌情从轻情节的辩护意见。最终对被告人张某犯绑架罪判处有期徒刑3年，并处罚金1万元。

讽刺的是：5年后的（2015年）一则新闻证实了我之前的判断：被带走的国土局局长因受贿等严重违法违纪行为被开除党籍、取消退休待遇。其早在2004年便开始收受他人贿赂，为他人牟取不正当利益，于2016年被判处刑罚。这件事也让我感到有些惋惜,毕竟这则新闻也证明这位国土局局长确实存在收受贿赂的行为。如果当年检察机关进行调查,对于这位国土局局长受贿一事依法追究其刑事责任,那么被告张某等人依法应当构成立功并且应减轻处罚。当然,被告人根据后来关于国土局局长受贿的判决书认定中,若包含当年向被告人供述的部分受贿事实的话,则被告人仍然可以申诉,并举报当年查办案件相关人员渎职的法律责任。

6. 免费援助中国医药打假第一人被伤害维权案(2010年)

一、案情介绍

受害人高某,男,S市人,药品打假“专业户”,被称为“中国药品打假第一人”。2008年感动中国候选人,参与数百次打假行动。学过医学的他曾经因为吃到假药导致病情加重,至此高某立志从事药品打假工作。2008年9月14日,高某在某医院就医过程中发现并揭露了医院存在使用假药的情况,因此被此院拒绝入内。当日14时许,高某在医院门口等候时突然被在医院门口开饭店的老板刘某殴打头部,致使高某右眼眶内壁骨折、上颌骨额突骨折及鼻骨线形骨折。经过法医的鉴定,确定高某的伤情为轻伤。高某即到当地人民法院起诉刘某故意伤害罪,高某作为刑事附带民事原告参加了一审诉讼。由于高某长期在外参与药物打假的行动,没有固定工作,导致妻子与其离婚。此时生活在“一人吃饱,全家不饿”境况下的高某基本身无分文,因此向一审人民法院所在地法律援助部门申请了法律援助,当地法律援助部门指定安排了律师给他。但在与指定律师交流后,高某认为那位律师在敷衍他。见此状况,高某深知安排的这位律师无法帮助自己解决困难,只有可靠且值得信赖的律师才能有效地处理好此事,于是自行在网上查找到我。在充分全面了解了我的信息后,便直接向法律援助中心领导提出由我替换原来指定律师作为他的代理人参加诉讼的请求,法律援助中心领导考虑他的特殊身份和实际情况后答应了他。我被高某专业打假的行为以及对我的信任所感动,欣然应允,尽力为高某讨回公道。我作为他的代理律师,依法代理高某追究刘某故意伤害罪并附带民事的诉讼。

二、律师代理意见

我通过认真阅卷,分析被告人与高某素昧平生,没有个人恩怨,殴打发生在被高某举报的医院门口,而刘某就在医院门口开饭店,不排除刘某受第三方唆使而对高某实施报复行为,尽管被告人拒不承认背后有人指使,我们也没有其他证据证明刘某背后有指使人，但我对被告人的行为充满愤慨，在法庭上我代理高某义正词严地指控刘某故意伤害高某的事实清楚、证据确实充分、情节恶劣，依法应当认定故意伤害罪，应从重处罚并赔偿高某的治疗等损失。

首先，证人和原告的陈述充分证明被告刘某曾持续殴打并拳击原告。原告的病历材料、鉴定结论也可以证明被告人殴打致其受伤的事实。

其次，两份伤情鉴定书都是合法的鉴定机构内有资质的鉴定人员根据鉴定程序作出的结论，属于合法有效的伤情鉴定书。

最后，被告人对致伤及鉴定结论的辩解均不能成立。第一，被告人提出被害人损伤是其他原因导致，却没有提供有效证据。第二，被告人认为鉴定结论不科学，却没有提供否定鉴定结论的依据。第三，即使在审理中对鉴定结论提出质疑，根据相关法律规定，被告也应当委托相关鉴定机构进行补充鉴定或者重新鉴定，不能直接予以否定。

三、案件结果及后记

一审人民法院判决被告人刘某犯故意伤害罪，判处拘役 6 个月，缓刑 1 年；赔偿原告高某医疗费等各项损失共计人民币 2000 多元。高某认为，一审判决明显轻纵罪犯，有失公正，要继续委托我作为其二审阶段的诉讼代理人。市级法律援助中心仍满足高某的要求，指定我作为高某二审免费援助律师参加诉讼。经过二审人民法院审理的据理力争，判决仍维持原判。我只能表示遗憾。

本案案件过程清晰明了，但相关部门却拖延半年才采取有关措施，更是在一年多后才立案侦查。高某深感自行维权无力，只能寻求专业律师的帮助。我两次接受高某的委托代理，全面梳理案件经过和相关证据，针对本案的争议问题，向法庭说明原告方的观点，极力维护原告的合法权益。最终的结果未能使高某满意，只能说本案处理结果部分实现了惩恶扬善的目的。让人最感遗憾的是这位上过央视的专业药品打假第一人于 2011 年 10 月在 S 市去世，终年 52 岁。

7. 电池爆燃致名牌大学两才女身亡的惊天大案（2011 年）

一、案情简介

2010 年 7 月 27 日 1 时许，N 市某宾馆内 403 室起火，引发火灾。火灾造成住在隔壁 404 室的 A 大学天文系两名暑假实习的大三女生不幸身亡，住在同楼层的 B 大学的一名外地出差的研究生也因跳窗而受伤。起火来源是住在 403 室的一位名叫金某的某培训中心员工的电动车电池。当晚金某取下自己电动车上的电池在房间内进行正常充电，半夜时分电池突然发生爆燃。当时房间内的8名入住人员全部撤离，随后金某逐一敲门喊叫并告知其他住户撤离，还及时拨打了“119”报警。住客们走宾馆安全通道时发现门被铁链锁住，只能折身走其他楼梯跑出。消防队到达灭火后，在要求宾馆值班服务员清点住宿人数时，才发现404室的两位女大学生没有出来。消防员迅速赶到404室查看，撞开门后发现两位女生分别俯趴在床边和门边地上，显然当时毒烟熏醒时已无力打开门逃出。消防员见状后赶紧拨打“120”将两位女生及另一跳窗男生送往医院急救。尽管距宾馆几百米外就是消防队和当地著名医院所在地，但意外火灾还是造成两名名校优秀女大学生身亡，一名男研究生受伤，后果十分严重，社会影响巨大。一场本不该发生的火情，毁灭了两名无辜才女的宝贵生命和光明未来。实在令人痛心惋惜，唏嘘不已。此案引发了社会的广泛关注。事后警方以涉嫌失火罪将金某刑事拘留，当地检察院随之对金某批准逮捕。金某的姑妈专程赶到N市，通过其同学找到并委托我作为金某涉嫌失火罪的辩护律师。

二、律师辩护意见

我接案认真研究案情后认为：此案的关键点是电池爆燃的原因，若是电池自身质量问题则是商家的责任，应科学查明；若火灾后果是宾馆管理缺陷等原因造成，则应依法追究相关责任方。只有我的当事人金某对电池爆燃的结果存在着“疏忽大意”或者“轻信能够避免”的过失行为，才可能承担相应的法律责任。为此，对案件事实综合研究分析如下。

（一）电池爆燃的直接和根本原因在于电池存在隐性严重质量缺陷

查看当地省、市两级消防局鉴定书的鉴定意见，都缺少对失火现场电池残骸的爆燃原因鉴定，无法确定厂家生产的电池是否为严格意义上的合格产品，以及是否存在充电过程中发生爆燃的隐患，我方专门申请全国著名的电动车电池专家出庭，从专业角度向法庭说明合格的电动车电池无论从事实上或者技术上，即便电池受到雨淋、撞击，都不足以引发质量合格电动车电池的爆燃。按照产品质量标准测试的要求，即使将充满电的电池浸入水中且水深没过电池表面持续24小时，电池也不应泄漏、冒烟、着火或爆炸。我们根据专家证言证明，正常合格的电池是不会发生充电时爆燃的情况，就此说明被告人金某作为普通人无法判断电池在正常使用充电时，是否存在安全隐患和爆燃缺陷。

（二）宾馆管理存在严重过错

宾馆过错有以下几点：第一，安排的值班服务人员严重失职。值班服务人员对于入住信息情况掌握得不详尽、不准确,导致在火灾撤离中未能及时通知房客撤离。在消防人员要求清点入住人数时才发现404室两位女生没有逃出房间的情况,最终404室两名女生在熟睡中因吸入过量的一氧化碳无人救援窒息而亡。第二,宾馆的建筑结构不合理。本案中两名死者的死因是由于所住房间卫生间与隔壁着火404室的卫生间隔墙封闭不严实所致,403与404室之间的墙体存在未及时维修的较大裂缝,致使着火房间毒浓烟透过卫生间墙体裂缝渗入死者所在房间。第三,消防设施配备不合格。宾馆工作人员在平时未及时检查灭火器保存情况和配备合格灭火器。火灾发生时403室内的两瓶灭火器均已损坏,在电池发生爆燃后被告金某无法使用灭火器及时控制火情,导致火势蔓延酿成惨祸。第四,私自将宾馆403房间改为集体宿舍供10人住宿,没有警示或制止宾馆入住人员在室内给电动车电池充电的行为。第五,宾馆长期将消防通道上锁,致使客人未能更高效快速地逃离火灾现场、疏散其余入住人员。宾馆的上述行为极大地增加了火灾发生及伤亡加重的风险,显然宾馆的经营者未尽其应尽的安全保障义务,依法应当承担相应刑事责任与民事责任。

(三)被告人金某对火灾事故的发生并无刑法上的过失

被告人作为普通消费者,没有能力认识到充电会导致电池自身爆燃。根据被告人的供述,其始终认为店家所提供的电池属于质量合格的产品,可放心使用。我认为,对被告人在充电危险程度认识方面只能按照普通社会人常识的标准为依据,被告人作为刚出校门不久的年轻人,其对新电池正常充电不会发生意外的认知能力符合他的正常认知水平,电池的意外爆燃不应认定是被告人的过失,被告人金某实际上也是此次失火事件的受害人,且其在失火时积极处理,全力配合警方及检方的调查,依法不构成失火罪。

我作为本案被告人的一审二审全程辩护律师(二审时,被告人姑妈增加聘请一名著名辩护律师参加庭审辩护)依法提出详尽的辩护意见,但两级人民法院都没有采纳我们的相关辩护意见。

三、判决结果及后记

N市G区法院及N市中级人民法院判决书认定,被告人金某应当知道电池在房间充电过程中可能发生危害后果,但疏忽大意仍然充电,以致电池爆燃引发火灾,造成二死一伤的严重后果,以失火罪判处其2年有期徒刑。金某及家人不服,出狱后一直在申诉中。

本案中,电池爆炸引发火灾的真正原因难以查明,宾馆作为经营者应当承担的责任也无人过问。当时有媒体报道将矛头指向给电瓶充电的被告人,舆论的压力给辩护带来了极大的阻力和困难。我作为辩护人据理力争,为被告人争取到了较轻的徒刑,只能算尽力而为了。

社会上有太多的安全问题在公共场所酿成事故,对于这些公共场合的安全问题,有关部门应当加以更多关注。加强科学监督管理,对于经营场所检查出的安全隐患应当及时进行有效整改,防止悲剧再次发生。火灾猛于虎,消防须牢记!

8. 既是被告人也是受害人案(2013年)

一、案情简介

退伍军人王某在退伍后沉迷赌博,为筹集赌资向当地一家高利贷公司借取高利贷。因到期无力偿还贷款,一大早便前往高利贷公司请求缓期归还,打算如果无法得到对方同意延期偿还贷款的请求就在公司里自杀,认为这样自己的妻子和父母就不会再被高利贷公司的人骚扰,避免他们也陷入还款的泥潭无法抽身。该公司负责人是个浑身文身、雕龙刻凤的大胖子,由于在放贷之前大胖子就事先到王某家中进行过一系列的考察,得知王某的父母名下还有一套房子并且见过王某长得十分美丽的妻子,所以对于王某的苦苦哀求,大胖子非但无动于衷,甚至还对王某出言威胁侮辱道:"你死了我们会找到你父母,让他们卖房子还!再不行我看你老婆长得还不错,可以出去卖身还钱!"话语中带着对王某妻子极尽羞辱之词,当过侦察兵的王某身上不乏血性,听到对方威逼自己的父母并侮辱自己的妻子,他顿时勃然大怒失去理智,抽出随身携带的尖刀刺向那个大胖子。事发突然,手无寸铁的大胖子一时间只能徒手抵挡,最终不敌锋利的尖刀倒在了血泊中。看着倒地的大胖子,王某瞬间回过神来找回了自己的理智,但眼前的惨状却使他手足无措,落荒而逃。在潜逃至外省某宾馆后,自觉生还无望的王某决定自杀谢罪,一命换一命。在匆忙留下告知宾馆老板"不要开灯"的字条后,王某决然地打开了煤气并割断了自己手腕的血管实施自杀,幸被查房的老板及时发现,将已经失去了意识的王某送往医院救治。幸好宾馆老板发现的及时,经过急救后的王某脱离了生命危险。苏醒后的王某在医院主动向前来询问自杀情况的当地警察如实交代了自己在老家杀人的案情,随后被警方以故意杀人罪逮捕。

王某年逾花甲的父母找到我,希望我能为王某进行辩护,救他们的儿子一命。我听了他们的叙述后,感到被杀者作为发放高利贷者扰乱正常金融市场秩序,不知造成多少借高利贷者家破人亡,应给予法律上的严惩;借高利贷者尽管有各种各样的原因,但本质上都是高利贷这一丑恶行为的受害者,应当给予同情和救助。我因此对此案便有了依法救人的辩护思路。

二、辩护意见

我的辩护观点就是抓住以下两方面:

(一)被告人属于被对方激怒而激情杀人,本质善良且有相应的自首情节;被告人本身也是被杀者放高利贷的受害人

王某并非直接故意杀人,也不是蓄意谋杀,是因为被杀者威胁要到王某家中逼其父母卖房子,更恶劣的是侮辱曾是军嫂的王某妻子卖身还债,导致王某军人血性兴起,临时起意的激情杀人。王某在外省宾馆自杀时想到煤气遇明火可能爆炸伤人,专门留字条“不要开灯”,平时无偿献血等行为表明被告人本质善良,自杀未果被送往医院抢救后主动交代自己在家乡城市杀人的事情,当地的公安机关此前并不知晓王某是杀人犯,因此应当认定王某有自首情节。客观上王某也是被杀者非法经营发放高利贷而被逼得走投无路的受害人,依法应当和酌定从轻处罚。

(二)被害人方存在严重过错,依法也应当减轻被告人处罚

一是被害方名为经营实为非法从事高利贷,被害人非法发放高利贷活动,收取高额利息,涉嫌非法经营罪。(当时负责侦查的警方派出所领导也将这个公司的相关人员采取了强制措施,准备追究他们的违法责任。很遗憾听说提请检察院后,检察院以他们有营业执照且没有相关明确法律依据而不批准逮捕,警方只能暂时作罢。)二是在王某表明“走投无路”“一死了之”的悲惨处境下,被害人却冷血无视王某此时的绝望情绪,继续以王某的父母和妻子作为威胁的把柄肆意口出狂言,直接导致王某情绪失控作出激愤杀人之举。

三、判决结果及后记

N市中级人民法院尽管在判决书中强调王某犯罪手段极其残忍、主观恶性极深,人身危害性极大、犯罪后果和罪行极其严重的情节,我也客观认为被告人也确实有在白天闹市区入室刺伤被害人二十多刀等凶残行为,但被告人仅是一时愤怒之举。平时及案发后的表现表明被告人是一位心地善良、没有人身危险性的人。判决书中连用四个“极”字表明本案中被告人基本已无活路可走,人民法院亦考虑到辩护人上述两大方面意见,以故意杀人罪判处被告王某死刑,缓期二年执行,剥夺政治权利终身,让王某有了活下去的机会。

这场让两个家庭家破人亡的悲剧本是可以避免的。被告人王某曾入伍当兵,侦察兵退役后王某多次无偿献血,表明了他是一个对社会充满爱心且善良的人;因为工作的特殊性,王某得以在工作期间屡次阻止他人进行毒品交易。甚至在案发后选择"以死谢罪",在旅馆自杀前王某仍不忘拔下屋内所有插头并提醒和暗示老板开门时小心,不要有电和明火,因为他担心房间内煤气遇明火爆炸伤及他人。这种种迹象表明王某本是一个有良知和社会责任感的人。在案发当日,王某也并非早有预谋,其本意是与被害人商量宽限还款日期;其陈述随身携带的水果刀也是用来准备了结自己生命以此换取家人的安宁生活,不料被害人恶言相向,极尽威胁侮辱之能事,激起曾经是军人的王某挥刀相向,在盛怒下犯罪最终酿成惨剧。

本案中,被告人本身也是受害人,辩护人认为对被告人判处刑罚时应当充分考虑到双方的过错程度。辩护人的观点有理有据,感染了法官,得到了法官的认可。被害人有放高利贷的涉嫌犯罪的行为,其为"不义之财"被杀难以令人同情;被告人在面临此类事件时虽行为过激,但其爱护家人的心情可以理解,只是原本应该前途光明的退伍军人未能抗拒诱惑,深陷赌博无法自拔的泥潭,在欲望的驱使下借了高利贷,"饮鸩止渴"最终酿成悲剧实在是让人唏嘘。而被害人虽然从事非法放贷活动却也罪不至死,却因为一时的口舌之快付出了惨痛的代价。两个原本美好的家庭就此破碎实在是让人痛心不已。本次案件也警示某些犯罪分子应当收敛自己的行为,依法经营。

9. 法庭智斗死磕骗财骗色变态杀人魔案(2016年)

一、案情简介

被告人查某与被害人沈某于2012年相识后建立恋爱关系,相处过程中,女孩逐渐感觉到男孩表里不一,虽然这个男孩戴着一副眼镜长得文质彬彬,但是他竟然提出在婚前要与女孩发生性关系的要求。沈某是一个非常传统保守的女孩,认为这种行为在婚前是不妥的,沈某的拒绝使得查某很是不悦。在交往期间查某没有固定的职业,还以家庭困难为由多次向女孩借款数万元,但从未对还钱一事提过只言片语,这让女孩子感觉到这是一个非常不可靠的男孩,在与父母及家中亲人说明上述情况后,果断与男孩提出分手。分手后,女孩又结识了一位情投意合的新男友,从一开始的交往到谈婚论嫁到最后拍婚纱照决定结婚,一切都是顺理成章那么的美好。这期间查某仍执迷不悟地在外面继续寻找其他女孩,采取同样的欺哄方式,先是跟女孩同居再向对方借款。案件中材料表明查某至少有三位同时相处的女孩。其中在案发前的几天里,查某正是与相处才几个月的单纯女大学生谢某同居,也借了这个女孩2万多元。在查某得知沈某准备结婚的消息后,查某从父亲电工用具里挑取并准备了电线、胶带等作案工具。带着这些作案工具登记入住某宾馆房间后,便以归还沈某欠款为由将其骗至该宾馆房间,并要求沈某与自己恢复恋爱关系。沈某明知是火坑,便拒绝了查某的要求。查某遭拒后,就开始了对沈某进行电线捆绑、胶带缠嘴、反复扼压沈某颈部的劣行。除此之外自己还当面写遗书,欲造成恋爱不成为情所困,殉情自杀的假象。最令人深恶痛绝的是,查某曾当场打电话给沈某父母通过言语威逼胁迫等方式恐吓沈某同意其要求,但仍然遭到沈某拒绝。查某见状自知不能如愿便任由邪恶念头主宰自己的恶行,又开始对沈某进行人身伤害,由于长时间猛扼沈某颈部至沈某昏迷不醒,最后又趁机对沈某实施了强奸。隔日凌晨1时许,查某在得知沈某家人已经寻至该宾馆后逃离现场,并在逃离现场的途中再次打电话辱骂被害人父亲。沈某被家人送往附近知名医院紧急抢救无效死亡。查某逃离宾馆后在附近的湖边徘徊,跟家人联系商讨对策,后在家人的劝导下打电话报警自首说明情况,警方随后赶到将其刑事拘留。

经鉴定:沈某系遭扼颈及捂压口鼻致机械性窒息而死亡。沈某的父母得知实情后悲痛欲绝,在其朋友的推荐下委托我和我刚拿到执业证的女儿一起作为被害人沈某的刑事附带民事的诉讼代理人。沈某的母亲哭诉着说:"自己传统、乖巧温顺的好女儿惨死在恶魔之手,恶魔不除自己也不活了!"我也是一位有女儿的父亲,我无法想象失去宝贝女儿的痛苦,更何况他们的女儿是惨遭恶魔毒手而失去年轻生命的,用"晴天霹雳""心如死灰""悲恸刻骨"都无法形容痛失爱女所带来的巨大伤害和痛苦。

二、律师代理意见

本案中,我和女儿担任被害方刑事附带民事诉讼代理人,参加了当地中级人民法院一审、高级人民法院二审及最高人民法院的死刑复核程序,把一个骗财骗色品行卑劣的杀人犯送进地狱之门。

我们协助公诉人具体控诉意见如下:

(一)被告人有直接杀人故意和残忍杀人行为

1. 主观上,被告人有直接杀人故意

(1)被告人长期骗财骗色玩弄女性成性,此次因为玩弄被害人不成,恼羞成怒，因此产生报复性杀人的故意。

（2）被告人事前精心准备胶带等相关的作案工具，显然不是为了“重归于好”，只是为了满足自己变态玩弄女性的丑恶心理。

（3）作为具有一般常识的社会人，应当知道掐脖4分钟会导致被害人死亡。但被告人仍在长达数小时内多次掐被害人脖子，最后一次持续掐脖4分钟，表明其有直接杀人故意。

2. 客观上，被告人实施的行为构成直接故意杀人且情节极其恶劣

（1）被告人将被害人骗到宾馆房间后，采取胶带捆绑，并将床上的席梦思床垫穿透4个洞，用于强制捆绑被害人，使被害人无法反抗的情形是明显的，有随时置被害人于死地的直接故意和恶劣行为。

（2）法医学明确说明：正常人从窒息开始到呼吸停止3～5分钟，被告人在最后一次对被害人长达约4分钟的掐脖行为，客观上构成故意杀人。

（3）被告人在最后一次长达4分钟掐脖前对被害人进行数十次掐脖行为，在心理上和生理上折磨被害人，不仅加大其在4分钟掐脖过程中的死亡的概率，更表明被告人的凶残卑劣。

（二）被告人强奸罪事实清楚，情节极其恶劣

1. 主观上，被告人有准备捆绑一类的作案工具强迫奸淫被害人的直接故意。

2. 客观上，被告人实施在长时间内掐昏被害人，在其没有完全死亡的前提下实施强奸被害人的恶劣行为。

（三）被告人犯罪后果极其严重且主观恶性大、人身危险性强，法不容留

1. 被告人杀害的是一位善良、纯真、上进且坚守优良传统的优秀女性。

2. 被告人残忍杀害被害人，使被害人的家人身心等各方面全面遭受重创。

3. 被告人在特大省会城市闹市区公共场所实施故意杀人，事件被多家媒体报道，被害人遇害引起极大民愤，影响极其恶劣。

4. 被告人虽然案发后在家人劝导下打电话向警方说明案件情况，但其在法庭上避重就轻，仅承认自己强奸的犯罪事实，拒不承认其实施凶残故意杀人的严重罪行，依据我国司法机关关于自首的司法解释，其在法庭上不能如实供述自己严重罪行的，不能视为自首，也表明其主观恶性极大。

5. 当被告人在法庭上伪装成一副为情所困且拒不交代自己故意杀人的犯罪行为时，我方出示了被告人在与被害人终止所谓“恋爱”关系后多次与其他年

轻女性借恋爱为名同居和借钱不还的骗财骗色行为的证据，在被告人被揭露其刁钻狡诈的所作所为后，被告人一改之前的委屈平静的面色，顿时对我们原告方面露凶光，显然毫无悔改之意，表明被告人具有极大的人身危险性。

综观全案，被告人的卑劣犯罪行为，罪属必诛，法不容留，不杀不足以平民愤。建议公正的人民法院判处被告人死刑立即执行。

三、判决结果及案件意义

一审人民法院采纳我方提出的被告人凶残狡诈，杀人手段极其残忍；品质恶劣、玩弄女性，骗财骗色；人身危害性极大，毫无悔改之意；自私自利，好逸恶劳，在没有与家人商量的情况下，在法庭上狂言要求其家人为其犯罪行为进行经济补偿。而被害人是一名传统善良、品学兼优、工作上进的好女孩，在校期间就多次获得学校颁发的奖学金证书，工作中也经常受到表扬。本案是一个极坏的男人通过卑劣残忍手段杀害了一个极好的女孩，如此强烈的对比，更加凸显被告人的恶劣程度。综合以上因素，一审人民法院判处被告人死刑立即执行并赔偿被害人相关损失数万元。被告人不服上诉，高级人民法院二审期间，被告人查某竟然在法庭上出具并当庭宣读了一份他关押在看守所里收到的案发前几天，一起同居的那位谢姓女孩的信件，他利用谢某在信中埋怨他对自己的情感不如对那个被杀女孩的情感深的表述，企图用这封信表明自己是因感情纠葛所困才痛下杀手的，想利用此信为自己开脱罪责。当我看到被告人能在看守所关押期间违规与案件材料中已被侦查机关调查的证人私自通信的行为，便敏锐地感觉到此案存在被告方庭外不正当的行为，立刻要求高级人民法院法官和省检察院出庭检察官，彻查被告人持有的案件证人谢某信件的来源和真伪，同时向法庭指出被告人查某极端自私自利不惜出卖朋友，表明其主观恶性巨大，高级人民法院法官认可了我们的观点，二审驳回被告人上诉，维持原判！有效制止了被告人查某及家人精心策划的翻盘阴谋。

至此，被害人父母更加信任我们，委托我们继续代理他们到最高人民法院参与死刑复核审理活动，防止被告人家庭再耍手段以逃脱制裁。我前往最高人民法院与承办死刑复核的法官当面陈述一审、二审审理的情况，最高人民法院法官表示会严格依法复核。数月后，最高人民法院核准被告人死刑立即执行。

按照我国目前的司法实践，死刑立即执行的适用率是较低的，尤其是本案中被告人查某还存在所谓“感情纠葛”及“自首”情节，适用死刑立即执行的难度颇大。本案中我紧紧攥住“一个最坏的人渣杀害了一个最好的女孩”的重点，在如此强烈的对比下凸显被告人的性质极其恶劣，社会影响极坏，应当适用死刑立即执行。最终，我的意见得到了三级人民法院法官的一致认可，严惩了残忍卑劣的恶魔。

为打工夫妇女儿被害致死代理控诉杀人犯申冤成功案锦旗

这则案件也让我感到十分痛心和惋惜，被害人本是一位品学兼优、努力上进的好女孩，在去世前甚至已经和男友谈婚论嫁准备走入婚姻的殿堂。然而，曾经的遇人不淑导致这位好女孩惨遭人渣毒手，年纪轻轻就离开人世；而她的父母也失去了心爱的女儿，只能在痛不欲生中强打精神为女儿讨回公道。被告人查某必然要为自己凶残的行为付出应有的生命代价，可两个家庭的破碎也不免让人唏嘘。

10.“涉黑”村支书故意伤害二审无罪胜诉案（2020 年）

“涉黑”村支书洗冤录

——周某二审辩护无罪案手记

一位受村民拥护的善良村支书，在管理村务的过程中却受到无辜陷害，被当地一审人民法院判处刑罚和罚金。本人作为二审辩护人参与开庭审理，为被告人周某作无罪辩护后，在所谓“被害人”向国家、省、市“扫黑办”举报被告人为涉黑性质的犯罪人的情况下，本人坚持向二审人民法院主张被告人无罪的辩护观点。二审人民法院经过长时间研究后决定采纳并作出无罪判决。

——题记

2019.9.3

经朋友介绍，被告人周某拿着刚收到的一审判决书来到所里请求我担任其上诉二审辩护人。经过双方的沟通交流后，我对于案情有了基本了解，认为一审人民法院判决在“事实认定”和“适用法律”这两方面存在错误，上诉有意义。周某信任我的分析，当天签署委托二审辩护协议。

2019. 9. 3—2019. 9. 9

正式接受委托后，我仔细研判J省R县人民法院刑事附带民事判决书，并根据周某提供的一审案件相关材料拟写上诉状提交给人民法院。

2019. 10—2019. 12

其间，我前往T市中级人民法院阅卷并复制一审案件全部材料，针对一审判决书认定的事实和适用法律方面，全面梳理一审案卷相关证据材料。我作为农民出身的律师，可以敏锐地判断，这是一起乡村基层组织干部管理乡村公共事务而产生的“公共利益”与“私权利”之间的利益冲突矛盾。这类案件在中国广大农村地区具有普遍性，若能依法维护周某作为基层组织干部的合法权益，那么这将对“基层干部受屈”的此类案件有着正面的指导意义，同时也可以普及和提高广大农民的法律意识。为此，我从案件的基本事实证据、刑事证据规则及法律适用等方面认真撰写二审辩护词初稿，积极准备二审开庭发问提纲及证据质证等相关工作。

2019. 12. 31

二审正式开庭，我首先提出“一审判决书认定的基本事实证据不足”“一审立案侦查存在程序违法”“一审适用法律明显不当”等系列错误。我作为曾经从事公共卫生医学专业的律师，紧紧抓住一审法医学鉴定存在的多个问题，如所谓“受害人”的鉴定病历记载耳朵受伤的日期存疑；鉴定本身的材料没有活体检验；病案材料在鉴定书出来一个多月之后才出具等。上述问题表明一审定案的法医鉴定书是违反科学的错误鉴定。在庭审中，我针对公诉人补充的23份证据，进行了证据真实性、关联性、合法性这“三性”的有力质证质疑。在法庭辩论阶段双方展开了激烈的精彩辩论，我尖锐指出了公诉方的逻辑漏洞，即公诉人既然认为一审证据确实充分，为何在二审庭审中又出示多达23份补充侦查的证据？这明显违反法律逻辑，表明一审证据没有达到确实充分的证据要求，更何况质证表明公诉人在二审补充的23份证据中多数与案件无直接关联，有关联的证据也达不到证明被告人犯有伤害事实的证明力。最后陈述时，我指出这是一起乡村基层组织干部管理乡村公共事务而产生的“公共利益”与“私权利”之间的利益冲突矛盾，公正的人民法院应该在查明事实的基础上，本着保护公共利益方的原则立场才能体现社会主义核心价值观，依法维护像周某这种为公共利益服务的基层组织干部的合法权益。只有强有力地纠正基层干部受屈案，才能对提高广大农民的法律意识起到积极作用。就此，我提请二审人民法院判决撤销一审错误判决，依法宣告上诉人周某无罪，驳回原告刑事附带民事诉讼请求。

2020.1—2020.11

庭后，我修改并完善辩护词提交法庭等待判决。在经多次催判后，人民法院告知我们因所谓“被害人”即刑事附带民事原告向中央、省、市扫黑除恶等部门举报被告人周某系基层黑社会头子，违法犯罪恶行劣迹斑斑等事项，相关部门组成联合调查组要对周某所谓“涉嫌黑社会”性质组织犯罪事实进行调查，二审审判活动因此暂停，判决中止。经过长达一年的联合调查组调查，没有查到周某存在所谓“被害人”举报的“黑社会”性质组织犯罪事实。

2020.12.2

T市中级人民法院宣告二审判决：撤销J省R县人民法院刑事附带民事判决，上诉人周某无罪；驳回被上诉人的刑事附带民事诉讼请求。

后记：

当事人收到判决后，十分感谢我的二审辩护，多次提出要当面感谢，被我婉拒，当事人仍然坚持年后赠送锦旗和感谢信。

这起我于二审参与辩护的案件，之所以能够改判被告人无罪，除了案件事实的客观性，也得益于我所具备的医学专业背景，更重要的是二审人民法院对辩护人的尊重。人民法院给控辩双方提供了充分举证、质证、相互辩论的机会，为查明案件真相，依法认定案件事实和正确适用法律打下坚实基础。

此案完胜后被中国政法大学刑事辩护研究中心收录，参加了2020年度全国十大无罪辩护经典案例的评选活动，在全国网上投票评选中进入前10名。

为村支书二审辩护改判无罪案锦旗

三、行政案件

1. 75户业主的“三九”审判案(2012年)

一、案情介绍

江南某市部分市民在看到某知名港商房地产开发公司在市大型游乐园边上的商品房预售广告后，争先恐后地按“高端品质房”高价交钱预购自己选中的房屋，其中也有很多人交付全款购买。某市规划局在颁发给港商房地产开发公司“建设用地规划许可证”和“建设工程规划许可证”时修改了初期向市民公布的规划图，不仅在原规划图范围内增加了两幢居民住宅楼，并且还增加了原设计规划的楼层高度。就此，该公司便依据“两项许可建造的项目”建好了楼盘。交付时，购买者才愕然发现住宅楼和楼层高度都有明显增加，这与开发商先前的广告规划明显不符。

规划局这一错举导致项目整体品质下降，严重侵害了詹某等75位权利人的合法利益。詹某等诉讼代表人考虑当地律师可能会受到当地政府影响等局限，便转念放弃了找当地律师的想法。通过网上查询，詹某专门到省会城市委托我们代理此案。我带着刚毕业担任实习律师的女儿前往当地人民法院起诉市规划局“确认其改变规划”的违法行为，并把港商房地产开发公司列为第三人。后续工作就是在人民法院围绕原告方是否属于“行政相对方”的“利害关系人”，是否可以起诉市规划局，立行政案的问题上进入了艰苦的“三九”鏖战过程。

二、争议过程

1. 一审人民法院认为，规划局的“规划许可证”的“行政相对人”是港商房地产开发公司而不是购房人。

2. 一审人民法院以规划局“行政许可行为”作出时，詹某等人尚不是小区业主为由，认定双方没有“利害关系”，原告方作为购房者也不是“利害关系人”。

3. 一审人民法院认定，詹某等人签订购房合同即是对项目的规划的实际认同。

我们多次前往该法院与行政立案审查的行政庭庭长进行交涉，指出原告方作为普通市民出于对知名港商房地产开发公司广告的信任而响应国家商品房预售政策的行为合法、合理、合情；在原告方购买预售商品房后，规划局配合开发商修改原定规划，增加房屋面积体积，改变了原设计通风光照的状况，降低了小区房屋的品质，属于典型的损害购房者合法权益的行为，依法应确认无效并给予纠正或赔偿购房者损失。耗时 90 天后，行政庭终于同意立案。立案后开庭，法庭用了 90 分钟审理此案，我代理原告方讲明案件原由，最终法庭用了 9 分钟宣读裁定书：驳回起诉。这就是我戏称的“三九”审判。

这么不合法理的判决令委托人和我们代理人都愤愤不平，既然以“原告不适格”为由驳回起诉，当初又何必在讨论考虑 3 个月后受理呢？委托人继续上诉。

二审人民法院“例行公事”地拖了一段时间，又按一审“照葫芦画瓢”的理由驳回上诉，维持原判。我们只能寄希望于高级人民法院再审，但最终结果却不尽如人意，让我和委托人都大失所望。

本案的一、二、三审存在的诸多问题是令人遗憾的，尽管本案的最终结果不理想，但是 75 位业主敢于拿起法律武器维护自己的合法权益，这本身就是值得鼓励和提倡的！

10 年后的 2022 年阅览新闻时发现：原一审人民法院有的审判人员在司法整改活动中被查处！

三、此案启示

1. 中国商品房预售制度缺陷明显，不见商品实物就交钱买房对购房者后患无穷。

2. 行政案件的地方法院审理确实存在“官官相护”的现象。

3. 10 年后的结局践行了“善有善报，恶有恶报”的古训。

2. 农民牛棚被拆维权案（2016 年）

一、案情简介

A 省北部某乡村村民何某向当地乡政府有关工作人员“口头汇报”要求养牛后，得到领导的“口头同意”。申请“批准”后，何某便将自家原有的猪圈改造为牛棚，进行生产养殖经营活动。由于养殖牛繁殖需要扩大牛棚，何某又因此事再次向乡政府提出申请，要求扩大牛棚给予批准并颁发许可证。出乎意料的是，这次申请遭到无故拒绝。此后，乡政府在未通知何某的情况下，趁其不在家中，对牛棚等进行了强拆，导致何某只能将养殖牛圈养在自建住宅一楼住房。住房的空间对于养殖牛来说实在过于狭小，而何某也因空间因素难以进行正常的养殖生产活动，造成了巨大的损失。亏损严重的何某找到乡政府讨说法，政府的回应却是何某改造的牛棚属于“非法搭建”且侵占基本农田，应当拆除。何某投诉无门，想到依法维权。他通过网上查询找到我，认为我值得信赖，委托我代理他状告当地乡政府确认拆迁违法。

二、代理要点

1. 被告主张原告的牛棚占用基本农田，没有明确的证据，原告在自家原猪圈基础上改建牛棚只是升高棚子的高度，被告随意说原告侵占农田，属于证据不足。

2. 原告所盖牛棚仅系“没有提前申请审批”的“程序性违法建筑”，依照行政审批相关法律规定，属于“可补正审批的违法建筑”。因为村民开展养殖行为属于可供生产生活的经济家畜动物，这一养殖行为符合国家政策。

3. 被告的强制拆除行为严重违反程序规定，且无见证人签名或者盖章，送达应属无效，无法证明被告已充分履行告知义务。被告辩解其依据的效力不明的规范性文件，其文件内容与法律、行政法规相冲突，属于无效文件。

综上可见，被告声称暴力拆除之目的旨在保护农田，而非毁损牛棚和其他财物的无理辩解，表明被告的具体行政行为违法，同时也严重违反行政处罚法，也要考虑与违法行为之间比例适当的原则。依法应确认乡政府行政行为违法，原告有权追究被告的违法行为对原告所造成的损失。

三、案件结果及价值

人民法院认真听取并采纳了我有法有据、入情入理的代理意见，判决确定某乡人民政府对于原告牛棚的强制拆除属于违法的行政行为。被告不服上诉到中级人民法院，村民何某维权心切，继续委托我帮助他参加二审人民法院的开庭审理。我认为一审人民法院认定事实清楚，对方暴力强拆原告牛棚没有合法证据，属于违法强制行为，一审人民法院适用法律准确。二审人民法院开庭审理后，对被告驳回上诉，维持原判。

这个案件是当地少有的农民状告政府的行政胜诉案，极大地鼓舞了当地农民依法维权的积极性，有力地推动了当地基层政府的法治化、规范化建设。

四、非诉案件

1. 奥运冠军的“香辣馆”被非法打砸案（2003 年）

一、基本案情

中国著名奥运乒乓球双打冠军女运动员李某，在家乡所在省会的 N 市与朋友合伙开办了一个以自己名字命名的香辣馆。这是许多运动明星奋力拼搏为国争光取得一定影响力后的合法经营行为,无可厚非。香辣馆在装修过程中因为“装潢费用”一事先后4次遭遇非法打砸店铺的恶性事件。缘由为打砸者声称香辣馆拖欠装潢工1万余元的装潢工资。当地电视台攥住少有的名人新闻借题发挥,并大肆渲染“李某欠工人工资”这一撇开事实、子虚乌有的事件,给李某的声誉造成很坏的影响。李某的合伙人很是无奈便将此事告知了李某,李某听说上述情况后很是气愤,便通过她在N市的朋友引荐专程从外地开车来委托我代理她依法维权。

二、维权思路

首先,我了解了“香辣馆”是否有拖欠装潢工人工资的事实。经调查,装潢工人根本没有证据证明“香辣馆”拖欠他们工资款的证据。根据装潢合同约定:装潢工人的工作量都有“香辣馆”管理人员签名认可,按时结算。而装潢工人拿不出管理人签字拖欠的条据,也没有证据证明管理人员不配合他们据实签字的情况,由此可以说明,装潢工人索要所谓“工资”的理由依法不成立。

其次,我特别指出装潢工人“四次打砸香辣馆”的行为严重违法,要立即报警,请警方确认装潢工人的违法事实,依法追究他们的法律责任。

最后,我请李某出面接受电视媒体采访,说明事实真相,让广大电视观众充分了解全面情况,避免装潢工人的片面之词误导广大消费者。

三、处理结果

1. 因装潢工人没有证据证明“香辣馆”拖欠工资,所以“香辣馆”不用支付所谓的1万余元钱款;

2. 派出所对装潢工人的“四次非法打砸香辣馆”行为给予查处,同时征求李某对工人的查处意见。李某考虑打砸造成的实际损失不大,装潢工人当时可能“情绪化”及“打工不易”,遂请警方加强对他们的法治教育,引以为戒,此次可以谅解,不要求严惩。

3. 李某接受当地省级电视台媒体采访,说明了事实真相和事件处理结果,公开表达了她的理性善意。

事件处理效果令各方满意。

2. 外籍留学生交通肇事赔偿10年执结案(2016年)

一、基本案情

2002年6月8日4时50分左右,某大学非洲籍留学生M某在没有中国驾驶执照的情况下，酒后驾驶无牌照的“港田125”型二轮摩托车，沿N市湖北路由北向南行驶，在左侧机动车道将由西向东横穿道路并已走至道路中心线东侧的市民老太崔某撞倒，致崔某重型颅脑损伤、右小腿开放性骨折，经法医鉴定为重伤。由于M某是某大学外籍留学生，没有经济来源，家中又突遭巨变，到2004年就没有能力再向崔某支付交通事故赔偿款，也不再露面。时隔近10年后的2013年，M某虽仍经济困难，但为了能够顺利回国，希望能够向崔某支付没有执行完的赔偿款。“受害方现在在哪里”“是否能够原谅他这位10年没有露面的肇事人”等疑虑让M某不知如何是好。他最终想到找律师帮助处理解决他的难题。通过网上查询所得信息，我成为M某信任的代理人。

二、处理过程

首先，我持M某的“委托书”和“律师事务所调查介绍信”到当年审理此案的中级人民法院查找案卷，了解各方当事人情况。

其次，代表委托人M某带着水果礼品看望因受伤而长期卧床不起的老太崔某。在说明当年外籍肇事者M某多年没有还款的原委后，得到老太及其有不和谐关系的家人的理解和谅解。我随后代表M某与老太协商具体“执行款数额”并签订“执行和解协议”。M某后按协议履约完毕。

最后，M某拿着执行和解协议和执行申请人收到和解约定的“执行款收条”前往执行法院办理执行终结书，前往出入境警方顺利办理M某限制出境解除令。

三、结果及体会

作为被执行人的代理人应本着负责、友善、务实的态度，认真调查、各方协调，多次奔走，有效处理好委托人的事项。

我在本案中，利用自己的专业知识和不辞辛苦的调查协调，圆满地完成了外籍委托人的托付事项，不仅维护了国内同胞的人道利益，还与国际友人建立起信任情谊。在M某回到家乡与其家人诉说这件事时，M某的家人都不禁为我竖起拇指，为中国律师的优质服务鼓掌。

第四章
评——媒体视角中的刘万福

1. 善于“叫板”的法律信仰者
——解读刘万福律师的执业感悟

“叫板”一词,原为戏曲专属词汇,《现代汉语词典》解释其为:“戏曲中把道白的最后一句节奏化,以便引入到下面的唱腔上去。”而在现代社会,“叫板”已被引申成因对某事或某人不满、不服所进行的较真体现。一般用来形容一个人为坚持真理而固有的坚定信念。

作为法律的忠实信仰者——律师,本文主人公刘万福没有跟谁或什么事作对,本文之所以称其为“善于‘叫板’的法律信仰者”,完全是棘手、疑难、新型案件对他职业敏感性、执业能力、人品人格印证后的一种概述、一个认识,也许片面,但不会错。

学医起步,学法立志

刘万福,1963 年 12 月出生于安徽省明光市。现为江苏刘万福律师事务所一级律师。1984 年品学兼优的他从医校毕业,被分配到卫生部门工作。工作中他深切感受到身边的法治环境中特别需要既追求公正,又善于维权的负有社会责任感的优秀律师人才。为此,他立志学法。1990 年,他在 27 岁时考取了律师资格。从那以后,刘万福调到律师事务所做了一名专职律师,迈出了实践自己理想和信念的坚实一步。

穿上律师服后,刘万福就接办了许多在当地颇具影响的案件。在办案过程中尽职尽责地完成了律师工作,展现了一名律师坚持正义、不畏邪恶、保护弱者的风貌。1993 年底,他为某市自新中国成立以来最大的“流氓犯罪案”中的被告人之一力某某成功地进行了无罪辩护;1994 年,他为某县发生的震惊全国的绑架、拐卖、抢劫、强奸案中的被告人之一李某某成功作了死刑改判辩护,使不满 20 岁的被告人获得了新生的机会;1995 年,为解决冶山铁矿在江苏、安徽两省之间产权争议问题，他作为政府矿产局的法律顾问出具了有理有据的法律意见书，为两省之间长期悬而未决的铁矿产权问题的解决提供了权威的思路，受到了双方政府的好评。2000 年，他在代理南京市民韩小姐状告某商厦销售珠宝欺诈案中，充分运用法学理论，深入分析，最终使不法销售商低下头来，向韩小姐道歉，退款赔偿，有力地维护了消费者的合法权益。2001 年，作为江苏省某建材公司的法律顾问，他成功地办理了多起经济诉讼和非诉讼业务，最大限度地维护了公司的合法权益，受到顾问单位的充分肯定。

“叫板”警察刑讯逼供，申冤索赔成功

2000 年，刘万福以其医学专长和多年的办案经验，成功代理了公民黄某某被山东省某市公安局 3 名警察刑讯逼供致死索赔案。面对执法者犯法，无权无势的平民要讨回公道多少有些不易，然而为了维护法律的正义，刘万福接受案件后不畏权势，克服重重阻力，十上山东调查取证，获得了大量第一手资料。

在有 200 余名警察旁听的法庭辩论中，刘万福针对 3 名被告人的无理辩解，依据其收集的权威证据，从法律和医学的角度，沉着冷静地一一驳斥了被告人的不实强辩。最后，他严正指出，正是由于被告人长时间使用械具、电击、渴饿等手段造成被害人因多器官感染，功能衰竭而死亡，被告人对被害人的死亡负有直接的责任。他的严密逻辑推理，科学的医学论证，得到了公正的法院采纳，不仅为被害人申了冤，并为被害人亲属争取到了近 25 万元的国家赔偿金。

“叫板”“120”，引来“央视”关注

“120”是急救中心的电话，这已成为人们生活的常识，但很少有人会想到救死扶伤的“120”会因为没有及时出诊而被告上法庭。

2001 年 5 月 29 日上午，位于南京市某高校年过六旬的王教授夫妇的 32 岁儿子在家突然发病，王教授先后 3 次拨打“120”求救，可救护车在半小时后才来到距离急救中心仅 1.3 公里的王教授家，而且前来的医生没有采取积极救治措施，收取 120 元出诊费，开了一份死亡证明就离开了。王教授夫妇对急救中心迟迟没赶来抢救的解释不能理解，于是便慕名找到具有江苏省卫生法学会理事身份的刘万福律师作为代理人。刘律师首先做了协调工作，在急救中心不愿承认错误的情况下，刘万福律师认真分析已收集的证据后，帮助王教授将该急救中心告上了法庭。

刘万福在法庭上针对急救中心的辩解指出，“120”是负有急救责任的特种医疗机构，根据“120”作为特种服务行业的公开承诺，在求救人拨通电话后，急救中心与原告已形成契约关系，急救中心应积极履行职责，因其过错，造成求救人亲人死亡，急救中心应当承担相应的责任。本案中的被告在病人这个显著的弱者向其求救后，其内部陈旧、落后的制度不但不能表达出其应有的人文道德关怀，就连现代法治所规定的最低底线也不能达到。

法院在判决书中明确指出，刘万福律师代理原告的诉讼客观上使被告认识到自己急救能力的不足，已经更新了设备、添置了救护车辆，其诉讼体现了较好的社会价值，通过这一诉讼，使社会公众受益，这正是原告诉讼的社会意义所在。

作为新中国成立以来的第一起状告“120”特种行业索赔案，中央电视台《东方时空》《社会经纬》两档栏目及上海东方卫视《律师视点》等众多媒体都采访了刘律师，给予本案极大的关注。

“叫板”当地知名公司，引来撒贝宁“说法”

2001 年底，南京市张女士在自家阳台搭建了一间 8 平方米大的厨房，负责张女士居住小区物管的物业管理公司，隶属当地某知名大公司。该物管公司先后两次派数人采取翻墙入室的方式，将张女士厨房及房内物品全部毁坏。张女士及时报警，然而该公司态度蛮横，不接受民警调解，扬言就是业主告它，也不能把它怎么样。

刘万福接受委托后，经过走访取证，认为该知名公司侵权行为的证据确凿，帮助张女士将该公司告上法庭。刘律师在法庭上一针见血地指出，原告在自家阳台搭建的外厨房虽系违章建筑，但对违章建筑的认定与拆除是城建部门的事，被告的职责是依法进行规范化服务工作，保护小区内业主人身、财产安全是其职责所在，被告所为是典型侵权行为，应依法承担侵权赔偿责任。

一审、二审两级人民法院在审理中都采纳了刘律师的代理意见，判决物业管理公司赔偿张女士各项损失。2002 年 6 月，刘万福再次接受中央电视台《今日说法》栏目记者的采访，主持人撒贝宁以《建的错，拆的也错》为题，请刘万福律师向全国观众讲解了物业公司与业主的法律关系。

“叫板”首例“性权利”索赔案，推动法治人性化进程

在我们传统的观念里，夫妻性生活是难以向外人启齿的，即使夫妻之间也是欲说还羞。然而，为维护自身合法的性权利而打官司，在 2002 年让很多人看得两眼发呆，听得面红耳赤。

这场全国首例“性权利”胜诉案正是由刘万福律师一手代理的。

2001 年 4 月 27 日，南京某单位拖运垃圾的自卸车在倒车时将张某撞倒，使张某左骨盆骨折，尿道断裂，治疗后无法进行正常的夫妻生活。张某在数次寻医问药无果后，想到了用法律维护自己合法权益。张某在寻访了南京市10多位律师后，最终选定了有医学、法学双重背景的刘万福律师。

刘万福律师在了解案情后，以其深厚的法律功底结合现代社会发展的现实，敏锐地认识到张某40岁的妻子王某是此次事件的明确受害人，依据我国民法精神也应得到相应的精神损害赔偿。于是刘万福说服张某妻子接受他的特别代理，勇敢地拿起法律武器，为自己的幸福去讨回公道。

2002年9月，法庭正式开庭，刘万福律师在法庭上说服法官的代理意见是，根据我国民法通则与相关法律、法规、司法解释的规定，性权利应是人身权利的重要组成部分，神圣不可侵犯。现代社会的文明要求，性健康权更是现代人不可或缺的重要基本权利，而性权利的实现，在我国法律、道德的规范内，唯一的方式是在夫妻之间完成。被告的严重过错行为极大地损害了原告夫妻神圣、合法的性健康权，为缓和和减轻原告因不健全的夫妻生活而受到的夫妻关系紧张及精神痛苦，被告应给予适当的精神损害赔偿。

法官在认真推敲刘律师的代理意见后，全面接受了刘万福律师的法律观点和原告的诉讼请求。判决被告在赔偿张某10多万元经济损失的同时，赔偿了张某妻子王某精神损害赔偿金1万元。

这场维护妇女权利的特殊官司霎时轰动了社会，在中外法学界、性学界引起了巨大反响。中国人民大学法学专家杨立新教授称此案判决为最富人性化的判决。该案被中国检察学会评为2002年度最有影响的十大民事案件之一。上海东方卫视《律师视点》、香港凤凰卫视、《澳大利亚人报》等众多媒体均就本案对刘律师进行了专访、报道。通过这一特殊的个案不仅推动了我国法治人性化的进程，更从一个侧面向世界展示了中国人权的进步。

“叫板”中院错判，赢得港商爱心

2003年，著名的爱国港商郑兆财先生捐资7000余万元，支持家乡办学校。当地建筑商在建设学校体育馆过程中，违反合同约定，造成桩基工程返工，延长工期，增加工程造价，但建筑商却到当地中级人民法院起诉学校，索要工程款及违约金总计120余万元。按理，建筑商应赔偿其违约造成学校的工程损失。但当地中级人民法院却不理睬学校的申辩，而全面采信建筑商的要求，判决郑老先生资助的学校违约，赔偿建筑商100余万元。这一不公正的判决极大地伤害了郑老先生的爱国情感。郑老先生专程到南京找到刘律师，要求上诉，帮他捐资的学校讨回公道。作为中国民主促进会江苏省经济与法律委员会委员的刘万福律师,深刻认识到郑老先生是江苏省委统战部重要的统战对象。此案的错误判决,不仅影响郑老先生的个人捐资热情,还影响一大批港商对江苏乃至全国法院公正执法的信赖。接案后,刘律师展开了深入细致的调查。在江苏省高级人民法院二审庭审中,已年过八旬的郑老先生全程听取了刘律师精彩代理意见,表示满意。高级人民法院法官对刘律师精辟的法律见解全面采纳,撤销一审判决,改判建筑商违约,反过来赔偿学校全部损失。郑老先生笑了,当即再捐1000万元,并表示在有生之年继续捐资达1亿元。刘律师对郑老先生的法律帮助,得到江苏省委统战部领导的充分肯定。

“叫板”地方邪恶,援助急困人群

2004年,陕西省丹凤县一名身有残疾的青年沈某来宁打工,其凭借自己拉面好手艺,在南京市某区一条街道上租房开起了拉面馆。当地人裴某,仗着自己个头大,又是本地人,欲强行租用沈某的小屋。沈某不从,裴某纠集数人,深夜砸门,强行闯入,暴力殴打沈某并扬言他跟司法机关都熟,这条街都要听他的。沈某在第二次被殴打时,奋起反抗,顺手拿起地上的铁棍自卫,致裴某重度颅脑损伤,昏迷九天九夜才抢救过来。沈某被以涉嫌故意伤害罪被提起公诉。身无分文的沈某家父找到刘律师请求帮助。刘律师了解案情后,毅然决定为沈某提供法律援助。在法庭上,刘律师严正指出,被害人裴某等人仗势欺人的不法行为是与南京文明城市极不协调的可恶之举,应依法承担相应的刑事责任,相反,被告人沈某的行为符合我国刑法关于正当防卫行为的规定,作为公正的人民法院应保障被告人沈某的合法权利,不予追究其刑事责任,以鞭挞丑恶、维护善良、彰显南京晴朗的法治天空。法庭认真听取了刘律师的辩护意见,建议相关司法机关依法追究裴某的刑事责任,考虑至庭审时已实际关押被告人沈某4个多月的现状,最终判处了沈某5个月拘役,很快释放了被告人沈某。

外表温和的刘律师,骨子里透露出内在的刚韧与理性。对于自己代理的近600起案件参与庭审的表现,他概括为:“我很注意营造法律神圣而理性的平和气氛,我所做的一次次法庭辩论,虽然激烈,但不会是剧烈的冲突。律师办案依靠证据,依据法律,这是原则,有理不在声高,律师的活动是运用智慧,付诸辛勤,实现司法公正的过程。我喜欢峰回路转柳暗花明的感觉。”他十分重视对所办案件的分析总结,在工作之余,撰写了《论我国对外商投资的国民待遇》《从一起农村承包合同谈起》《从一起为港商代理看统战工作》等数篇论文在专业杂志上发表。

尽管刘万福律师早已取得了法学学士学位，但他对知识的渴求如同对律师职业的热爱，不仅不改初衷，而且热情高涨，与日俱增。1998 年，35 岁的他以优异的成绩考取了南京大学研究生院，继续攻读，以进一步夯实法学理论基础。在此期间，他坚持理论与实践相结合，边读书边办案。他知道，要想成为一名优秀律师，只有不断学习，才能在专业素质上有进一步发展、并有所突破，也才能更好地提高办案质量。

在南京这个律师业竞争激烈的环境中，他坚信，人的能力是立足之本，尤其是干律师这一行，无论专业学识、社会知识、演讲口才、文才文笔，还是仪表风度，只要过得硬，就一定能成功。

谈起职业与事业的关系时，刘万福说："我做律师的目标不是赚钱，而是要成就事业。我认为，律师在人们的心目中，是正直、正义和智慧的化身，我们都应严格要求自己，朝这一目标努力奋斗。作为律师，首要的是负有社会责任感，成为社会公平正义的守护者。"

他还说，我做医生数年，最能感受律师作为社会医生的作用。当事人遇到问题找到律师，就像病人找到医生一样，渴望着律师的帮助，以渡过难关。律师在案件中偶然不负责任或失误，对于当事人来说就可能是百分之百的失败和痛苦。因此，对待每个当事人都应像对待自己的亲人一样，办理每一个案件就像办理自己亲人的事情一样，这样才能全心全意地投入。只有进入忘我的工作状态，并深入理解法律精神，负有社会责任感，才能将律师职业作为一项事业来做，才能真正保护当事人的利益，实现社会的公平正义。

"那么，这样做事业是否会让你失去自己的生活？"面对记者猝不及防地发问，刘万福律师的脸上满是幸福。原来，在紧张的办案工作和兼任几所高校法学教育的工作外，更多的业余时间都用在了与爱人和女儿的交流团聚上。他说："律师也是一个普通公民，我有责任过好家庭生活。"

这就是善于"叫板"的刘万福律师，一位坚定的法律信仰者。

（摘自《中国律师》2004 年第 8 期，李华鹏著）

2. 坚定的法律信仰者
——访"江苏省十佳律师"刘万福

构建和谐社会法治是基础。在建设法治江苏的进程中，律师肩负着重要责任，他们传播法律、伸张正义、维护法律权威，是推进我国民主法治进程的重要力量。今天就在我们的节目当中为您介绍一位忠于法律、勤恳敬业的好律师，他在去年底被江苏评为江苏省“十佳律师”。下面就跟随着我们的镜头一起走近他。

刘万福1963年出生于安徽省明光市，现为当代国安律师事务所高级律师、中国民主促进会江苏省委经济与法律委员会副主任，1984年品学兼优的他从医校毕业被分配到卫生部门工作，工作中他深切感受到法律对社会发展的重要性，为此他立志学法。1990年他考取了律师资格，放弃了原本很好的工作，全身心投入律师的工作中来。

刘万福说：“我是1986年全国第一次‘一五’普法期间，开始法律学习的。几年的法律学习让我对法律的公平、公正、良知的这种法律精神产生了崇高的信仰。”

刘万福从事专职律师15年来办理各类案件600多起。近几年来，刘万福律师成功办理了几起典型案件，在全省乃至全国产生了很大的反响，他代理当事人诉“120”急救不及时的案件，引起了当地卫生行政主管部门对“120”暴露出的问题进行全面整改。这也是新中国成立以来少有的告特种行业法院赔偿案件。全国各家媒体对这一案件进行了报道。

刘万福说：“我觉得“120”(急救中心)在这个处理过程当中是有过错的，这个过错表现在，表面上是出车不及时，实际上是内部制度设置的不合理以及相关的设施的陈旧和落后。”

2003年钟阜路一场意外的大火将刘某某等四人全部烧伤，刘万福律师得知此事后决定免费为他们代理，追查责任者。

当事人常某某说：“这么大的灾难，这么多困难，需要治疗，全部伤残了。我们就通过刘律师的援助，不收我们钱，援助我们到鼓楼区法院提出了人身伤害赔偿。”

刘律师经过数次深入各部门调查后取得了翔实的证据材料，以三起人身损害赔偿案件状告引起火灾的工业液化气提供者南京某工程公司，要求赔偿受害人的治疗等费用。

庭审中，刘律师结合充足的证据，并运用丰富的知识和经验揭穿了被告方的所有狡辩。法院根据查明的事实：一审判决被告方赔偿原告常某某等四人各项损失共计人民币400余万元。

当事人常某某说：“刘律师为了保护我们的利益，保护我们的生命权和健康权，根据法律有力地帮助了我们，我们很感谢他。”

刘万福并没有因为法律援助案件是无偿的而不认真对待，也正是他的这种敬业精神和高度的责任感为他赢得了良好的口碑，使得许多公司纷纷找到刘律师做他们的法律顾问。

南通三建集团南京分公司经理汤某某说：“现在在工程里面遇到很多的问题已经出来了，所以对于我们单位来说，总结下来，不管是在合同上，不管是在每一个对协议里面的细节上，不管是在对我们内部承包的协议，每次都是刘律师帮着把了关。就是说在文字上，我们做完了合同以后，文字上他给我们修改，修改以后完全能达到法律保护的效果。”

刘万福律师之所以能够承办一些复杂的案件，为社会提供良好的服务，源于他不断地加强学习从而具有扎实的理论功底和职业素养。他先后在《江苏社会科学》《中国律师》《江苏民进》等杂志发表了近 20 篇理论文章。刘万福律师作为民主党派身份的律师具有较强的参政议政意识，他积极参与民进省委的提案议案工作，为领导正确决策献言献策。

江苏省民进江苏省委副主委孙观懋说：“他最近在民进省委会里面写了一个调查提案，谈到市场经济下政府是批准的角色还是监管的角色的问题，被民进省委会当作我们江苏省今年的‘第一号提案’，像类似的事情还有不少。我们觉得刘万福同志被评为江苏省‘十佳律师’也是当之无愧的。”

挥别昨天的荣誉，刘万福踌躇满志、激情满怀。他说只有将律师作为神圣的事业来做，才能依法保护当事人的合法权益，才能真正体现公平公正，

刘万福（时任江苏当代国安律师事务所高级律师）说：“我认为律师这个职业具有商业性，但是我认为律师不应该是商人，律师的职业理念永远应当是作为社会公平正义和良知的维护者。律师应当是忠实的法律信仰者，作为‘十佳律师’，我在感激组织和社会对我的认可的同时，感觉到自己身上的担子更重了，在今后的工作中将做好人、做对事，不辜负组织和社会对我的信任。”

做社会公平正义的守护者是律师的职责所在，从刘万福的事迹和职业理念中，我们进一步感受到了只有具备强烈的社会责任感，有着执着的精神，为社会提供高质量的法律服务，才能更好地尽职尽责，才能为建设法治社会、和谐社会做出应有的贡献。我们希望更多的法律工作者在我省法治建设的进程中，为社会提供更多更高的法律服务，唱响法治社会的主旋律。

（摘自江苏教育频道 2006 年《法治社会》栏目）

接受省电视台采访制作“十佳律师”专题片

3. 刘万福:为民主与进步而执言

刘万福是安徽滁州人,1998 年,他以 35 岁这个并不算太年轻的年龄,考上了南京大学研究生院,攻读社会学硕士学位。已离开了滁州的刘万福,仍然被他滁州的朋友们热情地关注着。他是一个诚挚正义、爱学习、肯钻研、事业心强,又质朴无华的人。

在滁州时,他虽然还是个“入道”年资不长的年轻律师,但是已经颇有名气。因为他本来是学习卫生专业的,毕业后分配在一家卫生防疫部门工作。这在许多人看来,是很值得羡慕的职业了,多稳定、多安逸啊!但是,刘万福却不满足,也不安于这种“本分”。他坚持驾驭自己命运的小舟,搏击在时代的潮头。他认为,只有这样,人生才有价值,生命才有意义。终于,他通过刻苦自学,在 1990 年 27 岁的时候考取了律师资格,并且走上法律工作者的道路——正式执业律师。那时候,人们对于律师这个职业兴趣并不是很大,对律师职业的认识更是模糊不清。刘万福却看到,随着我国改革大业的不断深化进展,依法治国,民主法治,是国家繁荣、民族强盛、社会进步的必由之路。律师的职业,正是这条“必由之路”的拓荒者和筑路人。

1993 年,执业律师不久的刘万福,就为了维护法律的尊严,为维护刑事被告人的合法权利,打了一场漂亮的官司。滁州破获了一起流氓犯罪案,被告人数多达21名。但是这21个人犯罪的程度各有不同。其中有个力某某的行为依法不构成犯罪,却被作为第21位被告推上宣判庭。在法庭上,刘万福情法并举,言之有据,使公正的人民法院对被告人力某某宣判无罪,立即释放。

1994年,刘万福又为滁州定远县发生的震惊全国的"绑架、拐卖、抢劫、强奸案"中第二被告人李某某作了死刑改判辩护,使一个既定的死刑犯获得了起死回生的机会。

两起成功的刑事辩护,在滁州引起了较大的反响。可是当人们提起这个案子,刘万福却说:"我的辩护,不仅仅是为争取某一个具体被告人的利益,更重要的是为了维护法律的尊严。"

1995年,江苏和安徽两省交界地的冶山铁矿因为产权归属问题产生了争议。刘万福作为滁州市矿产局的法律顾问出具了有理有据的法律意见书,一纸文书,解决了两省之间长期悬而未决的争执。由于意见书具有很高的法律水平,而且晓之以理,动之以情,双方地方政府都给予极高的评价。对此,刘万福认为:"我个人的所谓法律水平是次要的,而我追求的目的,是希望双方团结一致搞生产,发展经济促进进步。这才是这纸意见书的'说服力'所在。"

1996年,滁州市南湖景区举办大型科普宣传活动。在滁州市心理学研究会的咨询台前,来了一位朝气蓬勃、充满自信而谦逊礼貌的年轻人,他自报家门之后,提出了要参加学会组织的愿望。他就是刘万福。由于他当时在滁州已小有名气,所以学会领导经讨论后一致同意,欣然接纳。在他离开滁州前短短两三年时间里,为学会做了许多工作。他的学识、能力和品行受到大家的好评和赞扬,很快就被推选为副会长。

1997年刘万福作为中国民主促进会委员,为民进组织滁州支部的成立做了大量工作,被选为首届三人领导小组成员。这是他政治生涯中的一件大事。他的政治生命在民进组织里注入了活力,找到了归宿。

1998年,刘万福参加研究生入学考试,顺利通过。这一年,刘万福走出了滁州,他要开创事业新的天地。

1999年1月1日,滁州市政府特聘刘万福为"行政执法监督员"。对于这样一个社会兼职工作,从开始直到现在,刘万福始终尽职尽责,毫不懈怠。刘万福虽然去了南京工作,但是只要是家乡的事,他从来都是责无旁贷。他是安徽预备役师的少校军官,而且是部队里唯一的现役律师。

南大研究生院这个高等学府;南京,这个古老而又现代的大都市,它可以为每一位才俊青年提供大展宏图的机遇。自从去了南京以后,刘万福眼界打开了,立志高远了。南大研究生院的学习和深造,为他飞向奋斗目标插上了搏击风浪的翅膀。

2000 年,山东省某市警方因刑讯逼供,致公民黄某某死亡。执法者犯法,无权无势的普通公民能讨回公道吗? 刘万福不畏权势,接手了案件。他克服重重阻力,十上山东,实地调查取证,获得了大量的第一手资料。同时,他以自己所拥有的专业医学知识,认真分析研究,终于从科学和法律的角度,揭示了事件的真相。此案的被告本是 3 名警察,由于他们对被害人采取了戒具、电击、饥渴、不准睡觉等虐待行为,致使被害人因身体多处器官感染,功能衰竭而死亡。在法庭辩论中,面对 200 多名旁听的警察,刘万福以严谨的逻辑推理,科学的医学论证,证明了被害人的死亡与被告人的行为有着直接的因果关系,有力地配合和支持了检察机关的公诉,同时也说服了庭审的法官,终于使被告得到了应有的惩罚,使被害人得到申冤昭雪;同时,他还为被害人的家属争取到了 25 万元的国家赔偿。这是一次艰难的诉讼,山东、江苏的许多媒体都密切关注着,连北京的法制报刊也作了详细的报道。

2001 年 5 月 29 日上午,南京东南大学教授王某某夫妇的 32 岁的儿子在家突然发病。王教授先后 3 次拨打“120”电话求救。但是救护车在半小时后才到王教授家,病人的病情因此而延误不治致死。王教授夫妇伤心欲绝,虽觉得冤屈,但又不知能不能申冤、该如何申冤。王教授夫妇慕名找到了刘万福。刘万福接手此案后分析认为,“120”是负有急救责任的特种医疗机构,根据“120”服务电话的承诺,急救中心与原告人实际是已经形成了契约关系的,急救中心接到报警电话后,就应该立即履行职责,积极抢救病人。但是“120”中心距离王教授家仅有 1.3 公里,而且中心每天至少有 5 辆值班的救护车。更为错误的是,救护车到达现场后,病人一息尚存,但是医生却没有立刻采取积极的抢救措施,而是先行收取 120 元钱的出车费……认真地准备后,刘万福代理王教授夫妇把“120”告上法庭。

这是新中国成立以来的第一起状告“120”特种行业责任赔偿的案件。长期以来,在计划经济的体制下,人们的消费维权意识是模糊而淡薄的,特别是一些单位,他们似乎从来没有什么责任和过错。但是刘万福在法庭上指出,“120”就是“要爱您”的谐音,它应该体现出人类的关爱之心,行人文关怀之举这才是现代文明的体现。而在本案中存在的事实是,急救中心本来有 17 辆车,但是有 12

辆车处于闲置状态，每天只安排5辆车值班，并且安排工作人员连续值班24小时，休息72小时。这显然是不合理的。更何况还有2辆机动车也没能对病人的紧急求救实施应有的施救。不论救护车到达现场后救治行为有无明显的过错，急救中心对工作人员和车辆的安排也是有悖于劳动法规定的。因为劳动法第42条明确规定，特殊行业不受一般规定的劳动时间限制。简单通俗地说，只要病人求救，"120"就必须施救。这除了道义理念上是"爱心"，还具有"契约"这个根本属性。所以本案中的"120"急救中心的过错，乃是由于其设施、制度和观念上的多种原因综合造成的。法庭在判决书上肯定了刘万福的这一观点，认为此诉具有较高的法理价值和广泛的社会意义。此诉不仅使公众和弱者从中受益，更重要的是，促进了"120"的深化改革。诉讼引起了当地卫生行政部门的高度重视，针对急救中心在官司中所暴露出来的问题进行了全面的整改，如引入竞争机制、加强内部管理，建立全市急救网络、增加设备等。

此次"120"之诉的影响，不仅波及南京，连中央电视台也频频关注。2002年元月，《东方时空》栏目特邀刘万福作为"时空连线嘉宾"，于1月21日在央视一套、二套、四套连续播出。直到2002年10月，《社会经纬》栏目再次制作了该案的专题节目。2003年3月6日，适逢全国人大、政协两会期间，《人民法院报》的两会专刊在《法院建设5周年辉煌成就》特别栏目中，配发了刘万福的法庭演说照片。

俗话说："店大欺客，客大欺店。"这是为什么呢？一句话，民事主体的双方都没有法律和契约意识，而是凭着势力说话。谁的势力大，似乎谁就有理。比如，一个普通的消费者，能去和一个大公司说理抗衡吗？人们很难想象。然而，刘万福就代理了一个普通的业主，与一家大物业管理公司对簿公堂。官司又一次引起了社会的广泛关注。南京市民张女士在自家的阳台上搭建了一间8平方米厨房。固然，这是一种违章搭建的行为，但是，对于住房紧张的普通市民而言，也是可以同情和理解的，完全可以通过劝解、提示、警告、罚款等合情合理而又合法的方式来解决。但是毫无法律意识的物业公司却派人采取了翻墙入室的行为，将张女士的厨房和房内物品全部毁坏。事情发生后，业主报了警，但是，该公司却目空一切，对民警的调解置若罔闻、不屑一顾，甚至扬言：别说是民警，就是告到法院，又能怎样？刘万福接受了张女士的委托，他认为，被告如此藐视法律，只能说明他更需要接受法律的教育。固然张女士有错在先，但是对违章建筑的认定和拆除，只能是城建部门的权力。而被告只是民事主体的一方,只能享有民事上的权利和义务,即做好规范性的服务和收取规定的报酬。而保护小区内业主的人身财产的安全,自然也是其职责所在。但是,被告却反其道而行之,翻墙、拆房、毁物等举动,只能是属于侵权行为。一审、二审的两级法院都支持了刘万福的代理意见,判决物业公司赔偿张女士的各项损失。

是的,“建的错,拆的也错”,但是如果没有法庭上的唇枪舌剑,没有济弱斗强的据理力争,那么其事实上的结果只能是“弱者错,强者不错”,而不会有“法律面前,人人平等”的局面。

2002 年 6 月,刘万福再次接受中央电视台《今日说法》的访谈。著名主持人撒贝宁即以《建的错,拆的也错》为题,请刘万福向全国观众讲解了这一命题中的各种法律关系和问题。刘万福形象地说:物业公司本是业主聘请的“现代管家”,其职责主要在于保护业主的利益,但是本案中的“管家”却摆错了自己的位置,以非法的行为来损害业主的利益。问题延伸到了法律边沿,形成了“情”与“理”的有机和谐、“事”与“法”的高度结合。继《今日说法》之后,《社会经纬》栏目再次将刘万福和此案推上了镜头,让他面向全国观众和法律工作者评述此案。

一年之内,四出央视名牌栏目,这在全国 12 万律师队伍中尚属先例。

性,男女的性生活,对于中国公民来说,历来是个讳莫如深的话题,人们唯恐避之不及,羞于出口。但是,刘万福却为一对夫妻的性生活遭到侵害,而代理了一场前所未有的诉讼。案由是这样的:2001 年 4 月 27 日,南京某单位的一辆自卸车在倒车时将滁州市乡下一名在南京打工的张某撞倒,使张某左盆骨骨折,尿道管断裂。治疗后无法进行正常的夫妻性生活。张某为此想打官司,却又“状告无门”,于是通过老乡介绍,慕名委托了刘万福作代理。刘万福经过细致的分析研究,认为:事件的受害人还应该包括张某的妻子,她同样也应该得到赔偿。于是,刘万福说服了张妻王某全权委托他代理。这场维护妇女权益的特殊官司,引起了社会轰动。

在法庭上,刘万福根据我国民法通则和相关法律、法规、司法解释的有关规定,指出:性权利是身体权利的重要组成部分,人身权是神圣不可侵犯的权利。在现代社会的文明时代,性健康权更是庄严而重要的。被告的过错行为给原告方的夫妻生活和精神都造成了极大的痛苦,所以应该给予适当的赔偿。法庭认真听取了刘万福的代理意见,经过研究,全面接受刘律师的观点,令被告给予原告 1 万元的精神抚慰金赔偿。

这一具有重大意义的特殊案件,引起了当地和国内外各家媒体的关注和竞相报道。《中国妇女报》、《中国青年报》、《知音》杂志、《人民法院报》、上海东方电视台等均派记者采访,或聘请专家评点。《澳大利亚人报》还以此案为例,证明了中国妇女的性意识觉醒和性解放的进步,对中国律师和法官对于女性权利的保护给予了高度的赞扬,评价这是“中国法治的进步”。本案被评为2002年度中国民事审判十大重大影响案件,最高人民法院拟将此案列为典型案例写入《司法公告》。

刘万福从滁州走向南京,短短的几年时间里,成功地办理了许多有影响有意义的重大案件,以上仅仅略举一二。他的每一步成功都受到了社会公众、媒体和专家的高度重视和赞誉。人们称他“刘大律师”,但是他说,律师的道路,对于他个人来说,仅仅是“千里之行,始于足下”,一切都还是刚刚开始。今后的路还很长,作为一个有社会良知、有社会责任感的称职律师,应该永远感到任重而道远。他认为,作为一个律师,既要有广博的知识,更要有高尚的人品。只有追求正义,服务社会,才能无愧于律师的称号。

他广学博览,不但学习专业知识,而且触类旁通,尽可能地多掌握各类社会自然科学知识。在律师工作之余,他还兼任东南大学、南京政治学院等高校的客座教授,同时撰写了大量的社会科学论文。诸如:《论我国对外商投资的国民待遇》(已收入《当代社科研究文库》)、《论性健康与民法保护》(发表于《中国律师》);他还参与了江苏省教育厅组织的《青少年性健康与预防艾滋病》的编写工作。

刘万福虽然是一名职业律师,但是他对社会公益事业有着高度的热情和积极的智力投入。他在大量的案件中发现,要想真正、彻底地帮助不幸的人摆脱痛苦,仅有法律的救助是不够的,根本还要从人的心灵上解决问题。这就需要心理的帮助和疏导。为此,他参加了中国社会科学院的心理咨询与治疗专业的学习,继而又进一步参加了心理咨询培训师的深造,获得了“心理咨询培训资格证书”。如今,他担任了民进江苏省委经济与法律委员会委员、江苏省公共关系协会理事、省卫生法学会理事、省法制心理学会委员,并担任与江苏省电视台、省交通广播网专家点评人等多种社会职务。作为滁州一个普通农民的儿子,刘万福无论飞得多高多远,他始终没有忘记生他养他的皖东这片土地。在滁州,他仍然担任着好几家单位的法律顾问;他利用在南京较为广泛的人际关系,特邀江苏省的旅游专家专程去滁州策划琅琊山的旅游开发;甚至在滁州举办“醉翁亭文化旅游节”期间,他还不忘邀请外籍朋友前来观光,以宣传滁州。

为着社会的公平和民主而大声疾呼,为着社会的文明和进步而从不懈怠,这就是刘万福的执着追求。

(附记:2005年底,刘万福被江苏司法厅、江苏省律师协会评选为“江苏省十佳律师”;2006年底,刘万福在南京地区开办了首家个体制的“江苏刘万福律师事务所”。

此文系滁州市政协文化作家卜平女士推荐,与卜平女士写的美国劳工部长赵小兰的事迹一起作为滁州名人收入书中——张国富。)

(摘自《皖东文史·纪念改革开放30周年专辑》,安徽人民出版社2008年版)

4. 刘万福:擎起一盏法律明灯

善于“叫板”的律师

刘万福的心直口快是出了名的。硬币总有两面,这种心直口快表现在工作中就是敢说,因此被人们誉为“敢于并善于‘叫板’的律师”。在真正处理案件时,刘万福一直在坚持着“以事实为依据、以法律为准绳”的“叫板”风格。

有位黄先生1999年在山东省出差期间被当地三名警察刑讯逼供致死。这起案件横跨两省,案情复杂,违法部门涉及执法部门自身,涉足这件案件无疑有极大的难度和风险。刘万福顶着多方压力,不畏艰难,十上山东,运用他医学和法律的双重知识,对黄某死因进行深入而细致的分析,认定黄某是被刑讯逼供致死的。

真相呼之欲出,刘万福随即奔走于各相关司法部门,这起案件引起最高人民检察院、山东省人民检察院、山东省高级人民法院高度重视,并参与案件鉴定、补充鉴定,认定黄某身体多处遭电棍电击致死。至此,直接参与刑讯逼供的3名警察被判刑。最终,这起险些湮没的涉及司法犯罪的冤案得以昭雪,可谓大快人心。

不同于“第六感”的敏感度

刘万福的社会敏感度和对法律的敏感度很强。

2003年,刘万福代理著名爱国港商郑老先生诉其家乡建筑商赔偿案。那时郑老先生为家乡捐资7000多万元建设希望小学,在建设学校体育馆期间,建筑商因违约致桩基工程返工,延长工期、增加造价,建筑商还反过来向法院起诉,要求判决郑老先生支付延期工程造价。郑老先生找到刘万福为其维权,刘万福凭着职业和社会敏感度，马上意识到这起案件的价值所在，这起涉及海外华侨华人的案件如果处理不当，不仅会影响到郑老先生个人对国内捐资、投资的热情，更会对众多海外华人华侨回国建设投资产生相当大的负面影响。

刘万福在接受郑老委托后，积极进行深入走访调查，在法庭上发表精彩代理意见，最终刘万福的意见得到法院的全面采纳，郑老先生接到胜诉判决书后，高兴地向家乡继续捐款4000余万元建成了一座从幼儿园至高中的江苏郑梁梅高级中学。

离"简单、真实"最近的人

刘万福平日里最常说的一句话就是"生活不就是很简单吗"。常常说这句是有原因的，刘万福的生活简单得让人惊讶。

他作为拥有南京地区首家个人律师事务所的江苏省"十佳律师"，却没有在南京购置房产，这在很多人看来不可理解。可是刘万福却一直租房生活，向他人介绍展示自己简单生活的理念。他常常向人介绍"不买房子也符合现代低碳环保生活"的理念。

面对年轻一代的律师，他总不时地耳提面命一番："年轻人不要总是把房子车子作为追求具标，现在要耐得住性子，踏实地学习和生活，一切都会顺其自然地拥有。"

刘万福特别喜欢和年轻人交流，喜欢听他们对一些事情的看法，当然也改不了很多长辈都有的喜欢说教的习惯。作为放牛娃出身的中国一级律师，刘万福对生活特别容易满足。有的时候，处理案件比较晚了，刘万福就会到办公楼下要一碗阳春面，每次吃完都会很满足地来一句："哎呀，爽！简单、真实的生活，不是很好吗！"

从学习中蜕变

刘万福打小就是个"书呆子"，小的时候有一次跟弟弟一起打麦子，他在一旁看书，弟弟就在一旁玩，反正都没好好干活，不幸的是刘万福的老爸就在这时突袭检查，活络的弟弟老远看到老爸过来，一溜烟就跑掉了，剩下"呆头呆脑"的刘万福还抱着书本看得入神，不料被逮个正着，结果可想而知。

从此以后，这种"书呆子"精神不但没有收敛，反而愈演愈烈。他不但考上了医学中专，还通过自己的学习，成功拿到了法律专科、本科，继而开始了律政人生。2006年，他在南京开办第一家个人制律师所后，继续进入中国政法大学博士研究生班深造，同时参加东南大学的EMBA班和南京大学国学班，学习管理学和国学文化，在不断学习的过程中，他把自己开办的律师事务所所训由原来的“万法归一，福报社会”改为如今的“正心、明法、乐义、立人”。

经过这么多年的锤炼，刘万福显然已经从“呆头呆脑”的“书呆子”成为一位优秀的律师，他带领着一支精干团队，抱着高度的社会责任感从事着最接近“真实”的神圣职业。

（摘自《华人时刊》2012 年第 5 期，刘月竹著）

5. 万物皆规律　有法天下福
——江苏刘万福律所举办个人制律所与社会管理创新论坛暨5周年所庆

2011 年 12 月 29 日，江苏刘万福律师事务所在风景优美的绿博园高尔夫会所隆重举行了“个人制律师事务所与社会管理创新论坛暨江苏刘万福律师事务所成立 5 周年庆典”活动。会议由江苏省律师协会、中国政法大学律师学研究中心、中国律师杂志社指导，并得到了人民日报江苏分社、法制日报江苏站、江苏电视台、江苏广播电台、现代快报等媒体的支持。原江苏省高级人民法院院长、省人大常委会副主任李佩佑，省人大法律工作委员会副主任刘克希，民进江苏省委员会秘书长张秀炎等领导出席。参会人员主要为刘万福参加的各协会的主要领导，滁州市政协、宣传部、市政府的部分领导，江苏刘万福律所部分顾问单位及当事人代表，会议特邀中国政法大学律师研究中心主任王进喜教授作为本次论坛主讲嘉宾。

活动首先举行了刘万福所成立 5 周年庆典。庆典活动由当事人代表和顾问单位代表发言，他们通过所办的实例案件表达对刘万福所及承办律师的感谢。王鲁彬秘书长、梁武华秘书长以及刘佩佑主任分别表达了对刘万福律所 5 周年所庆的祝贺，并对刘万福律师所在过去 5 年坚持公平正义执业理念作了充分肯定。各位领导也对作为江苏省直唯一一家个人所的刘万福律所提出了继续弘扬法治精神、坚持服务大众、探索个人所机制、创造新的服务理念的要求和殷切希望。刘万福在答谢致辞中，简要汇报了 5 年来的工作，并提出了律所未来的发展走向：“未来的 2012 年是国家的‘十二五’开局，也是我所的‘二五’开局，我所将与国家同呼吸，共命运。居安思危，科学发展，以人为本，依法兴业，保持正气，保留正气。”

在“个人制律师事务所与社会管理创新论坛”上，律师法学研究中心主任、中国政法大学著名教授王进喜进行了“个人制律师事务所——一种社会管理创新的探索与实践”的主题演讲,分析了个人制律师事务所在当代社会管理创新中的重要价值,并提出在对个人律师事务所的管理中要进一步进行制度创新。省人大法工委副主任刘克希也从立法角度提出落实社会管理创新,应完善、落实社会法律体系,个人所应对完善我国现行法律体系的具体工作进行积极参与。刘万福主任也结合自己丰富的实践经历和创办个人制律师所的经验,对个人律制律师事务所与社会管理创新的关系提出了独特、新颖的观点。庆典与论坛活动由江苏省律师协会张秀炎副秘书长主持。

刘万福在接受记者采访中,介绍了律所的主要情况以及个人制律所与社会管理创新的关系。

记者:贵所已经成立 5 周年,一路走来,非常稳健踏实,社会影响力也与日俱增,您能否对贵所作一简单介绍?

刘万福:我在 2006 年 12 月 28 日创办了江苏刘万福律师事务所,律所直属江苏省司法厅和江苏省律师协会领导,是南京地区第一家个人制律师事务所。律所位于广州路江苏科技大厦,毗邻市中级人民法院和南京大学,配置现代化的办公设施。工作人员由十多人,其中数名律师具有研究生学历、高级职称及专业特长,优势互补,精诚合作。律所以“忠于法律,忠于当事人的合法权益”为服务宗旨,倡导“负责公民”的价值观;以“睿思、精进、致远”为执业理念和工作要求;以“树新风正气,立典型榜样,助年轻律师”为长期奋斗目标。我们律师的主要业务包括:刑事辩护、民事代理、商事仲裁、劳动争议、公司业务、合同业务、国际合作业务、房地产业务、常年法律顾问和法律咨询。所有业务以承办律师为主,全所人员共同负责,实行案件集体讨论制度,努力把每一个案件都办成经典案件。律所还聘请若干行业专家成立顾问委员会,为业务工作提供权威建议和指导。2006 年至今建立的顾问单位数家,均为国内知名企业、医院、房地产公司、媒体栏目。“金杯银杯不如老百姓的口碑”,我们律所力求以高素质的人才、高效率的工作和高品质的服务赢取当事人的口碑。

记者:我们注意到贵所新所训为“正心、明法、乐义、立人”,这其中有什么更深层次的意思吗?

刘万福:是的,这八个字的背后的确有很深刻的含义。2010 年 10 月,我所确立新所训为:“正心、明法、乐义、立人”。新所训四词八字,动宾结构,平仄押韵,大气恢宏。“正心”取自《大学》“欲修其身者,先正其心”。法者乃国家精英,肩负维护社会公正重任,要有很高的道德修养,完成者修炼的前提是心术正，有为社会负责之心。律师为法者，当正心。“明法”取自庄子《知北游》上“四时有明法”。这里借指法律如四季分明，是科学，是规则，向社会明示：法律人应精通法理，用法普法，彰显法律公正。“乐义”取自孟子语。原意为君子乐义，以义为乐。这里意为法律人敬法乐善，甘担道义；律师工作兼具义与利，当以义为先，依道得利。“立人”取自《周易》。立人之道，曰“仁与义”。这里指法律人应顶天立地，像法律人的样子；法律人通过自己辛勤工作，帮助他人成长；也寓意我们律师所致力培养年轻律师成长为优秀的法律人。我们立所之时精心设计的所标由两个同心圆、中间一个象形字。同心圆之间由中英文所名组成，内涵丰富、形象生动、一目了然、大外圆寓意全所与全社会法律人及各界一道同心同德、共谋法治大业，中文所名用黑色字体表达律所的严肃、法律的威严；对应的英文所名表达现代律所的开放、国际化。内圆寓意全所齐心协力，共谋发展，与外圆呼应；中间的象形字左侧似流水的三撇寓意法的源远流长，上善若水，隐含“刘”的谐音；右上方像天平的造型，寓意法的公平正义，也寓意第一家省直个人所服务力争 A 级水准，又隐含“万“字；右下方”田“字寓意财富的性质，表达律所的经营性质及法律服务业也是生产力；整个中间象形字包含刘万福三个字，更像幸福的“福”字，寓意法治造福本所，造福全社会。整个所标图案运用了红与黑两种颜色，鲜艳的红色代表我们现代法律人的热情，为当事人提供法律服务的热心；黑色体现了法律的神圣和庄重、该商标已获得国家工商总局商标局核准注册。

记者：贵所对当事人在提高顾问服务方面有什么特色，能否作些介绍？

刘万福：我们律所在顾问服务配套方面有自己鲜明的特点，主要表现在我们制定并实施了详尽、科学、有效的制度，坚持制度化管理与服务。

一是坚持四项原则。1. 诚信原则。忠于职守，诚实履行我们的每一项义务，不辜负当事人对我们的每一次信任。2. 有效原则。全面分析需求，通过策划、实施和完善，解决实际问题，实现预期目的。3. 周到原则。服务过程精心细致，不仅解决问题，还要避免类似问题再次发生。4. 保密原则。未经委托人允许，不得向任何无关人员透露所知悉的商业秘密或信息。

二是坚持三个工作习惯。1. 尽职调查的工作习惯。先调查事实，再提供法律意见；先安排尽职调查，再根据调查证据（含当事人陈述）内容提供法律文书或法律意见。2. 谈话记录的工作习惯。任何法律事务涉及与顾问服务对象或第三方交谈时，都要有书面记录谈话内容，准确理解真实意思，必要时要求签字确认。3. 迅速反馈的工作习惯。(1)咨询:电话咨询即时答复;约见咨询,优先安排;疑难问题,1 个工作日内讨论并答复;(2)文书审查:1 个工作日内完成;(3)文书起草(合同、律师声明、律师函、法律意见书等)在调查后 3 个工作日内完成;(4)其他事务或委托人有特别时间要求的,应当尽力满足;不能完成,提前解释说明。

三是实施四种保障制度。1. 文书审核制度。任何出具给委托方的书面文件,须报经业务主管、律所主任审核,根据需求签章确认。2. 服务跟踪制度。任何非即时了结事务,都要跟踪进展,及时互通工作进展,协助处理,直至事务处理完结。3. 定期汇报制度。按照顾问协议约定及时间安排的情况,保持定期与顾问协议约定及时间安排的情况,保持定期与顾问事务联系人的见面沟通,汇报工作总结,听取指导意见。4. 年度档案制度。在年度完结后,收录处理事务的相关材料,记录处理事务的必要信息,及时归档备查。

记者:有了这样完善的制度规范,相信贵所承办的案件必定会令当事人十分满意。这次贵所专门就个人制律所与社会管理创新的关系,举办了一场论坛,由此可见这二者关系的重要,您能否对此作些解释?

刘万福:首先,从个人制律所的定位来说,与其他所具有一样的社会职能,但个人制律所还具有其他组织形式的律所不具备的优点,主要表现为责任心更强,效率更高,灵活多变。同时,个人制律所多以创办律所个人的姓名命名,这就将事务所品牌与律师个人的信用和声誉合二为一,更容易形成各种专业的特色服务。

其次,社会管理创新的概念及于个人制律所。家庭是社会的细胞,作为现代服务业的社会组织是社会有机体的重要部分。法律兴则国家兴,表明作为律师事务所在社会中的重要性。国外国内个人所方兴未艾,但又是一个婴幼儿,还没有成熟。社会管理创新的目标是实现和谐文明的社会状态,法治是基础,个人制律所具备的服务基层、靠近民生、经验丰富的特点决定了自身应当大有作为。

记者:今后,贵所将如何在南京、江苏乃至全国范围内,进一步发挥好律所的作用,您能否作一下展望?

刘万福:我们将一如既往,坚定不移地发挥个人所参与社会管理创新的作用。首先,要规范管理,立足本职,认认真真做好每一个案件。通过科学高效的管理,要求每一名律师做好本职工作,遵守律师执业规范,发扬公平正义,使当事人满意，合法有效地维护当事人权益。

其次，要不断总结提高，了解民生，总结民生，将老百姓的呼声传达给社会管理层，并提供有价值的社情民意。在工作中，经常进行阶段性总结，找出工作中的不足，弥补改正，不断提高。

再次，要发挥民主党派的参政议政职能。积极参与民主党派的相关活动，参与社会问题调研，发挥民主党派的重要职能。

最后，要加强学习，学政治，学管理，不断提高综合素质和能力。要学习各个学科的知识，充实自己，扩展知识面，在执业过程中充分利用各个学科的知识，为当事人提供优质的法律服务。

（摘自《金陵瞭望》2012年第1期，厉恩宝著）

6. Liu Wanfu: Defender of Social Justice

In 2006, Liu Wanfu, one of Jiangsu Province's leading lawyers, founded the first individually-owned law firm of Nanjing, capital of the province. Well established in his field, he believes a good lawyer should be righteous, conversant in legal knowledge and ready to lend a helping hand and shoulder due social responsibility. These are the standards he requires of his employees.

A Righteous Man

Born into a farming family, Liu Wanfu is an upright and plain character. Intelligent and studious, he was immediately granted a place at a national medical school upon graduation from junior middle school, so benefiting from reforms in China's education system. At medical school, he came to understand the value of compassion, a quality that would later become a pivotal force in his legal practice.

Liu has taken on many cases at no charge and always displays a readiness to help socially disadvantaged groups. In one case, when representing an orphan named Xue, he traveled on numerous occasions to the mountainous area where the orphan lived in order to obtain irrefutable evidence of the crime committed against him. He was successful in winning proper compensation and bringing the criminals to justice. In another case, he represented the Chang family, whose four members were badly burned. Liu attended over 10 court sessions at the first and second instances, and won compensation of more than RMB four million, which enabled the desperate family to make a new start.

Liu regards law practitioners as the elite of a country whose duty is to maintain social justice. Therefore, they need to cultivate high moral integrity . He believes lawyers are guardians of social fairness and justice through their conscience and wisdom, which makes them different from businessmen. Liu was a public health doctor for eight years. He said a doctor's duty is to save lives through benevolence and medical knowledge, while a lawyer saves lives by safeguarding people's legal rights through their principles and wits.

A Master of Law

In 1986, Liu started his two-year career in public health supervision. In his spare time he participated in independent law studies sponsored by Anhui University. Three years later, he passed all necessary exams and graduated as one of the first group of law professionals to obtain their degrees through independent study. Then, in 1990, 27-year-old Liu passed China's Bar Examination on his first attempt. After an internship, he was transferred to a local law firm and formally became a lawyer.

Liu recognized that to be a good lawyer and develop a deeper insight into the workings of the law, one had to constantly expand one's knowledge in various fields. Accordingly, aged 35, Liu attended the graduate school of Nanjing University to study sociology. Soon afterwards he entered the Institute of Psychology under the Chinese Academy of Sciences to delve into psychology. In 2008, aged 45, Liu joined a doctoral candidate class in judicial science at the School of International Law under the China University of Political Science and Law. In 2010, despite his busy schedule, Liu still found time to attend classes on traditional Chinese learning sponsored by Nanjing University, and the EMBA (Executive Master of Business Administration) class at Southeast University.

His unwavering and assiduous endeavors have rewarded him handsomely. Not only has he become an interdisciplinary expert with a professional background in law, medicine, sociology, psychology, traditional Chinese learning and management, but also more skillful and mature in his law practices.

Over more than 20 years, Liu has taken up more than 1,000 cases involving various fields of law, like criminal, civil, administrative and non-litigation. With his insightful understanding of law and rich experience, Liu has turned some major and tricky cases into classic examples for fledgling lawyers to study.

And he has fought some significant opponents: In 2001, Liu, representing a professor of Southeast University, sued the 120 Emergency Center, China's develop a deeper insight into the workings of the law, one had to constantly expand one's knowledge in various fields. Accordingly, aged 35, Liu attended the graduate school of Nanjing University to study sociology. Soon afterwards he entered the Institute of Psychology under the Chinese Academy of Sciences to delve into psychology. In 2008, aged 45, Liu joined a doctoral candidate class in judicial science at the School of International Law under the China University of Political Science and Law. In 2010, despite his busy schedule, Liu still found time to attend classes on traditional Chinese learning sponsored by Nanjing University, and the EMBA (Executive Master of Business Administration) class at Southeast University.

His unwavering and assiduous endeavors have rewarded him handsomely. Not only has he become an interdisciplinary expert with a professional background in law, medicine, sociology, psychology, traditional Chinese learning and management, but also more skillful and mature in his law practices.

Over more than 20 years, Liu has taken up more than 1,000 cases involving various fields of law, like criminal, civil, administrative and non-litigation. With his insightful understanding of law and rich experience, Liu has turned some major and tricky cases into classic examples for fledgling lawyers to study.

And he has fought some significant opponents: In 2001, Liu, representing a professor of Southeast University, sued the Nanjing 120 Emergency Center, China's first suit against a public service agency demanding damage compensation.

In 2002, Liu achieved a first win in cases safeguarding sexual rights in China. This was widely reported by domestic and overseas media, like The Australian, Hong Kong's Phoenix TV, Shanghai's Dragon TV and CCTV, as a significant breakthrough in traditional Chinese ethics. It was considered a landmark of China's progress in human rights protection, and also as the most humane verdict by some insiders. The case, inventively handled by Liu, not only made him widely recognized abroad, but set an excellent example of how rule of law in China can be humanized.

Another case in 2002 again brought Liu into the spotlight. A. woman named Zhang sued a local property management company for illegal demolition by force, reported in CCTV's "Legal Report" as a typical case. With the headline "Wrong Construction, Wrong Demolition," the program invited Liu to elucidate legal aspects of the case.

Liu's reputation preceded him. In 2003, a prestigious Hong Kong businessman called Zheng traveled to to ask Liu for his help. Zheng had donated around RMB 70 million to finance a school in his hometown Huai'an of Jiangsu Province. However, despite its own breaching of the agreed contract, the local contractor sued Mr. Zheng and demanded a default fine of about RMB 1 million. The local court was biased towards the contractor's evidence and supported its claim, issuing a verdict that the financed school had breached the agreement and should pay compensation to the contractor. The unjust judgment greatly harmed Zheng's patriotic sensibilities. As a member of the China Association for Promoting Democracy, Liu prioritized the case and carried out a detailed investigation. At the trial of second instance, Liu delivered a potent argument; Jiangsu Provincial High Court fully adopted Liu's view and repealed the first instance judgment. It gave a verdict affirming the contractor as the default party and ordered the contractor to compensate all losses the school had suffered. Mr. Zheng was so pleased with the outcome be donated another RMB 10 million. For the rest of his life, Zheng continued to contribute; eventually, his donations totaled over RMB 130 million.

In 1998, Liu answered the country's call to establish partnership law firms. . He quit his job at a state-owned law office and joined a partnership law firm. In 2005, with his outstanding performance in the legal field recognized, Liu was selected as one of Jiangsu's Top Ten Lawyers. Having studied Western practices in setting up law firms, Liu weighed up domestic reform trends on the subject and founded the first individually-owned law firm in Nanjing in 2006. For the last seven years, his business has developed steadily.

A Man of Social Conscience

Chinese Confucianism has a creed: "A man of noble character favors righteousness and takes delight in upholding justice." Liu is an adherent of this creed. As a beneficiary of the government's program to promote legal knowledge, Liu is keen on helping more people benefit from it, and often organizes activities to promote legal knowledge. In a similar vein, he often appears as a special guest on Jiangsu TV to analyze and solve legal conundrums for the public, thereby popularizing legal knowledge with specific cases, promoting the idea of rule of law and arousing people's admiration for law. In addition, Liu also gives lectures to law students and acts as a reserve officer to give law lectures to the military. What both transcends and underpins Liu's legal work is his love of philanthropy. He has contributed to organizations such as Jiangsu Provincial Charity Federation as well as local impoverished citizens. In 2012, he set up the Liu Wanfu Fellowship in Nanjing Agricultural University, providing scholarships to excellent students.

In 2009, invited by the National Bar Association, Liu gave a speech entitled "Strategies and Tactics for Individual-owned Law Firms" at the National Lawyer Forum His paper "Bringing the Role Of Scientific Planning in Urban Rule of Law into Full Play" garnered an award at the 2009 Jiangsu High-level Forum on Rule of Law, during which he also delivered a speech. Liu's involvement in disseminating information on Law is also palpable in the publishing world. As a deputy editor-in-chief, he compiled the book Fight for Noble Causes-Classic Cases of Contemporary China.

In 2013, Liu held a reception for Kyle D. Latimer, legal counsel of the U. S. embassy in China, and his visiting group. Liu gave a presentation about his law firm's development and China's progress in legal aid and execution of criminal law. Based on his own experience, Liu projected a positive image of a Chinese lawyer to major players in American Law.

Cultivating the Next Generation

When reflecting on his past achievements and future course, Liu firmly bears in mind his father's words: "Be good in what you choose to do"In Liu's view, since he has chosen a legal career, which lays a high demand on social responsibilities for its practitioners, he should be courageous in his work and do it well.

Liu's deep morality is also reflected in his daily life: He sticks to a low-carbon environmentally-friendly living concept and, until now, has not bought his own apartment, choosing instead to rent one close to his office, which allows him to reduce his car use. He believes in the creed, "Diligence brings about career success, and frugality shapes virtues."

Inevitably, Liu's acts and virtues have influenced his family. He encouraged his daughter, a journalism major, to study law, which she did at Nanjing University, completing the course in only one and a half years by self-study. In 2011, she passed the National Judicial Examination with an excellent performance mark, 82 points higher than the national pass mark. Today, she is a practicing lawyer like her father, and continues to improve herself with further study in the U. S.

Liu is devoted to cultivating young lawyers at his firm. He not only provides guidance in their legal practices, but also pays attention to their character building. He instills in them the concept that aslegal professionals, they should have a sense of social responsibility and be just in their deeds to uphold the reputation of lawyers.

(*CHINA TODAY* HUANG YUANJUN)(2012 年)

附译文:

刘万福:社会正义的捍卫者

2006 年,作为江苏省律师行业的领军人物,刘万福创办了南京第一家个人制律师事务所。他认为一个好的律师应当是正直、专业的,并且愿意伸出援助之手,承担相应社会责任。这也是他对员工的要求。

一个正直的人

刘万福出生在一个农民家庭,这养成了他正直朴实的性格。他聪明好学,初中一毕业就被一所国家医学院录取。在医学院,他了解到同理心是一个非常重要的品质,这也是支撑他在后来的法律实务中勇往直前的关键力量。

刘万福乐于帮助社会上的弱势群体并提供了很多免费的法律援助。他曾为一名孤儿进行代理,多次前往其居住的山区调查取证,最终将罪犯绳之以法并为其争取到赔偿。在另一起案件中,他代理了在火灾中被严重烧伤的一家四口。先后经历一审、二审,参加十多场庭审,最终获得 400 多万元的赔偿,使这个绝望的家庭得以开始新的生活。

刘万福认为法律从业人员是国家的精英,他们的职责是维护社会公正。也正因如此,他们需要培养高尚的道德品质。他认为,律师是社会公平正义的守护者,他们的良知和智慧使他们不同于商人。刘万福曾经做了8年的公共卫生医生,他说,医生的职责是通过仁爱和医学知识来拯救生命;而律师则是借理性和专业知识维护人们的合法权利以此来挽救生命。

法学硕士

1986年,刘万福开始了为期两年的公共卫生监督工作。工作之余,他参加了安徽大学主办的自主法学学习。三年后,他学成毕业并成为第一批通过自学获得学位的法律专业人士。1990年,27岁的刘万福通过了中国司法考试。实习结束后,他被调到当地的一家律师事务所,正式成为一名律师。

要想成为一名优秀的律师并对法律的运作有更加深刻的认识,就必须不断地在各个领域拓展自己的知识。因此,35岁的刘万福进入南京大学研究生院学习社会学。此后不久,他进入中国科学院心理研究所研究心理学。2008年,45岁的刘万福参加了中国政法大学国际法学研究生班。2010年,他参加了南京大学主办的传统汉语学习班和东南大学EMBA班。

他的坚定和勤勉使他的努力得到了回报。他不仅在法学、医学、社会学、心理学、国学和管理学等多个领域成为了一名跨学科的专家,在处理法律实务方面也更加得心应手。

执业二十多年来,刘万福已经受理1000余案,涉及刑事、民事、行政和非诉等多个方面。凭借对法律的深刻理解以及丰富经验,他将一些棘手的案件成功转化为经典案例,供初出茅庐的律师学习。

2001年,刘万福代理东南大学的教授起诉南京"120"急救中心案,这是中国第一起针对公共服务机构要求损害赔偿的诉讼。

2002年,中国首例性权利精神赔偿胜诉案被《澳大利亚人报》、香港凤凰卫视、上海东方卫视、中央电视台等国内外媒体广泛报道,这被认为是中国传统伦理观念的重大突破,是中国人权保护进步的一个里程碑;同时也被一些业内人士认为是最人道的判决。刘万福创造性地代理了这一案件,不仅使他在国内国外得到广泛认可,也为中国的法治如何人性化治理树立了一个很好的榜样。

2002年的另一起案件再次将媒体的视线聚焦刘万福身上。刘万福代理张女士起诉当地一家物业管理公司非法强拆,央视"今日说法"将其作为典型案例,以《建的错,拆的也错》为题邀请刘万福为全国观众讲解其中的法律问题。

2003年,一名享有盛誉的港商郑先生来到南京寻求刘律师的帮助。郑先生为他的家乡江苏淮安捐赠了700多万元筹建学校。然而,在对方当事人先违反合同约定的情况下,其将郑先生告上法庭要求其赔偿约 100 万元。地方法院采信了对方当事人提供的证据并支持其索赔,即判决郑先生支付违约金。这个不公正的判决极大地伤害了郑先生的爱国情怀。作为中国民进会的成员之一,刘万福处理了这个案件并进行了详细的调查。在二审中,刘律师提出了强有力的论证,最终江苏省高级人民法院采纳了刘律师的意见,撤销一审判决,改判承包商为违约方并责令其赔偿学校受到的所有损失。郑先生对这个结果很满意,当即又捐赠了 1000 万元。在他的余生中,不断为家乡的发展捐赠,最终捐款总额超过 1.3 亿元。

1998 年,刘万福积极响应国家号召,辞去其在国有律师事务所的工作,加入了一家合伙律师事务所。2005 年,因其在法律领域的突出表现被评为江苏省"十佳律师"。在研究了西方成立律师事务所的机制后,刘万福紧跟国家改革趋势,于 2006 年在南京成立了第一家个人律师事务所。

一个有社会良知的人

中国的儒家思想中有一个信条:"品德高尚的人崇尚正义并以坚持正义为己任。"刘万福是这一信条的忠实拥护者。作为政府普及法律知识项目的受益人,刘万福热衷于帮助更多的人从中受益,并且经常组织活动普及法律知识。他经常以特邀嘉宾的身份出现在江苏电视台的节目中,为大众分析经典案例,由此普及法律知识,倡导法治理念,引发人们对于法律的敬畏之心。此外,刘万福还为学生们开展讲座;作为预备役军官给军队讲解法律知识。2012 年在南京农业大学设立"刘万福奖学金",为优秀学生提供奖学金。

2009 年,受国家律师协会邀请,刘万福发表了题为《个人律师事务所的战略和策略》。他的论文《充分发挥科学规划在城市法治中的作用》在 2009 年江苏省法治高级论坛上获奖,并发表演讲。他在出版图书方面的成就也显而易见。刘万福任副主编著有《为崇高事业而战——当代中国经典案例》一书。

2013 年,刘万福接待了美国驻华大使馆法律顾问拉蒂默及其访问团。刘律师向其介绍了律师事务所的发展历程以及法律援助相关案件的进展。根据他的经历,刘万福向美国法律界投射了一个中国律师的正面形象。

培养下一代

回顾自己过去的成就并展望未来的道路时,刘万福牢记父亲的话"干一行,像一行"。在他看来,既然他选择了法律作为一生的职业,不论前方道路如何坎坷,都应该勇敢地去做并把它做好。

刘万福崇高的道德观在他的生活中也深有体现:他坚持低碳环保的生活理念,到目前为止,他没有买一套属于自己的房子而是选择了在办公室附近租一套房子,这样就可以减少用车。他始终信奉:勤奋成就事业,节俭塑造美德。

刘万福的行为和品格不可避免地影响了他的家庭。他鼓励新闻专业的女儿学习法律,其女儿在一年半的时间内自学完成了南京大学的所有课程。2011年,她以超出82分的优异成绩通过了国家司法考试。如今,她和父亲一样,都是一名执业律师,并在美国继续深造,不断提高自己。

刘万福致力于培养律所中的年轻律师。他不仅指导他们法律实践,而且关注他们的品格建设。他向他们灌输作为法律专业人士,要有社会责任感并且以公正的行为维护律师的声誉。

(摘自《今日中国》,黄元君著)

7. 创意律师,低碳达人

——访江苏刘万福律师事务所主任、江苏省十佳律师刘万福

编者

他是一级律师,却像青年律师一样精神抖擞,经常出入法庭;他是有车一族,喜爱驾驶,却常常骑自行车出行;他是有家一族,注重家庭温馨,却一直租房居住;他女儿新闻系毕业,却远送女儿到国外法学院研读环境法。他就是刘万福,一位低碳达人,快乐地享受着他的创意生活,总是谦和、友好地向身边人和社会传达着敬畏法律、简单生活、保护环境的理性信念。

求索法治规律,他是创意律师

刘万福作为律师有胆有识、富有创意、敢于创新,在中国律师制度的改革发展中勇吃“螃蟹”。20世纪90年代初,他毅然辞去舒适安逸的公共卫生事业单位工作,调入自收自支的律师事务所做专职律师;五年后,他又辞去公职律师,开办了当地第一家合伙制律师事务所;2006年他借鉴西方法治国家律师机构的形式,创办南京地区第一家且是省直属律师所中唯一一家个人制律师事务所;并注册意义深远的所标,创立“正心　明法　乐义　立人”所训。他,堪称有创意的律师。

执业二十余年,刘万福办理各类法律案件1000多起,其中不乏在国内乃至国际引起反响的案件。例如,2002年一起为女性维护性权利的案件,被国际社会认为是标志着中国对“人权”的维护由日益增强社会意识层面走向实际的法

律操作层面。在我国传统观念里，夫妻的性生活是不能公开的，更别说为夫妻性生活受损而讨个说法，因而在刘万福代理的妻子因丈夫在交通事故中受伤，夫妻性生活无法进行而要求赔偿时，引起了法律界内外的关注，业内称“最富有人性化的判决”，媒体称这是“对中国传统道德的一大突破”。国内各大媒体包括凤凰卫视以及《澳大利亚人报》均作了报道。央视把此案作为2009年新中国成立60周年、2011年国庆特别节日。中国检察学会将此案评为“2002年度全国最有影响的十大民事案件之一”。这一经典案例，使刘万福的名字走出了国门，为中国法治人性化进步增添了精彩的一笔。

全国首例状告“120”案，他是正义先锋

早在2001年，一场全国瞩目的“市民起诉120急救”的法律事件，使得年轻的代理律师——刘万福为各界倍加赞赏。

当年，某高校王教授的32岁儿子在家突然发病，王教授三次拨打“120”求救，可救护车在半个小时后才来到距急救中心仅1.3公里的王教授家里，且医生没采取积极救治措施，并收费120元，开了一份死亡证明就离开了。一个年轻的生命就此消失。

如果急救中心没有及时出诊，造成病人死亡应该怎么办？刘万福敏锐地发现了政府提供的公共服务和公众权益之间存在不容忽视的差距，对政府部门保障公民权益的责任缺乏明晰的法律界定。刘万福认为，“120”是负有急救责任的公共服务医疗机构，根据“120”特种服务电话的承诺，急救中心与原告已形成契约关系，急救中心应积极履行职责，因其过错，造成求救者或亲人死亡，急救中心应当承担相应责任。最后，法院在判决书中明确指出，此次诉讼的社会意义远远超出案件本身，能有效促进当地卫生行政部门采取有效措施，积极改进不足之处。

央视《东方时空》邀请刘万福作为“时空连线”嘉宾，对该案进行专题讨论；《人民法院报》“两会专刊”也将此案作为中国法院建设五年辉煌成就的典型案例刊发。

善于运用法律维权传播公正理念，他是“社会医师”

刘万福宣称他的执业理念是律师不是商人，律师是正直、正义和智慧的化身；作为律师，首要的是负有社会责任感，做社会公平正义的守护者；他做过医生，最能感受到律师作为“社会医生”的责任。

刘万福认为律师是“社会的医生”，当事人找律师，就像病人找医生一样。

在早年一起一审判死刑案件辩护中，刘万福从刚满18岁的青年男子那双绝望而又期盼的目光里，断定在这起案件中被判死刑有重大疑点。为寻找证据，他提出二审高级人民法院务必与案件被害者核实关键事实，终于使被害人在法律的感召下，向法庭陈述了当事人没有实施强奸行为的事实真相。刘万福为这起震惊全国的绑架、拐卖、抢劫、强奸案中的被告人李某做死刑改判辩护意见，被省高级人民法院采纳，使被告人获得了新生机会。

他经常受邀担任江苏电视台、江苏广播电台、南京电视台、《江苏法制报》等媒体的特邀嘉宾，向社会公众普及法律知识。自 2002 年以来，他兼职为东大、南农大、南京政治学院等高校学生举办讲座；作为南京军区某预备役师军官，长期义务为部队战友提供法律帮助，举办法律讲座。

设立奖学金，关注社会，他是兼职教授，更是低碳达人

刘万福不仅用自己的医学、法律、心理学、国学等多专业知识竭力帮助当事人，也注重对未来人才的扶助。2012 年，刘万福作为南京农业大学兼职教授，在农大成立 110 周年之际，拿出善款在人文学院设立“刘万福奖学金”，以鼓励品学兼优生活困难的学生投身农业法律建设。刘万福还多次为社会贫困人群提供义务法律救助，每年免费代理多起案件。

在生活和工作中，刘万福努力做低碳生活的倡导者和践行者。刘方福在 1993 年律师执业前有八年半的公共卫生管理医师经历，早在 1985 年，他就参加了全国大气污染防治业务培训班，研究 PM10 的相关污染与防治。多年来，他有车子，但除了长途多人出差外一般不开，而是骑自行车出行；坚持长期租赁小户型房屋居住。

他也将低碳理念融入工作中，为了真正维护当事人利益，办案中他从不恶意利用诉讼程序浪费时间。他说，节约司法资源也是一种低碳生活。多年的亲身低碳生活方式，也深深影响了他的女儿。他的女儿 2011 年不仅以 442 分高分通过司法考试当上律师，如今又到国外知名法学院研读环境法。

在江苏乃至全国，刘万福以其丰硕的业绩受到业内外瞩目，2004 年法律界权威杂志《中国律师》专访，称他是“善于叫板的法律信仰者”；2005 年江苏省司法厅、江苏省律师协会联合授予他“江苏省十佳律师”荣誉称号；2009 年他撰写《发挥科学规划在法治城市建设中的积极作用》论文，并作“2009 法治江苏高层论坛”大会发言；同年，中华全国律师协会邀请他在第八届中国律师论坛作“个人制律师事务所发展的战略战术”主题演讲；2011 年，成功举办“个人制律师事务所与社会管理创新论坛暨律师事务所成立五周年庆典”；今年 3 月，美国驻华大使馆法律顾问雷心一先生一行到律师所访问;刘万福的事迹被《今日中国》杂志今年第十二期英文版采访报道。

采访当中,儒雅、沉稳、坦诚的刘万福,对自己的人生历程娓娓道来,一种充满尊重和责任的职业使命意识,洋溢在他的眉宇之间。“法天乃大”,这是悬挂在刘万福办公室里的一幅书法作品,“尊法敬天,大道在心”,这是刘万福对这幅作品的解释,而我们则从中理解了他在二十年的职业生涯中,一路走来为何这样执着无悔,这样精彩跌宕,这样正气浩然!

(摘自《周末》2013 年第 1668 期,厉恩宝、宁珺著)

8. 正心、明法、乐义、立人
——访江苏刘万福律师事务所主任、江苏省十佳律师刘万福暨江苏刘万福律师事务所 10 周年记

律师,也许是当今社会最受争议的职业之一。一方面,律师应当责无旁贷地担负起维护法律尊严和社会公正的重任,为社会各界所期待。另一方面,少数律师在现实社会中履职的种种行为,却让人们难以言说。然而,当笔者来到江苏刘万福律师事务所,与刘万福律师进行了一番深入交流后,产生了一种强烈的感受:刘万福律师是一个对律师这一职业有着深刻理解,深深热爱并恪尽职守的可敬的践行者。

在中国律师界乃至海外,刘万福律师以其丰硕的业绩受到业内外瞩目。1984 年从事公共卫生工作的他,通过刻苦自学于 1990 年通过全国律师资格统一考试,自 1993 年专职律师执业至今。2004 年被《中国律师》以“善于叫板的法律信仰者——刘万福律师的执业感悟”采访报道;2005 年被江苏省司法部门授予“江苏省十佳律师”称号;2006 年创建南京地区第一家个人制律师事务所;2007 年主持民进江苏省委“关于修改政府行政审批制为行政监管制”的调研课题;2008 年受中华全国律师协会邀请在第八届中国律师论坛作“个人制律师事务所发展的战略战术”主题演讲;2009 年撰写《发挥科学规划在法治城市建设中的积极作用》论文在“2009 法治江苏高层论坛”作大会演讲;2013 年第 12 期《今日中国》(英文版)以“社会公正的守望者”为题向世界报道了刘万福律师的事迹;2015 年作为江苏省律师协会环境及资源业务委员会主任制作“透过雾霾的思考”PPT 向华尔街英语学校及东南大学师生讲解环境污染的成因及应有的行动;2016 年 3 月以江苏省农业农村法治研究会副会长身份撰写《工业化进展

较快地区农业生态环境保护的法律规制》论文,受邀参加德国阿登纳基金会与南大中德研究所联合主办的“现代社会农业问题的法律应对”中德法学论坛,其大会发言受到德国哥廷根大学农业法研究所所长及参会的欧盟农业法委员会秘书长的关注和赞赏;2016 年受邀参加上海交大法学院主办的“绿色中国,公益诉讼与环境治理高峰论坛”,会上发表“公益诉讼中的律师作为”的观点,受到与会的中美环境法学专家的肯定。

刘万福律师认为,要做好律师,仅有法学专业是不够的,因此他在已有的医学、法学专业基础上不断学习,取得社会学、心理学、国学、管理学等六专业背景。执业以来,承办刑事、民事、行政及顾问单位非诉讼等各类案件 1300 余件。其中多起经典案件被中央电视台、凤凰卫视、东方卫视、江苏电视台、《中国律师》、《民主与法制》、《今日中国》、《澳大利亚人报》、《人民法院报》等多家电视、杂志、报纸采访报道。作为资深律师,他深感律师事业传承的重要,在律师所不遗余力地培养年轻律师,熏陶年轻律师正确的执业理念,言传身教地训练年轻律师的执业技能,1990 年在刘万福参加律师资格考试七天前出生的女儿,于 2011 年新闻专业大学四年级时,以超过中国司法资格考试录取线 82 分的优异成绩,和其时取得一级律师职称的父亲共享了这一丰硕的成果。

刘万福律师公开宣称:“律师不是商人,律师是正直、正义和智慧的化身;作为法律人,首要的是负有社会责任,做社会公平正义的守护者;我做过医师,最能感受到律师作为社会医师的价值;做一名维护社会公正的律师,是我孜孜追求的目标。”他是这么说的,且在二十多年的律师实务中更是坚持这么做的。

刘万福律师的事迹及办理的众多案件已见诸媒体报端,在此,我们仅择取其与女儿共同办理的辩护与代理两案与读者分享,足见其公正之知与行。

让每一个案件都走向公平正义——王某故意杀人案

祸起,赌博欠下高利贷。只有高中文化的王某,已至而立之年,但他却开始沉迷于游戏机赌博,输掉十几万元仍不罢休,并先后在 4 家高利贷公司借款以求翻本。2012 年 10 月王某为筹集赌资而向高利贷公司南京某投资管理有限公司借款 3.5 万元,约定至 2012 年 12 月底向高利贷公司偿还利息 2 万元,但到期后他却无力偿还,不得已他又于 2013 年 1 月初向该公司借款 1.2 万元,约定至 1 月 11 日到期,向该公司还款本息合计 1.8 万元,虽然实际核算下来王某仅向高利贷公司借款本金合计 4.7 万元,但过于高额的利息早已使王某深陷泥潭,不堪重负。于是王某与放贷人马某电话约定 2013 年 1 月 11 日下午商量还款事宜。2013年1月11日上午9时,王某到达该高利贷公司,马某还未到,正好该公司法定代表人陆某某在办公室,于是王某哀求陆某某可否延缓还款日期,但遭到陆某某严词拒绝,王某还被陆某某逼迫必须写下借款14万元本金的借款条。早在王某来之前其即思忖,他惹不起这些放高利贷的人,如遭到拒绝即准备自杀做个了断,两清双方债务,不想因此再拖累家人。但王某的苦苦哀求,却没有换来陆某某的同情,反而遭受到陆某某言语的侮辱:“你死就死,不是还有老爸老妈在吗?反正你老婆也在,可以拉出去卖。”本来为了不拖累家人,王某欲了结自己的生命,谁知陆某某却在此时侮辱并要挟欲伤害其至亲,王某受到陆某某言语侮辱刺激,情绪开始失控,他用本想用于自杀的自带水果刀刀柄先捣了下陆某某腹部,后陆某某扑过来欲夺刀,双方扭打在一起,在两人扭打过程中,陆某某脾脏、肺脏被刺伤,后致大出血当场死亡,王某出逃。

2013年1月13日王某逃至湖南长沙某旅馆,凌晨将厨房煤气罐搬至客房,用嘴含着煤气罐管口,并打开煤气罐阀门以自杀,醒来后发现自己自杀未成,于是王某又割腕自杀(在南京时杀死陆某某的刀)。上午9点旅馆老板娘发现煤气罐不见了,让老公到处查找后发现王某自杀于客房,遂拨打“110”“120”,后王某被送往长沙市中心医院抢救,王某醒来发现自己被送到了长沙市中心医院,且有民警在旁,当民警问及为何自杀时,王某坦承自己是因为杀了人才自杀的。1月15日南京警方至长沙在医院将王某抓获带回南京。

精彩辩护:律师观点,“王某系激情犯罪且系转化型间接故意杀人”。王某老父在其被逮捕后即聘请了刘万福律师担任王某的辩护律师。2013年5月20日王某被提起公诉。刘万福律师深知王某将面临怎样的刑罚,但综观全案和事实,王某既是赌博的受害者,更是高利贷的受害者,且更重要的是,王某的至亲受到了侮辱和威胁。辩护席上刘万福律师说道:“被告人作案当天因被害人拒绝其延期还款要求,实际欲在被害人面前自杀了断,两清双方债务,不想再拖累家人。但此时,被害人却恰恰在其苦苦哀求后,出言侮辱被告人父母与妻子,并称:‘你死就死,不是还有老爸老妈在吗?反正你老婆也在,可以拉出去卖。’被害人言语侮辱和要挟欲伤害其至亲,王某因此受到刺激,情绪失控。二人扭打过程中,被告人刺伤被害人脾脏、肺脏,致大出血死亡。虽然法医对被害人尸体鉴定结论中,认定被害人身上有23处创口,但实际致命伤仅两处,即脾脏、肺脏大出血致死,其余皆为扭打中造成的浅表伤……由此可见,被告人主观并无直接追求被害人死亡故意,仅是在扭打过程中造成被害人致命伤,放任被害人死亡。故被告人应当系激情犯罪转化为间接故意杀人,不存在事先蓄谋情形,犯罪主观情节较轻。”

在王某自首情节上,公诉机关指控王某无自首情节,而经刘万福律师认真阅卷后,发现检方证据存在相互矛盾的瑕疵。刘万福律师进一步说道:“被告人2013年1月14日于长沙市自杀,长沙市公安局某分局某派出所接警后,随120将其送往医院抢救。当时派出所民警并不知晓被告人在南京杀了人。在医院派出所民警询问被告人为什么自杀,其向民警主动交代其杀了人,是为了还命……根据被告人陈述,长沙市刑警支队到达医院后,并没有表明是来追捕他的。被告人系在警方没有掌握自己罪行的情形下,如实主动交代自己杀人罪行,属于我国刑法规定的自首情节,应以自首论。”

悔罪。刘万福律师:“被告人悔罪态度积极,其亲属也应被告人要求积极主动向被害人亲属作出了补偿,向被害人妻子马某支付3万元补偿金,积极减少被害人的损害,主动获得被害人的谅解。被告人在庭审上,忏悔道:‘被害人侮辱要挟伤害我家人,我对他犯下罪行,他的家人跟我的感受也是一样的,我对不起他的家人。’由此可见,被告人悔罪认罪态度积极。并且,被告人家人还多次从江浦郊区赶赴市区与法官、对方代理人沟通,商讨补偿数额,尽其所能补偿被害人,积极取得对方谅解。”

“被告人本质上是一个有良知的人。2006年和2007年被告人曾两次在街头献血车无偿献血,每次都是400毫升(有献血证原件)。第一次捐血,被告人妈妈因担心其身体吃不消,劝说他少捐点血。被告人则安慰妈妈说:‘我年轻,身体好,很快就能恢复的。还可以多帮助那些需要用血的病人。我有数的,你不要担心。’第二次被告人又献了400毫升。”

“被告人曾担任厨师工作及基层管理工作,数次跟其父母聊起有人在其工作场内贩卖毒品,都被他劝阻请出。”

“被告人是一个有责任感的人。被告人逃至长沙自杀当天凌晨,还留字条给旅馆老板,要其开门时小心,不要有电,小心明火。杀害被害人后,被告人在自己自杀过程的字条上写道:‘写完我就去拔下所有的插头,在黑暗中安静地等死。’随后打开煤气阀门,醒后发现未死成,又用自带刀具在手腕上割了数刀。由被告人的这种必死之心可见他的知罪认罪;又由被告人心存必死之心时还想着提醒旅馆老板进屋时不要有电、不要有明火,并把所有插头拔掉,唯恐引起爆炸、燃烧,伤及他人的行为中可以看出:被告人直至临死也不是一个没有良知,置他人生命和公共安全于不顾的人。”

“该案表面上是一起杀人案，但其实际根源则为当今社会严重的社会毒瘤——高利贷。因为高利贷，多少家庭家破人亡，为社会公众深恶痛绝，高利贷是现代社会不安定因素之一，该案的判决结果对实际社会及公众心理有重大导向意义。被告人是施害者同时也是赌博机、高利贷的受害者，从原先负有良知和责任感的社会人到退无可退，最终犯下故意杀人的重罪，导致两个家庭永远无法弥补的悲剧，皆因沾染赌博恶习，深陷高利贷泥沼所致。现代司法不仅应当依法裁判，还应从公众心理、社会导向出发，作出人性化的公正判决。综合考量该案的事实、性质，结合被害人的明显过错，被告人的认罪、悔罪态度以及社会危害程度，为达成刑法惩罚与教育相结合的原则，有利于被告人更好地改造并考虑社会导向，公众心里的感受。建议贵院能够依据上述事实与法律对被告人减轻处罚，合理量刑，以彰显司法公正。”

南京市中级人民法院尽管认定被告人入室杀人，系犯罪手段极其残忍、犯罪情节极其恶劣、犯罪后果极其严重、犯罪社会影响极大，但是经过刘万福律师独到、完备、感人肺腑的精彩辩护，还是判决被告人王某犯故意杀人罪，判处死缓，王某终保住了性命，留下重新做人的机会。

刘万福律师在成功辩护后，认识到本案实质是高利贷的巨大社会危害性，以此案为例，撰写《论高利贷的入刑研究》论文，在《中国律师》杂志发表。

让犯罪得到应有的惩罚，让受害者得到法律的保护——一起普通汽车追尾事故引发的命案

开首。这是一起令人发指的震惊安徽全省的故意杀人案，然而主犯宋某却只赔付了被害人十余万元的赔偿金。法律何在？

案件还要从2014年2月5日（春节后大年初六）说起。这日晚9点左右，张某吃完晚饭开车去亲戚项某家准备接父母回家，车子在项某家门口停车等人时，突然被后面来的一辆白色轿车追尾，张某下车闻到白色轿车女驾驶员宋某满嘴酒味便予以指责，宋某不仅不认错，还大肆无理取闹，声称自己与警察有关系，谁也不怕，后项某老伴闻讯赶到，和宋某发生口角后厮打。被害人项某良系在外地成功创业，年收入数十万元，春节带着妻子和一双儿女回家看望父母的，本已上床睡下，得知母亲被一女青年打骂，爬起来出门制止宋某，在争吵中，宋某不断打电话（7次），20分钟后，过来两辆轿车，从车内下来四五个手持砍刀的人，一胖子（刘某浩，宋某前夫）问：“谁打你来着？”宋某用下巴点了下项某良，并说:"就是这个光头,把他砍死。"刘某浩等人不问青红皂白遂上前砍项某良,项某良被砍后即往自家巷子里跑,几个青年人持砍刀紧追,项某良跑出近100米后倒地,几个青年人凶残地对着项某良身体猛砍数刀,见项某良趴地上已不再动,遂折回又继续砍砸张某车辆,后刘某浩、宋某等人驾车逃离。项某良的一双不满十岁的儿女当时吓得躲进了家里的衣柜里。公安局接到报案后,赶至现场,将项某良送到县人民医院抢救,但主治医生说:"人送到时已经因失血过多死亡,根本无药可救了。"

案件发生后,被害人家属激愤之余了解到对方有黑社会背景,在当地几乎是黑白通吃。当地的律师都不敢接受被害方委托代理,于是他们辗转找到江苏南京的刘万福律师,希望刘万福律师为他们主持公道。

法律应保护受害者的合法权益:一审中,刘万福律师指出(摘录):公诉机关指控各被告人犯共同故意杀人罪事实清楚,证据确实充分,不容置疑。被害人项某良,在芜湖市创业打拼,事业有成、家庭美满,对社会来说,是一个遵纪守法有价值的人,对于家庭来说是一个好儿子、好丈夫、好父亲,站得直、行得正,但这样一个好人,却因仗义执言,在自己年幼的子女面前被一群一贯违法犯科、不务正业、毫无人性的凶徒砍杀。诸被告残酷的犯罪行为不仅剥夺了无辜受害人的生命,也给他们的家人留下了无尽的痛苦,更给被害人年幼的子女在被告手起刀落的瞬间造成终生不能抹去的恐怖阴影,给他们造成了无法弥补的精神损害。

老少两代人,从此永不能相见。"树欲静而风不止,子欲养而亲不待",一切的一切,都不会因被告得到严惩而能够挽回,但也只有严惩凶手才能够告慰逝去的灵魂,安慰原告方备受煎熬的痛苦心灵。

据上结论,代理人认为,上述诸被告人共同犯罪情节极其恶劣、后果及其严重、社会影响极坏,依法均应严惩不贷,并连带赔偿原告方各项损失数百万元。

某市中级人民法院采纳了刘万福律师的刑事部分意见,判决刘某浩犯故意杀人罪判死刑并处没收全部财产,宋某等其他五名被告人犯共同故意杀人罪被判处无期徒刑及有期徒刑15年等,各被告人共同连带赔偿被害方损失数十万元。宣判后,刘万福律师根据被害方要求,针对刑事部分被告人被轻判的不服,向检察院写出提请抗诉申请书,针对民事赔偿部分判决过少的不服,向省高级人民法院写出上诉状。

法律是什么?法律是社会上人与人之间行为关系的规范,是以正义为其存在的基础。我国刑法、刑事诉讼法的立法目的就是要保护人民,惩罚犯罪,侵害方在得到辩护权利的条件下经过公正的审判后应受到惩处，受害方权益更要受到法律的保护。法律的设计，应当是更好地体现公平正义，如何才能真正做到维护法律的尊严，维护社会的公平公正，维护受害人的权益，这是像刘万福律师这样的法律人不懈追求的动力和终极目标。

正心、明法、乐义、立人

这是江苏刘万福律师事务所所训，更是刘万福律师一直以来的执着和坚守。刘万福律师认为："律师所训应是其文化的核心、理念的精华，同时是律师所长期积淀的最具代表意义的'符号'，更是体现一个律师所凝聚力、感召力和生命力的灵魂。"

执业二十多年来，刘万福律师坚持法律人公平正义的道德操守，其将所训确立为"正心、明法、乐义、立人"，意在体现律师传承法律文明、维护公平正义之精神。"正心"：取自《大学》"欲修其身者，先正其心"。法者乃国家精英，肩负维护社会公正重任，须很高的道德修养，完成这一修炼的前提是心术正，有为社会负责之心。律师为法者，当正心。"明法"：取自庄子《知北游》上"四时有明法"。这里借指法律如四季分明，是科学，是规则，向社会人明示；法律人应精通法理，用法普法，彰显法律公正。"乐义"：取自孟子语。原意为君子好义，以义为乐。这里意为法律人敬法乐善，甘担道义；律师工作兼具义与利，当以义为先，依道得利。"立人"：取自《周易》。立人之道，曰"仁与义"。这里指法律人应顶天立地，像法律人的样子；法律人通过自己辛勤工作，帮助他人成长；也寓意刘万福律师事务所致力培养年轻律师成长为优秀的法律人。

是啊！正心、明法、乐义、立人。在这个追名逐利而浮躁的时代，又有几人能真正做到呢？而刘万福律师却数十年如一日地坚守着他心中的理想，也更身体力行影响着他周围的每一个人，为这个社会的顽疾把脉，为这个社会的公平与正义的实现贡献着自己的才智和力量。

后记

刘万福律师常常将办案的成功归结于他早年的从医经历。他认为医师对于病人是救命的希望，而律师是社会的医师，当事人遇到问题找律师，就像病人找医师一样，渴望律师帮助以渡难关，律师责任何其重！律师在办案中的一点疏忽，可能造成当事人利益的很大损失。精心、尽力依法办好每一起案件，不仅有效维护当事人合法权益，更让社会公正的阳光通过法律之窗照进社会人祈盼的心灵。

面对儒雅、沉稳、坦诚的刘万福律师，听着他在深思且忧虑中与笔者分享的每一惊天大案，一种对自己所从事的职业充满尊重和责任的使命意识，洋溢在这位著名律师的眉宇之间。“法天乃大”，这是悬挂在刘万福律师办公室的一幅字，“尊法敬天，大道在心”这是刘万福律师对这幅字的解释，而我们则从中理解了这位律师在二十多年的律师职业生涯中，一路走来为何这样执着无悔，这样精彩跌宕，这样正气浩然！

[摘自赵伟主编:《中国刑辩大律师》(第3卷)(“中国当代优秀律师系列丛书”)，法律出版社2017年版。]

9. 以己之心正人心
——访江苏刘万福律师事务所主任刘万福

刘万福系江苏刘万福律师事务所主任、一级律师、江苏省十佳律师、法学学士、管理学硕士、中国政法大学在职博士。兼具医学、社会学、心理学、国学、管理学等六个专业背景。江苏省律师首届环境与资源业务委员会主任、民进江苏省委监督委员会委员。博采众家之长为己用，知识渊博、能言善辩、专业扎实；从业二十六载，承办刑事、民事、行政及法律顾问单位非诉讼等各类案件1500余件；多起经典案件被中央电视台、凤凰卫视、《民主与法制》、《中国律师》、《人民法院报》等多家电视、杂志、报纸报道；2005年被江苏省司法厅和江苏省律师协会联合授予“江苏省十佳律师”称号，2006年创办南京地区第一家个人制律师事务所。自1993年专职律师执业二十六年来奔走在维护委托人、法律及社会公正的大道上，不忘初心，砥砺前行；融汇“情怀”“情感”“情调”，书写着当代大律师的胸襟和视野；愿始终如一，为司法公正贡献力量！

人们听到律师，只会想到律师的光鲜靓丽，却看不到他们背后的担当与付出。律师的责任是维护当事人的合法权益、维护法律尊严及维护社会公平正义，懂法、遵法、用法、护法及普法缺一不可。

律师行业是一个人才济济的行业。多年来依旧坚守在律师岗位上的那些人值得尊敬，他们比常人更坚韧，比常人付出更多才能在行业内拥有一席之地。

作为一名合格的律师，不仅要精通法律条文，还要具有灵活的法律逻辑思维，并能够站在社会学等多角度看待问题，滔滔雄辩、才华横溢，方可胜任。

刘万福，一位才华卓著、能力超群的律法坚守者，具备了律师所需的多项技能，且拥有极高的职业素养，在当下这个物欲横流的时代依然熠熠生辉，甚至光芒万丈。

家国情怀走四方

拥有今天的成功,刘万福的家国情怀起着极强的作用。

他的一生,思家报国,慷慨仁爱,因为家境不好,他苦苦钻研学习;因为有一颗济世为民之心,他昂扬走在律师的大道上。

刘万福出生于农村,从小就与其他孩子不同,他能言善辩,思路清晰。也正因为这个原因,在学校被同学们称为“小文豪”。刚二十出头,刘万福从卫校毕业,进入卫生管理部门工作。这在家人朋友的眼中,是一份很好的工作。但刘万福却不这么想,他觉得人生就要有所不同,就要敢于突破自己。20 世纪 80 年代中国改革开放激起了社会变革的巨大浪潮,一批有抱负有理想的热血青年成为时代的“弄潮儿”,刘万福根据自己正直善辩的性格特点,结合国家开展全民义务普法的形势,果断报名参加法律专业自学考试。

楼高月明间,你总能看到刘万福埋头苦学的身影。他满怀着家国,对自己的职业充满期待。功夫不负有心人,他经过三年苦读顺利获取了法律文凭,并在 1990 年一次考取律师执业资格,开始了他作为法律人的职业之路。

这一年,刘万福 27 岁,女儿刚刚出生。21 年后,当他晋升为正教授级一级律师时,学习新闻专业的女儿以高出国家资格分数线 82 分的优异成绩通过国家司法统一考试,人们调侃道这正是他家国情怀的遗传。2012 年,在南京农业大学成立 110 周年之际,他被聘为兼职教授,并第一个在南京农业大学人文学院设立“刘万福奖学金”。

而此时正值我国开始开展全面建设法治国家的伟大进程,面对社会现实对法律建设的迫切要求,刘万福深感作为一名执业律师必须不断求索,提高自身职业素养,为此他报考了南京大学研究生院进修社会学,又参加了中科院心理学研究所学习心理学,2008 年 45 岁的刘万福又考入中国政法大学国际法学院法学博士研究生班学习,2010 年他又在繁忙的工作中抽时间参加南京大学国学班及东南大学 EMBA 班的学习。孜孜不倦,求索问道,使他成为集法学、医学、社会学、心理学、国学、工商管理学等多专业背景的复合型人才。

律师情感步昂扬

这种情感,是刘万福对工作的情感,兢兢业业,不断进取,始终追寻公平。

20 世纪 90 年代中期刘万福辞去公职律师,在当地开办了第一家合伙制律师事务所,2006 年又创办了南京地区第一家并属省直律所中唯一一家个人制律师事务所,开始了他对律师职业的情感追寻。

执业以来，刘万福办理各类法律案件1500多起，其中不乏在中国乃至世界引起反响的案件。如发生在2002年的一起为女性维护性权利的案件，被国际社会认为是标志着中国对“人权”维护的里程碑，由日益增强的社会意识层面走向实际的法律操作层面。在我国传统的观念里，夫妻的性生活是不能公开的，更别说为夫妻性生活受损而讨个说法，因而刘万福律师代理的妻子因丈夫在交通事故中受伤，夫妻性生活无法进行而要求索赔的案件，引起了法律界内外的关注，业内称“最富有人性化的判决”，媒体称这是“对中国传统道德的一大突破”。

该案始于某单位的自卸车在倒车时将张某撞倒，使张某骨盆骨折，尿道管断裂，治疗后无法进行正常的夫妻生活，张某委托刘万福依法为自己索赔。刘万福了解案情后，以其深厚的法律理论功底，结合现代社会发展的现实，敏锐地意识到原告妻子也是此次事件的受害人，依法应得到相应的精神损害赔偿。于是刘万福说服张某妻子接受他的代理，勇敢地拿起了法律武器，为自己的“性”福讨个公道。这场维护妇女性权利的特殊官司轰动了社会，刘方福在法庭上指出，根据我国相关法律的规定，性权利是身体权利的重要组成部分，神圣不容侵犯。性健康权更是现代人不可或缺的重要基本权利。被告的过错行为极大地损害了原告夫妻神圣、合法的性健康权，为缓解和减轻原告因不健全的夫妻生活而遭受的精神痛苦，被告方应给予精神赔偿。最终，法院接受了刘万福的意见，支持了张某妻子要求赔偿1万元精神抚慰金的请求。

这一具有重大意义的特殊案件，被《中国妇女报》《中国青年报》《知音》等各大媒体竞相报道，上海东方电视台制作了专题节目播出。《人民法院报》的民商法专家点评此案，充分肯定了刘万福承办的这起案件的开创性意义，填补了我国法律空白。本案被中国检察学会评为“2002年度中国民事审判十大重大影响案件之一”。澳大利亚第二大报纸《澳大利亚人报》以此案为例，介绍了中国女性的解放，中国律师和法官对女性权利的保护，赞扬了中国法治的进步。刘万福精心代理的这一经典案例，不仅使他的名字走出了国门，更为中国法治人性化增添了精彩的一笔。

现在，刘万福带领团队常年专注于民商事、刑事、行政、非诉讼、企业法律风险防范与控制、法律培训等领域。艺多不压身，刘万福兼任中国中小企业协会维权中心江苏站主任、江苏省中小企业协会、江苏省民营企业发展促进会、江苏省乡镇企业家协会“三会”法律顾问、江苏省法学会农业与农村法学研究会副会长、南京军区预备役军官等职。

至于职业道德，刘万福态度坚决。他认为律师就是为了维护公平正义而生的，没有公正，律师也就丧失了最基本的意义。律师要严于律己，真心实意为当事人服务。不徇私舞弊，不内外勾结，不吃完原告吃被告。要始终遵从律师职业道德，不断提高律师职业素养。

淡薄情调细水长

唐代诗人刘禹锡在《陋室铭》中提到“斯是陋室，惟吾德馨”，彰显着内心清净，一切外物都不重要的理念。

刘万福，亦如此。

虽然执业以来，刘万福凭借扎实的专业基础和坚定的职业理念实现了名利双收，但他却从未被物欲牵绊。现在，当很多大律师住高楼买豪宅时，刘万福却依然租住在二十多平方米的出租屋内，这让很多业内人士瞠目结舌。刘万福给出的理由是“非淡泊无以明志”，真乃大丈夫也！

刘万福这淡泊的心性，也成就了自己的女儿。目前，刘万福的女儿在美国读博毕业。正是这淡泊的品质，影响着女儿一心钻研，一路驰骋，负笈美国求真知！

由于他的突出贡献，江苏卫视多次邀请刘万福参加节目，为公众进行普法。但刘万福却不收电视台支付的酬劳。他说这是他应该做的，身为一名律师，理应这样为民解忧，为社会解忧。

多年的律师生涯，一般人都吃不消，刘万福也曾经感到疲倦过，但他却苦中作乐。他说任何一个职业都有不易，所谓“一分耕耘一分收获”，有多少辛苦，就有多少回报。行进在律师的大道上，他从未觉得累。

当初学医，刘万福是在为病人治疗身体上的病痛；现在做律师，刘万福是在矫正人心的天平，搭配心理学等诸多学科知识，刘万福的未来之路越发宽广，但他的职业本初，却从未消减。为刘万福摇旗，为司法公正呐喊，相信国家拥有这样的律师，一定会越发繁荣富强！

（摘自中国文化信息协会编：《大国律师》，中国商务出版社 2019 年版。）

10. 万法归一　福报众生
——访江苏刘万福律师事务所主任、一级律师刘万福

一名优秀的律师，必有赤子之心，必有不忘初心的法治仰望和追求。

——题记

30 年前，他以农民身份考入卫校，却热爱法律，利用业余时间参加法律自学

考试，成为第一批法律自考毕业生，并参加全国律师资格统一考试，顺利取得律师执业资格。

20 年前，他因代理一起社会影响深远的案件，接受中央电视台《东方时空》主持人柴静“时空连线”，由央视一套、二套、四套向全世界播出。

10 年前，他受聘南京农业大学兼职教授并设立“刘万福奖学金”，将自己半生的成就用来更好地回报社会，发展法学教育，发扬社会价值。

他就是江苏刘万福律师事务所主任刘万福。

追求公平正义

坚定的信仰和睿智的汗水，是铺就成功之路的基石。刘万福是一个普通农家的孩子，从小就显示出好学上进、能言善辩的品质，被同学们称为“小文豪”。1984 年，刘万福以农民身份考入医校，毕业后被分配到卫生防疫部门从事卫生管理工作。在许多人看来，这是一份值得羡慕的稳定安逸的工作，可刘万福却不安于这种“稳定”。20 世纪 80 年代中期中国改革开放激起了社会变革的巨大浪潮，一批有抱负有理想的热血青年成为时代的“弄潮儿”，刘万福根据自己正直善辩的性格特点，结合国家开展全民义务普法的形势，在 1986 年果断报名参加法律专业自学考试。

“哪里有天才？我是把别人喝咖啡的时间都用在工作上的。”当年鲁迅先生的话成了刘万福最好的写照。当别人娱乐时，刘万福在读书；当别人闲暇时，刘万福在思索，他遨游在法律知识的海洋中，不仅体验到学习的艰辛和乐趣，而且对即将从事的法律职业充满了期待。1990 年，经过三年苦读法学专业毕业后，刘万福参加全国律师资格统一考试，顺利取得律师执业资格，成为第一批法律自考毕业生，找到了自己奉献社会施展才华的崇高目标。1993 年，正式调入律师事务所从事专职律师工作，从此踏上了毕生追求公平正义的律师之路。

翻开刘万福代理过的案件，可谓是硕果累累，他所承办的大案要案多次被中央电视台、凤凰卫视等媒体广为报道，现列举几个以飨读者。

1994 年，刘万福为当地绑架妇女、强奸、盗窃、拐卖人口案中被判死刑的李某进行二审辩护，省高级人民法院采纳其辩护意见，改判李某死缓。

1995 年，刘万福作为当地政府矿产局法律顾问，为安徽、江苏两省之间冶山铁矿权属纠纷提供法律意见书，为两省长期不决的问题提供权威解决思路，受到双方肯定。

1998 年，为被告人王某故意伤害案进行二审辩护，由一审三年徒刑改判为二审无罪释放。

1999年,成功代理邹女士控告某市民警刑讯逼供案,使被告人受到法律制裁,为当事人争取国家赔偿27万多元。

2001年,代理东南大学教授状告南京市"120"急救中心案,被央视《东方时空》"时空连线"采访,与著名主持人柴静讨论案件,由中央电视台一套、二套、四套节目向世界播出。

2002年,成功代理全国首例夫妻"性权利"第一案,被凤凰卫视报道,该案被中国检察学会以"丈夫受伤妻子索赔案——充满人文关怀"评为2002年全国十大最有影响的民事案件,该案于2009年被中央电视台《半边天》栏目为庆祝国庆60周年所制作的大型情感栏目采访报道,2011年被中央气视台《社会与法》栏目作为国庆特别节目再次报道。现为国内多所法学院研究生研讨案例。同年代理张女士状告某知名物业公司强拆案,被中央电视台《今日说法》栏目采访报道,主持人撒贝宁以《建的错,拆的也错》为题向全国人民宣讲此案;参与编写由江苏美术出版社出版的《青少年性健康教育与预防艾滋病读本》(小学版、高中版)。

2003年,免费成功代理女中学生常某娟等四人烧伤索赔400余万元案,被《人民法院报》做专题报道。

彰显律师风采

"相信真理是一种优秀品质,用意志和毅力去追求和捍卫真理,却是全人类高贵精神之所在。"海明威这句话用在刘万福身上再合适不过。

刘万福执业二十多年,办理各类法律案件1300多起,其中不乏在中国乃至世界引起反响的案件。如发生在2002年的一起为女性维护性权利的案件,被国际社会认为是标志着中国对"人权"的维护,由日益增强的社会意识层面走向实际的法律操作层面。在我国传统的观念里,夫妻的性生活是不能公开的,更别说为夫妻性生活受损而讨个说法,因而刘万福律师代理的妻子因丈夫在交通事故中受伤,失妻性生活无法进行而要求索赔的案件,引起了法律界内外的关注,业内称"最富有人性化的判决",媒体称这是"对中国传统道德的一大突破"。

该案始于某单位的自卸车在倒车时将张某撞倒,使张某骨盆骨折,尿道管断裂,治疗后无法进行正常的夫妻生活,张某委托刘万福律师依法为自己索赔。刘律师了解案情后,以其深厚的法律理论功底,结合现代社会发展的现实,敏锐地意识到原告妻子也是此次事件的受害人,依法应得到相应的精神损害赔偿。于是刘万福律师说服张某妻子接受他的代理,勇敢地拿起了法律武器,为自己的“性”福讨个公道。这场维护妇女性权利的特殊官司轰动了社会,刘万福律师在法庭上指出,根据我国相关法律的规定,性权利是身体权利的重要组成部分,神圣不容侵犯。性健康权更是现代人不可或缺的重要基本权利。被告的过错行为极大地损害了原告夫妻神圣、合法的性健康权,为缓解和减轻原告因不健全的夫妻生活而遭受的精神痛苦,被告方应给予精神赔偿。最终法院采纳刘万福律师的意见,支持张某妻子要求赔偿 1 万元精神抚慰金的请求。

这一具有重要意义的特殊案件,被《中国妇女报》《中国青年报》《知音》杂志等各大媒体竞相报道,上海东方电视台制作了专题节目播出。《人民法院报》的民商法专家点评此案。充分肯定了刘万福律师承办的这起案件的开创性意义,填补了我国法律空白。本案被中国检察学会评为“2002 年度中国民事审判十大重大影响案件之一”。澳大利亚第二大报纸《澳大利亚人报》以此案为例,介绍了中国女性的解放,中国律师和法官对女性权利的保护,赞扬了中国法治的进步。刘万福律师精心代理的这一经典案例,不仅使他的名字走出了国门,更为中国法治人性化增添了精彩的一笔。

刘万福常常将办案的成功归结于他早年的从医经历。他认为医生对于病人是救命的希望,而律师是社会的医生,对于当事人来说遇到问题找律师,就像病人找医生一样,渴望帮助以渡难关,责任何其重!律师在办案中的疏忽与渎职,对于当事人来说可能就是灭顶之灾。社会公正的阳光应当通过法律之窗照进每个祈盼的心灵。

采访中,刘万福讲了一起入室杀人案,被告人持凶器到被害人房间,连刺数刀致被害人死亡。当时法院要判被告人死刑。被告人的家人慕名找到刘万福,刘万福在了解案情时发现被害人是一名放高利贷者,常常非法放高利贷导致很多人家破人亡。这次受害人向被告人追偿高利贷,并威胁其若还不上贷款就拿他年轻貌美的妻子偿还,并多次威胁其父母。在一次次威逼面前,被告人忍无可忍干掉了受害人。于是刘万福抓住被害人放高利贷、行凶者现场受辱而激情杀人这两个关键点,指出被害人有严重过错,被告人也是被害人的情节,成功为被告人辩护,最终使被告人免于死刑。

安徽滁州有位黄姓公民,1999 年在山东某市办事期间,被该市警方 3 名警察刑讯逼供致死。案件横跨两省,关系错综复杂,违法主体涉及执法部门,涉足这样的案件无疑有极大的难度和风险。对此，刘万福律师不畏艰险，冒着恐吓、暗算等危险，顶着来自权势部门的干扰、阻挠等多种压力十上山东，运用医学与法律的专业知识，对死因进行了详细调查分析，认定黄系刑讯致死。于是，他大义凛然地走进司法机关为死者鸣冤。在他的奔走呼吁下，案件引起了多方重视，在最高人民检察院、山东省人民检察院、山东省高级人民法院等多家单位共同参与鉴定基础上，又经上海司法鉴定中心补充鉴定，认定黄系多处遭电警棍电击致死。对此，直接参与刑讯逼供的3名警察被判刑，死者家属获得赔偿近25万元，这起险些湮没的涉及司法犯罪的冤案终得昭雪。

2001年，发生一起在全国引起轰动的法律案件：某高校年过六旬的王教授夫妇的32岁儿子在家突然发病，王教授先后三次拨打“120”求救，可救护车在半个小时后才来到距急救中心仅1.3公里的王教授家里，而且医生没有采取积极救治措施，并收费120元，开了一份死亡证明就离开了，一个年轻的生命就此消失。刘万福律师认为，“120”是负有急救责任的公共服务医疗机构，因其过错，造成求救者或亲人的死亡，急救中心应当承担相应责任。于是刘万福律师决定代理王教授夫妇起诉“120”急救中心，将“120”急救中心告上法庭。作为新中国成立以来的第一起状告“120”公共服务业损赔案，此案一出立即引起了社会及媒体的广泛关注。案件审理过程中，中央电视台《东方时空》栏目邀请刘律师作为“时空连线”嘉宾，对该案进行专题讨论。《人民法院报》两会专刊将此案作为中国法院建设五年辉煌成就的典型案例刊发。这起案例填补了我国法律实践的空白，产生了积极而深远的社会影响，也使刘万福律师一案成名。

荡尽迷雾见天日，彩虹总在风雨后。刘万福用一次次崇高的良知感应，一个个独到的专业见解，一场场激烈的法庭交锋，深刻地挖掘出了法律与帮助是如何结合在一起的真谛。

树立行业新风

在非洲广袤的大草原上，有一句古老的谚语：要想走得快，那就一个人走；若要走得远，那就一起走。这句谚语赋予了非洲人民的生存智慧，更启迪了无数人的人生。刘万福认为，当今社会依靠单打独斗是远远不行的。

刘万福创建南京地区第一家个人制律师事务所——江苏刘万福律师事务所。律师所位于南京市广州路江苏科技大厦，毗邻南京市中级人民法院和南京大学，交通方便，环境高雅，律所配置现代化的办公设施，部分工作人员具有研究生学历或高级职称，各有专业特长，优势互补，精诚合作。

律师事务所所训为“正心、明法、乐义、立人”，以“忠于法律，忠于当事人的合法权益”为服务宗旨，倡导“负责公民”的价值观；以“睿思、精进、致远”为执业理念和工作要求；以“树新风正气，立典型榜样，助年轻律师”为长期奋斗目标。

在刘万福律师事务所，有一块最醒目的牌匾“以感恩的心做好人，以负责的行为做对事”。

刘万福告诉笔者，这句格言浓缩了律所的文化。做人要有感恩的心，做好人包含两层意义：人生都要做一个好人，具体生活中把人做好；做事都要认真，做对事也包含两层意义：全局上做对的事情，局部按科学做事。刘万福认为律师事务所所训应具备浓厚的文化底蕴；体现律师业传承法律文明、维护公平正义之精神；体现律师业专业服务的特色；更需与时俱进。刘万福律师事务所原所训为“万法归一，福报社会”，体现的特征较抽象。但刘万福后来在中国政法大学学习时，请教郭世佑教授，确立新所训为：“正心明法、乐义立人”。刘万福说，新所训四词八字，动宾结构，平仄押韵，大气恢宏。“正心”：取自《大学》“欲修其身者，先正其心”。法者乃国家精英，肩负维护社会公正重任，须很高的道德修养，完成这一修炼的前提是心术正，有为社会负责之心。律师为法者，当正心。“明法”：取自庄子《知北游》上“四时有明法”。这里借指法律如四季分明，是科学，是规则，向社会人明示；法律人应精通法理，用法普法，彰显法律公正。“乐义”：取自孟子语。原意为君子好义，以义为乐。这里意为法律人敬法乐善，甘担道义；律师工作兼具义与利，当以义为先，依道得利。“立人”：取自《周易》。立人之道，曰“仁与义”。这里指法律人应顶天立地，像法律人的样子；法律人通过自己辛勤工作，帮助他人成长；也寓意刘万福律师事务所致力培养年轻律师成长为优秀的法律人。

刘万福介绍说，律师所主要业务包括：刑事辩护、民事代理、商事仲裁、国际合作业务、劳动争议、公司业务、合同业务、房地产业务、常年法律顾问和专题讲座。律师所力求把每一个案件都办成经典案件，聘请若干行业专家成立顾问委员会、为业务工作提供权威建议和指导，自 2006 年 12 月成立至今，已为十多家企事业单位连续提供常年法律顾问服务，个案委托人遍及苏、浙、沪、皖等十几个省市，与有关政府机关、媒体单位和外地同人保持良好的协作关系和沟通渠道。“金杯银杯不如老百姓的口碑”，律所力求以高素质的人才、高效率的工作和高品质的服务赢取每一位当事人的口碑。

在刘万福的努力下，刘万福律师事务所作为唯一律师事务所协办“首届江苏省行政执法人员知识大赛总决赛”并担任评委，由江苏卫视向全国转播；受江苏省人大邀请参与《江苏省志愿者条例》立法起草工作；同年以《刘万福——为民主与进步而执言》一文与美国劳工部部长赵小兰之母作为代表人物同被收入《皖东文史·纪念中国农村改革30周年专辑》。

2009年8月，刘万福受全国律协邀请作为嘉宾参加第八届中国律师论坛，发表“论个人制律师所的战略战术”主题演讲；受省政府之邀参加“《江苏省城乡规划条例(草案)》立法辩论会”；同年9月，撰写《发挥科学规划在法治城市建设中的积极作用》，在“法治江苏建设高层论坛”上作大会发言并获奖。

2012年10月，刘万福受聘南京农业大学人文与发展学院兼职教授，在法律系首次设立“刘万福奖学金”。谈起奖学金，刘万福表示之所以在农业大学设立奖学金，是因为他出身农民，与农民有着天然的联系，时刻关注着农业、农村、农民的发展，希望农业大学的法律系学生多研究农业法律，为“三农”法治建设多做贡献。同时也表示，以后会为学生的教学实践以及实习提供力所能及的帮助。刘万福深入浅出、见解精辟的讲话赢得了在座领导和老师、学生的热烈掌声。

奋力谱写新篇

律师，也许是当今社会最受争议的职业之一。一方面，律师应当责无旁贷地担负起维护法律尊严和社会公正的重任，为社会各界所期待。另一方面，少数律师在现实社会中履职的种种行为，却让人们难以言说。如重庆打黑活动中，某律师竟然为了金钱和黑势力串通，在一些国有资产流失案件的背后也常常看到律师的幕后黑手，对律师的负面评价在社会上也屡见不鲜。然而，当笔者通过与刘万福进行一番深入浅出的交流后，产生了一种强烈的感受：刘万福无疑是这个时代最坚持法律人道德操守的执业者。

在江苏乃至全国，刘万福律师以其丰硕的业绩受到业内外瞩目，2004年《中国律师》杂志以“善于叫板的法律信仰者——解读刘万福律师的执业感悟”安排专版，2005年江苏省司法厅、江苏省律师协会联合授予他“江苏省十佳律师”荣誉称号，连续七年被评为江苏省直律师所先进个人，中华全国律师协会邀请他在第八届中国律师论坛作“个人制律师事务所发展的战略战术”主题演讲……

刘万福在很多场合公开宣称,自己的执业理念是"律师不是商人,律师是正直、正义和智慧的化身;作为律师,首要的是负有社会责任感,做社会公平正义的守护者;我做过医生,最能感受到律师作为社会医生的责任做一名优秀律师,是我孜孜追求的目标"。他是这么说的,也是这么做的。

采访中,刘万福始终把"厚道做人,认真做事"当成自己的座右铭。多年来他也正是用这样的理念培养自己的女儿。"女儿出生七天我考取律师,她遗传了我的正直品行。为了有效培育女儿,我放弃很多个人喜好,一心一意教育孩子,言传身教,专注成长过程,有不足,及时纠正。"刘万福说。

受父亲刘万福长期言传身教,其聪明伶俐的女儿同样天资聪慧,2011 年以新闻专业学生的身份参加全国统一司法考试,以 442 分的高分一次性通过,且于 2014 年取得美国马里兰大学法律硕士学位,2019 年女儿取得马里兰大学法律博士学位后以高出录取线 41 分的成绩获得纽约律师证,可在中美两地执业。2016 年刘万福与女儿共同撰写《工业化进展较快地区农业生态环境保护的法律规制——以苏锡常地区为例》论文,参加"中德法学论坛——关于现代社会农业问题的法律应对",作大会发言,该论文被德方收入《农业法研究丛书》,以德文出版。

面对儒雅、沉稳、坦诚的刘万福律师,听着他娓娓道来的心路经历,一种对自己所从事的职业充满尊重和责任的使命意识,洋溢在这位著名律师的眉宇之间。谈起自己的规划,刘万福谦虚地说没有规划,顺其自然,做好自己该做的事最重要。

寒来暑往,冬去春来。刘万福转眼已经在预防医学及律师行业摸爬滚打了三十六个春秋。但笔者面前的他根本没有五十多岁人的容颜,反而像四十多岁事业有成的中年人。笔者好奇地问他有什么养生秘诀,刘万福幽默地说,在养生方面就七个字:"心底无私天地宽。"

朴实的微笑,温暖的话语,耐心的答复,无论是面对笔者还是面对当事人,无论是面对同事还是友人,刘万福都以设身处地的换位角度为他人着想。这就是刘万福,"正心、明法、乐义、立人"诚信、笃行、责任、共赢的发展理念,像一颗颗异彩纷呈的珍珠,与刘万福律师事务所团队核心价值观相映生辉,昭示着新时期法律人的赤诚情怀和正义本色。"乘风破浪会有时,直挂云帆济沧海。"愿刘万福和他的律师团队飞得更高,走得更远!

[摘自朱妍:《对话律师》("中国优秀律师访谈录"),中国商务出版社 2021 年版。]

附：

1.“天道酬勤”——女儿的司法考试感悟

我是一名大四在校生，本科专业是广播电视新闻，在去年的司法考试中以442分一次通过。对我这次考试通关的经验，我总结了以下几点：

一、必胜的信念

态度决定一切。中考时适用这句话，高考适用这句话，到了司考同样适用。而这里所谓的态度，就是必胜的信念。早在2010年我有了报考司考的打算时，就决心要努力通过司考。通过这次司考就是本年度我的硬性指标，不过不行。现在回头看，不是这样的压力，我可能根本过不了司考。很难想象一个一开始就抱着试一试，过不过都无所谓心态的人能在酷暑中潜心修学，除非你是天才，如果没有这个天分，态度最好还是端正点。

二、潜心向学

有了积极的态度，接下来就是实际的行动。司考是考试，考试之前都要学习，学习中专心很重要，专心让我进入学习的角色中去，沉浸在司考的各种法条法规中，深入进去把每个知识点弄懂，这是我通过司考的最大秘诀。高中时老师告诉我们：一分知识的获得需要之前至少三分基础知识的积累，才能真正弄懂它。对这句话我一直深有感触，因为我常常发现，如果在之前的学习中有一个地方没搞明白，后面很多知识的学习就没法进行，司考的学习是一样的。比如民法中的担保物权对我来讲就是难点，我曾经花了很长时间去网上查找担保物权的概念、外延，并把担保物权中的抵押、留置、质押进行各种排列组合，放到不同的情况中比较，前后不下七八次的钻研才彻底搞清楚。

三、一点慧根加正气

爱迪生早说过，成功等于99%的汗水加1%的智慧。在司考中，我认为慧根体现在对法理的理解上。举个司考中最常识性的例子：“一个小偷攀着一楼违法安装的防盗窗，从而得以去到二楼行窃，问一楼是不是盗窃罪共犯？”答：一楼无罪。这道题具有很强的“忽悠性”，遇到这种题时，我的办法就是牢记每个部门法的最基本原则，这些原则往往是最重要但也最容易被忽略的，把自己想象成法官，做每道题就是判一个案件，看是否适用最基本的原则，不适用的一定是错的，不管司法考试题再怎么“忽悠”，你都能很坚定地选择正确的答案。

另外就是正气，记得我父亲常跟我讲："做一个法律人，就是要有正气，做正人君子，运用良知和智慧判定世事的是非曲直。"我想这也是司法考试的精髓所在。

（2012 年发表于《中国律师》第 3 期，刘月竹著）

2."刘万福奖学金"获得者的一封信

尊敬的刘律师您好：

我是法学二班 c 同学，在上周的今天，我参加了"刘万福奖学金"的评选，并在评选中获此殊荣。今天我想在这里写一些我想对刘律师说的话。

在这几天对刘万福律师的了解中，除了对刘律师的专业能力的敬佩，我更是被刘律师的品质而深深感动，在您的朋友圈中我了解到您出身贫农家庭，持续九年为农业大学学子颁发奖学金，希望有更多的农业学子能投身于"三农"的法治问题。在您的朋友圈中读到这一句话时，我的眼睛有一些湿润，我来自 h 省 g 市 m 村，我的父母是地地道道的农民，小时候会和妈妈一起到地里"掰棒子"，到大街上"晒麦子。"在我的老家，一个女孩子只要读到高中就已经是完成了她的"使命"。但是，我的爸爸妈妈一直在尽力供我读书，高中的时候把我送到了全省最好的中学——h 中学，大学的时候，父母又希望我努力看到更大的世界。我没有城市孩子从出身就与生俱来的骄傲感，只希望自己可以成为父母的骄傲就可以。但是刘律师您的身体力行都在为我树立着榜样，哪怕我出身于农村，也不用感到自卑，只要不断地向下扎根，就能不断地向上攀爬，向上成长，您不仅是我在职业道路上的榜样，更是我在人生道路上努力的标杆，您告诉我：农民的孩子也可以站得高，走得好。您的奉献精神也让我无比为之感动，出身农村，又把对后人的嘱托传递给更多的来自农村的学子，在今后的学习生活中，我一定以您为榜样，牢记您的嘱托，先成人，再用自己的能力回馈给帮助过自己的人和更多需要帮助的人。正如您一样，帮助贫苦农民工免费打官司、为农民家庭维权。

在上周您为我们所作的讲座中，至今回想起来仍是余音绕梁，您的高山景行让我敬佩。您作为一位法律人的感悟，为我们后辈在今后的路上指点迷津，"正心、明法、逻辑与经验"在您鞭辟入里的讲解中，我感受到在物欲横流的世界里您保持本真，在人云亦云的舆论喧嚣中您清醒与独立。还有让我佩服的是作为一名优秀律师，您的丰厚的学识，不仅仅局限于法学的门类当中，您同时精通公共卫生、社会学等多门学科,丰富的学识储备也让您在人云亦云的时候,却能提出自己的见解,这是我做不到的。您的人生三情的探讨“家国情怀、个人学习与工作的情感、生活情调”更是凸显刘律师的独到见解,对于我们的学习生活、小我与大我的成长,都具有深远的意义。

感谢刘律师的信任,也感谢您的谆谆教导与无私帮助!后辈定当不负韶华!

最后祝您身体健康,工作顺利!

2020 年 12 月 11 日星期五

南京农业大学 C 同学

(尊重 C 同学本人意见,全文个人信息以字母表达)

第五章

悟——万福箴言

第一部分:法

1.“职业道德是最大的道德”,律师的尽职辩护和代理是依法履行职业道德,无可厚非。除非接案时作出选择,不然当事人的行为导致律师的内心不安是律师必然承受的煎熬。守住良知则世人理解之。

2. 法律人良知为要,其次是经验判断,然后是收集证据逻辑应用法律。

3. 法庭是律师的主战场,值得律师坚守。

4. 法律人就是把百姓简单的法律之理书面化,而不能造词编句把简单的问题复杂化。

5. 真正的高智商者不会干危害社会的事,因为危害社会的本质是危害自己。

6. 只有貌似聪明或自以为聪明的人才会挑战社会规则、危害他人和社会,最终毁灭自己。

7. 法律一般只辨别是非曲直,不强调经济利益。

8. 法律人维护公平正义关注案件社会效果,商人关注利益重经济效益。

9. 社会人通情达理且人性化就是最好的法治。

10. 良知法律人追求的美,就是发现社会中的不公被正义伸张之美。

11. 法律是用来定分止争、惩恶扬善、维护社会公正秩序的国家武器。

12. 法律人不能心术不正玩弄法律而与法律的公平正义背道而驰。

13. 在特定的时间、空间里相信邪恶的力量,这是法治的最大不幸。

14. 律师不是商人,尽管律师事务所有经营性质。

15. 律师思维是找规则,是遵循先例的轨迹,运用类比推理的方式得出结论,是靠实践及常识经验判断真相,关键要基于良知做支撑来思考。

16. 有人对受害方要求极其严苛,对非法侵害方极其宽容,无非为自己可能的邪恶留后路。

17. 社会如果没有公正,所有人都是受害者,包括破坏公正的人。

18. 律师的本质特征就是像中医专家一样,亲自为委托人的难事望闻问切、辨证施治,最终依法维权。

19. 认知层次可能不同,法律面前人人平等。

20. 徒法不足以自行,徒思不足以成想,知行、行知,合一方行。

21. 法律人应是半神半人,切忌半人半鬼。

22. 只有内心敬畏法律,才能外行遵守法律。

23. 律师、医师、教师性质一致。律师不能包打赢官司;医师不能包治好疾病;教师不能包学生成才。然三师仍是人间的高尚职业。

24. 法律人要培养良知品质、增强责任意识、提升认知能力才是正道。

25. 法律是维护公平正义的,法律人不能玩弄司法谋私利。

26. 辩论的价值在于使事物回归本真,使道理更加清晰,使疑惑得以解决,最终使胜利的一方能坚持他的主见,让失败的一方也能得到真理。

27. 刑事法庭是控辩双方让审判法官查明事实的神圣地,不是各方争强斗狠的表演场。

28. 人说德不近佛才不近仙者不可为医;我说:德无良知才缺法慧者不可为律。

29. 司法腐败侵蚀人类社会文明根基,律师不仅应避免参与,更须勇敢战斗。

30. 遏制物欲贪念本质在于认知:一是敬畏法律之心,不取不道义之财,推演不利后果;二是提升道德修养,世界是大家的,大家好才是真的好。

31. 正常生活的经验是法律常识基础。法律的生命是良知、责任和专业经验。

32. 真正的好律师是法律之师,是公正之师,是良知之师;是战士,是勇士,是谋士;是责任,是担当,是荣誉。

第二部分:理

1. 人生首先要管控好自己的学习、工作和生活,然后才能真正赡养好父母,有效抚育好子女。

2. “自学”是最好的自我学习,“言传身教”是最好的子女培育,“以身作则”是最好的影响他人。

3. 人生正道是坦途,科学发展才是硬道理,走适合自己的正道,坦然让别人去评说。

4. 正确方向的努力基本会成功,真正的良知就是是非清楚、爱憎分明、善恶有报。

5. 信仰是安放灵魂的地方,万物皆有道,道德经世方。

6. 医生——仁术天使;律师——公正之贤;教授——博爱之圣;军人——威武之魂;参政议政——清正爱民。

7. 人来处无法选择,去地可自由抉择。

8. 以感恩的心做好人,以负责的行为做对事。

9. 奋斗会有成绩,好人皆被认可。

10. 人间博弈要有智慧,有效抱团更有力量。

11. 世人有三心:歪心、正心、爱心。歪心:自私不管他人,邪恶破坏他人。正心:正态和谐之心,君子之心,合理需求,利己益人。爱心:圣贤达观,克己利人,无私奉献。

12. 世人分二意:利己之意、利他之意。

13. 成功者,一是内强素质:专业、文化、良知;二是外树形象:亲和、口碑、良媒;三是社会责任:公心、爱行、公益。

14. 凭良知负责任、敢担当者,即使胸无半点笔墨仍是有识高人。

15. 君子三品:简单、简洁、简朴;正心、正行、正义;仁慈、仁爱、仁性。

16. 修行在“志”“意”“心”“身”四界,用志当人无争、用意当人无敌、用心当人知苦、用身当人搅扰。

17. 好书自有颜如玉和聚宝盆,不读书易入无知列,无知者无畏,无畏者基本无耻,无耻者一般会天诛地灭。

18. 人生应该走适合自己的路,不要总想着跟别人相比,至少也不应该与他人比惨。

19. 健而美的本质是身、心、灵的和谐,和谐的基础是善良。

20. 地球资源有限,人类贪得无厌必然灾难不断,想安宁,请低碳。

21. 个人的社会公德、职业道德、家庭美德若都在正道上,则可期寿终正寝。

22. 做人要厚道,其他都好说。

23. 歪道也是道,但它终究是歪的。

24. 成功就是没有干坏事还好好的活着;若是干好事又活得很好,那是巨大的成功。

25. 大道至简、简而又简、幸福永远。

26. 敬畏自然、敬畏法律、简单生活，则人生安宁。

27. 诚信做人、认真做事，则人生成功可待。

28. 透过现象看本质，亲历感受方醒悟。

29. 独处是保持思考的过程，是保持自我的必要，是真正成长的幸福时光。

30. 活出简单才能参悟人生。

31. 社会人不思考就盲目跟风的疯狂，结果一般是真疯抓狂。

32. 常说开卷有益，实则知行合一、良知善行才是文明真谛。

33. 悟道之人乃有道之士，不信你试试。

34. 在法盲充斥的地方，谈不上正常生活，更无质量生活。

35. 人与人之间、人与物之间及人与自然之间的关系，应该是简而又简，真而又真。

36. 法的一切功能根源于“道”，法的表现为“有形”“显明”，其背后却隐藏着无形幽微的大道。

37. 知识与财富的关系，两者一般呈正相关。

38. 物质生活可能淡然无华，精神生活可以妙趣横生。

39. 孟子曰：人之异于禽兽几希！万福言：读好书，做君子与禽兽远矣！

40. 自律是打磨成功人生的工具，自信是人生成功的精髓，自强是人生成功的脊梁。

41. 快意人生就是在适合自己的正道上行的过程。

42. 能否找到适合自己的正道是衡量人的智慧高低及行为优劣的标准。

43. 知行或行知决定行为效率高低，量力而行。

44. 智力决定选择，选择决定行动，行动决定命运。

45. 正确的教育要完成：仁者有对己对家庭对社会的责任心和合乎法、理、情的社会行为。

46. 家庭是社会的细胞，细胞的健康是肌体正常的基础。

47. 人们对钱的态度表达其灵魂的高度。

48. 生活很简单，不要让愚昧蒙蔽双眼而迷失人生的方向。

49. 人生成功的关键在于选择对社会有积极意义且适合自己的路，然后就是坚持不懈地前行。

50. 青年与老年的代沟问题本质是两代人“三观”不一致的问题。正确的“三观”人之间不存在年龄等因素障碍,毕竟英雄所见略同。

51. 命运在自己把握,大爱者大功大得。

52. 人还是要做好自己活出自我才是真成功。

53. 顺应自然活着,静待因果显灵。

54. 社会要发展,只有科学发展才是硬道理。

55. 生就是活着,命就是价值。学习能力决定生命的贵贱。

56. 极简的本质是节约、责任、担当。毕竟地球生存资源有限,人类还想延续,个人占用少点也是行善、积德、聚福。

第三部分:情

1. 亲情,天然的血亲、拟制血亲和姻亲,血浓于水,应倍加珍惜。

2. 友情,社会关系互动中的志同道合者,利益关联时避免狐朋狗友。

3. 爱情,异性间的美好情感交流,基本在基因层面的相互吸引。

4. 真情,真挚真诚真切的情感,人生难得有真情。

5. 珍情,珍贵的情感,值得珍惜。

6. 君子的“三好”即品格:好真、好善、好美。

7. 君子的“三性”即品性:人性善、理性智、血性强。

8. 君子的“三情”即品位:家国情怀、工作情感、生活情调。

9. 人间自有真情在,只看良知存否爱。

10. 心情是健康之本,可医病、可致命、可青春、可仙命。

11. 人心美好而可爱,人相可爱而美好,心相皆美神逍遥。

12. 青年浪漫情,中年恬淡情,老年温馨情。“三情”皆有则人生多情。

13. 人生路长行难注,正道观人景无数。

14. 天灾人祸持续处,静思返朴幸福驻。

15. 歌德说:“责任就是对自己要求去做的事情有一种爱。”路遥说:“你应该在短暂的岁月里,真正活得不负众爱。”万福说:“二位大师高悟,我努力活着只为爱。”

幸福之语:

1. 幸福的本质是理性科学行为上的自我满足;是自我人生正能量成长;是

自我通过对家人和社会表达出爱的价值。如此才是真正意义上的幸福，食欲、性欲、物欲的满足只能是一时产生多巴胺的快乐，幸福是在科学用心用行付出后持续产生内啡肽的感受。

2. 幸福不是个人短时间的生理快感，而是一个人对他人和社会有益付出后所具有的长时间精神富足感受。这种美好的感受状态来之不易，只有以感恩之心做好人，做对事，活着对社会有益，才是真正的幸福人生。

3. 人生对知识多采易被人需要，对生活少求方可心中无缺。

4. 热爱是最好的老师，自学更易成才。

5. 人不善良和不知敬畏，则易坠入禽兽不如之境。

6. 世界虽存暴虐，我当回声爱歌。

7. 只要温饱无忧，则雪花装点的世界格外静美。

8. 做好自己，才能帮助别人，有益社会。

9. 可以实力不及，务必诚信不欺，坚持厚道做人，天荒地老可期。

10. 良情善爱就是修己达人。

11. 俭朴人生就是修行成就，落入世俗就是将就人生。

12. 自律才能真自由，独立才能真思考，有爱才能真幸福。

13. 醉翁之意不在酒，山水之间亦醉翁。

14. 善恶皆报是世间简单的天理、国法、人情之理，善念良举并行是人生幸福之源。

15. 人生的意义是体验生命的过程，是感受成长、成熟、成就的味道，只要懂得珍惜、互助和奉献，就会感悟物质和精神统一的幸福。

16. 自律就是自觉地敬畏法律，顺应天律。

17. 人生理想 90 年：

前 30 年生长、学习、积累；

中 30 年奋斗、奉献、成熟；

后 30 年幸福、升华、善终。

附　录

一、刘万福简历

1963.12.14 晨出生于安徽省明光市张八岭镇柴郢村平湖自然村（原嘉山县嘉山集公社平湖大队）；

1971.2—1977.12 平湖小学读一至五年级及尹集农业初中读初一、初二；

1978.2—1979.8 嘉山集初级中学读初二、初三，休学一年在家参加完整的农村四季劳动；

1979.9—1981.7 嘉山集初中三年级毕业考取嘉山县一中，复读一年考取中专学校；

1981.9—1984.7 安徽巢湖卫校公共卫生专业学习、滁县地区卫生防疫站、地区第一、第二人民医院实习；

1984.7—1992.12 滁县地区卫生防疫站卫生科专职环境卫生监督监测管理工作，任安徽省预防医学会环境分会会员；

1992.1—1992.12 滁县地区第一律师事务所兼职实习；

1986.9—1998.12 参加安徽大学法律专科、本科自学考试毕业，获学士学位；

1990.8 通过全国律师资格统一考试；

1993.1—2000.5 滁州市第一律师事务所、经济律师事务所任专职律师，四级律师；环滁律师事务所任合伙人，三级律师；

1996.7—2013.11 参加安徽预备役师，从上尉晋升少校军衔；

1997.2 至今加入中国民主促进会，担任省内部监督委员会委员等职；

1998.4—2000.5 参加南京大学研究生院举办的政府管理学院（原社会工程与管理学院）行政管理与社会学专业在职研究生班学习；

2000.6—2002.6 参加中科院心理学研究所“心理咨询与治疗”专业学习；

2000.6—2006.11 在江苏省直属律师事务所（伟德嘉、钟山明镜、博士达、当

代国安)任专职律师、合伙人,二级律师;

2005.12 江苏省司法厅和江苏省律师协会授予"江苏省十佳律师";

2006.12 创办南京地区首家个人制律师事务所——江苏刘万福律师事务所;

2009.9—2013.7 参加中国政法大学国际法学院国际法专业在职博士班、南京大学国学班及东南大学 EMBA 在职学习,获硕士学位;

2011.10 被江苏省司法厅和江苏省人事和社会保障厅联合评为一级律师;

2012.10 至今任南京农业大学兼职教授,设立十年"刘万福奖学金";

2014.4—2019.4 任省律协环境与资源业务委员会主任,撰写相关文章在《群众》杂志 2018 年第 5 期发表;

2015.12 至今任江苏省法学会农业与农村法治研究会副会长,撰写专业论文参加中德法学论坛并在德国《农业法丛书》发表;

2018.4—2021.10 参加亚洲城市大学 DBA 学习,获博士学位;

2020.1—2020.7 参加女儿纽约律师宣誓仪式,因疫情在纽约逗留半年;

2021.11—2022.3 参加家庭教育指导师学习,取得高级资格证书;

2021.12—2022.12 完成《律行天下》书稿。

二、刘万福38年职业生涯大事记

1. 参加安徽省卫生防疫站大气监测质检班学习并顺利毕业　1985.3

2. 撰写学术论文《滁县地区居民生活饮用水水质及水性疾病的调查》被安徽省预防医学会评为1987—1989年度三好优秀论文　1990

3. 安徽大学法律专科自学考试毕业　1989.12

4. 通过全国律师资格统一考试　1990.8

5. 由卫生防疫站调入律师事务所任专职律师　1992.12

6. 办理刑事案件,为被告人进行无罪辩护最终当庭释放　1993

7. 办理刑事案件,为被告人进行二审辩护,死刑立执改判死缓　1994

8. 加入滁州预备役师授上尉军衔　1996.7

9. 加入中国民主促进会组织　1997.2

10. 辞去公职创办滁州第一家"合伙制"律师事务所　1998.5

11. 转入江苏省会城市南京加入省直律师事务所专职律师执业　2000.6

12. 代理南大、东大教授夫妇状告"120"急救中心案央视报道　2002.1

13. 全国首例以"侵害性健康权利"的名义要求精神损害赔偿获得胜诉　2002.1

14. 为南京医科大学公共卫生硕士专业学位的学生讲授"卫生监督"课程　2003.6

15. 安徽省军区命令晋升少校军衔　2003.6

16. 中国滁州醉翁亭文化旅游节开幕式邀请外宾参加活动,接受滁州电视台采访　2003.10

17. 为滁州学院部分师生讲座"充分准备,创造精彩人生"　2004.6

18. 参与预备役炮兵团首长机关室内战术演练　2004.9

19. 为齐齐哈尔市中医院讲座医院改制的法律规制　2004.11

20. 受邀参加在北京人民大会堂举办的"首届中国性科学高级论坛暨中国性学会成立十周年庆典"活动　2004.10

21. 中华人民共和国司法部法律服务业开放与管理专题研讨会参会并写专题汇报　2005.12

22. 江苏省司法行政工作会议十佳律师表彰参会接受表彰　2005.12.29

23. 江苏省律师协会秘书处捐赠希望小学捐资并代表发言　2006

24. 南京大学法学院法硕论坛第 24 期讲座《在规则与现实之间》2006. 6. 6 下午 6 点

25. 江苏交通广播网五周年庆典慈善酒会　受邀参加活动并捐资　2006. 7

26.《滁州年鉴》2006 卷　作为唯一新闻人物收录　2006. 7

27. 江苏省第二届律师辩论大赛总决赛出题:《谁动了我的西瓜和谁之过》2006. 8

28. 刘万福律师所开业。演讲《以感恩的心做好人,以负责的行为做对事》2007. 1. 8

29.《江苏省志愿服务条例》负责编写第六章法律责任　2007. 3

30. 中国网络律师:律师与现代网络技术高层论坛参会作专题演讲　2007. 8

31. 参加第五届华东律师论坛　《个人律所文化建设》获奖　2007. 9

32. 江苏省首届行政执法人员知识大赛总决赛唯一协办单位并担任评委2007. 12

33. 首届江苏律师事务所所标汇萃　江苏刘万福律师事务所所标入选2007. 12

34. 参加南京师范大学法学院等举办的全国量刑规范化学术研讨会　参会发言 2009. 6

35. 第八届中国律师论坛受邀参会并演讲:《论个人制所的战略战术》 2009. 8. 13

36. 2009 年法治江苏建设高层论坛论文《发挥科学规划在法治城市建设中的积极作用》获三等奖并作大会发言　2009. 8

37. 中国政法大学在职法学博士研究生班同学会成立大会受邀参与会议2009. 11

38. 全省个人律师事务所负责人培训班　受邀参与培训　2009. 12

39. “开拓 奋进 创新 辉煌——行进中江苏律师”以省律协宣传工作委员会副主任参与　2010. 6

40. 参加 2010 年法治江苏建设高层论坛　发表《论法律职业共同体的关系》　2010. 7

41. 参加首届生活方式与健康国际论坛世界健康生活方式促进会联合总会成立大会　2010. 9

42. EMBA 美国游学　美国福特汉姆大学培训证书　2011. 5. 22—2011. 6. 5

43. 在上海参加三校名师全国司法考试过关学员庆功会　代表学员家长发言　2011. 12

44. 2011 年“十二五”国家重点出版规划 400 种精品项目规划目录　主讲《农村生活百科知识——常用法律知识》音像片由凤凰出版集团发行，被国家新闻出版总署确认入选　2011

45. 江苏省律师协会省直属分会第五次律师代表大会参会当选常务理事 2011. 7

46. 中国公共关系协会第五次全国会员代表大会人民大会堂参会当选常务理事　金色大厅晚宴献歌《天堂》　2011. 9

47. 参加省律师协会宣传活动　前往新疆甘肃考察学习　2011. 9

48. 三届法博名师大讲堂暨刑事司法论坛　受邀参会　2011. 12

49. 个人制律师事务所与社会管理创新论坛暨江苏刘万福律师事务所五周年庆典　2011. 12. 29

50. 参加省“苏港人才培训合作项目”“千人赴港培训计划”赴香港大学培训　2012. 5. 29—2012. 6. 4

51. 江苏省品牌学会成立，参与会议并当选为理事会理事　2013. 1

52. 2013 年 EMBA 德国游学于 5 月 29 日参加下萨克森州管理学习，获得 management-training der Deutschen management Akademie Niedersachsen teilgenommen 证书　2013. 5. 28—2013. 6. 8

53. 接待美国驻中国大使馆法律顾问雷心一先生一行来所访问　2013. 7

54. 撰写《律师服务法治政府建设社会》文章赴京参与会议作大会发言　2013. 8. 10

55. 市中级人民法院律师与法官座谈会受邀参会发言（发言内容发全市法官）2013. 10. 18

56. 江苏省工商联（商会）律师顾问团成立大会参会担任法律顾问成员　2013. 12. 27

57. 参加马里兰大学硕士毕业典礼　女儿马里兰大学硕士毕业　2014. 5

58. 团省委组织江苏省志愿服务条例制定工作参与制作条例负责法律责任部分　2014. 6

59. 参加方圆杂志在清华大学举办的个人律师事务所：“中国前景与战略”

研讨会参会演讲:《个人所文化“智”胜的战略与措施》 2014.6

60. 竞聘当选省律协首届省环境与资源法专业委员会主任 2014.4

61. 2014 年江苏省融资性担保机构高管培训班 讲座《担保机构运营中的法律事务和担保机构不良资产处置》 2014.7

62.《新华日报》:《飞扬青春》 炫彩江苏为青运会寄语 2014.8

63. 全国律协环境法学会会议前往深圳参与会议 2014.9.13

64. 首届中医科学大会 在北京参会与卫校部分同学相聚(与中国医学科学学院何玉先同学面聊) 2014.11

65. 南京市企业互联网转型研究会成立大会暨南京市第一届“互联网+”论坛参与会议任第一届常务理事 2015.4.7

66. 2015 年民进企业家培训班中央社会主义学院培训 2015.8

67. 江苏省法学会农业与农村法治研究会成立大会暨首届年会当选为副会长 2015.12

68. 经济新常态与经济法理论研讨会暨江苏省法学经济法学研究会 2015 年年会作为“经济新常态与相关法律制度”的主持人参与会议 2015.12.12

69. 在南京大学-哥廷根大学中德法学研究所联合“中德法学论坛”演讲,《工业化进展较快地区农业生态环境保护的法律规制——以江苏省苏锡常地区作为研究样本》 德文文章发表 2016.3.17-18

70. 东南大学辅修课堂讲座《透过雾霾的思考》 2016.6.29

71. 中华全国律师协会行政法专业委员会 2016 年会暨研讨会 以委员身份参加会议 2016.9

72. 在北京参加中国环境科学学会环境法学分会会议 2016.10

73. 首届苏浙沪律师行业合作发展论坛在常熟市参会 2016.11

74. 参加《江苏省医疗纠纷处理条例》立法讨论,建议被省人大常委会基本采纳 2016.12.16

75. 受邀参加江苏教育学院举办的全国“平安幼儿园”负责人培训活动。作题为《责任担当 依法治园》普法专题讲座 2017.10

76. 江苏省法学会、安徽省法学会、上海市法学会、扬州市法学会、江苏刘万福律师事务所会员之声“民间借贷”专题论坛 于扬州作为论坛承办方,发表主题演讲并作总结发言 2017.11.21

77. 于上海锦江饭店参与第三届绿色发展环境法律风险管理高峰论坛 2017.

12. 14

78. 首届茅山生态道馆论坛　受邀发表论文并作大会演讲　2018. 8. 17—19

79. 参加第三届中国—欧盟文化艺术节　前往荷兰比利时、法国等地参观　2018. 8. 30

80. 民进江苏省十届三次常委会列席会议，参观西柏坡　2019. 4. 15—2019. 4. 17

81. 马里兰大学博士毕业典礼活动　参加女儿马里兰大学博士毕业　2019. 5. 16

82. 参加律协行政法委员会：律师与全面依法治国研讨会　2019. 10. 11

83. 江苏省海外联谊会五届一次代表大会受邀参加会议当选常务理事　2019. 11

84. 民进江苏省十届四次全委会议　作为监察委员会委员列席　2019. 12. 17

85. 中国土地法之光——新中国成立 70 周年“三农”法治论坛暨江苏省法学会农业与农村法治研究会 2019 年年会　以副会长身份主持　2019. 11. 30

86. 接待美国驻中国大使馆司法部法律顾问杜希凯先生来所访问　2019. 11. 27

87. 前往云南墨江哈尼族自治县法院开庭　顺游昆明滇池龙王庙道观　2019. 12. 4

88. 赴美国奥尔巴尼纽约州律师宣誓仪式参加刘月竹纽约律师宣誓　2020. 1. 23

89. 江苏省海外联谊会法律事务委员会参与会议　2020. 9. 4

90. 省委统战部组织的“侨情专题调研座谈会”省委常委杨岳参加　受邀参会并作专题发言　2020. 9. 25

91. 江苏省海外联谊会五届二次常务理事会暨江苏“一带一路”国际法律服务联盟成立大会受邀参会

92. 民进省直综合三支部与民进滁州琅琊支部共建活动座谈会担任主持人　2020. 11. 15

93. “乘风破浪亚城大　筑梦远航新时代”亚城大 2021 年迎新盛会独唱《天堂》　2020. 12. 26

94. 参加南农人文与社会发展学院讲座并颁发“刘万福奖学金”　2020. 12. 4

95. 赴山东青岛参加中国“土地法之光”发展创新智库专家论坛暨专家五

人谈活动　作为江苏代表发言　2021. 5. 23

96. 参加江苏“一带一路”国际法律服务联盟(常州)云享会活动　2022. 8. 5

97. 江西新余仰天观游览　2022. 9. 17

98. 参加江苏省检察院“益心为公”检察云平台工作推进会暨省院志愿者聘书颁发仪式　2022. 11. 18

99. 参加南京农业大学人文与社会发展学院举办的“新文科背景下学科建设与人才培养研讨会”　2022. 11. 20

后　记

哲学家苏格拉底说:“没有经过审视的人生,不叫人生。”我经历的60年人生有苦有甜,值得审视。其中在1981年至2021年40年的时间里,有10个年份里出现双喜事件,在此集中记录:一是1981年7月,我从一名饥寒交迫的农村初中苦孩子通过自己的努力学习考上中等专业学校,从此改变了农村户口进入城市吃上供应粮食,身份由农民转为毕业包分配的国家技术干部学生;二是1984年7月,我顺利分配到离家最近的地区卫生防疫站,主管自己喜爱的全区环境卫生监督监测工作;三是1989年5月,我与爱人喜结连理,年底取得法律专业自学考试专科毕业证书;四是1990年8月,我女儿顺利出生,7天后我去参加“第三次全国律师资格考试”顺利通过;五是2000年6月12日,我从南京大学研究生院学习结束,顺利转到省会大城市省直属律师事务所执业;六是2005年10月,获晋升二级律师,年底当选为“江苏省十佳律师”;七是2011年10月,我晋升为一级律师,女儿以超过国家录取分数线82分的成绩通过“中国司法资格考试”;八是2012年10月,我受聘担任“南京农业大学兼职教授”,第一个在其“人文与社会发展学院”设立“刘万福奖学金”;九是2019年5月,我女儿作为我所专职律师在美国马里兰大学取得法律博士学位,7月参加美国纽约州律师资格考试,以高出录取线41分的成绩顺利通过;十是2021年12月,我顺利取得亚洲城市大学博士学位,动笔撰写《律行天下》专著。

这本书从2021年底动议到2022年底收稿,前后花了一年时间。此书基本审视了我的前半生,算是按照苏大哲学家的指示给自己的一个交代。律动人生是美好的,她如美妙的乐律足可感人至深。

此书的完成感恩生养我的父母；感恩教育我的老师；感恩几十年来关心、支持和帮助我的各界朋友；感恩我的家人对我的不离不弃的陪伴和支持。由于上述众多至爱亲朋的信任、援手，使得我在学习、工作、生活、信念等方面得以顺利发展，以自利之心到利人利社会之行，修行爱的奉献，内心充满幸福感，基本实现人生追求的理想，无愧走过的人生路。我的女儿月竹作为新闻专业背景的法律人对我的全书稿提出编排意见，也是学有所用，值得肯定；我同学女儿泓竹参与修改和制作优美导图，令全书文风刚柔并蓄，质朴清新，其功莫能忘；感谢女儿初中班主任杨来军高级教师的审阅指导；也感谢中国政法大学律师学研究中心王进喜教授专家点拨式推荐；还感谢中国品牌学会徐浩然博士为本书作推荐词；更感谢南京大学教授，央视《百家讲坛》主讲嘉宾胡阿祥博士的溢美推荐；特别感谢中国民主法制出版社《法治时代》杂志编委会副主任（执行总编辑）、法宣在线总编辑、桂客学院院长刘桂明对我的肯定，并对本书的出版给予积极推荐，使本书得以与广大读者见面。

有国外医学研究机构称：人生 60 岁是成熟的开始，我的体会亦如此。我的前 30 年生长，学医起步，后 30 年厚积薄发，依法兴业。人生前 60 年是自己学习、成长以及为别人工作奉献的过程，60 岁后的时间才是真正属于自己的时间，是为自己而活的时光。人设君子既要独善其身，也要向善其群，爱民护国，能无为乎！愿我走出半生，归来仍是少年。此心安处是吾乡！我希望在 60 岁后的人生中能够继续把自己融入社会中，在活好自己的同时依旧发挥余光和热，努力为社会奉献爱，增添人间社会的温暖。

是为后记！

刘万福

2023 年初春于南京办公室

联系方式：13905180823@163.com